雄才大略

忽必烈

水木年华·编著

开国帝王 系列

郑州大学出版社
郑州

图书在版编目（CIP）数据

雄才大略忽必烈 / 水木年华编著 . —郑州：郑州
大学出版社，2018.4
（开国帝王）
ISBN 978-7-5645-5294-7

Ⅰ.①雄… Ⅱ.①水… Ⅲ.①忽必烈（1215-1294）
–评传 Ⅳ.① K827=47

中国版本图书馆 CIP 数据核字（2018）第 024913 号

郑州大学出版社出版发行
郑州市大学路 40 号　　　　　　邮政编码：450052
出版人：张功员　　　　　　　　发行部电话：0371-66658405
全国新华书店经销
新乡市豫北印务有限公司印制
开本：710 mm×1 000 mm　1/16
印张：16.25
字数：228 千字
版次：2018 年 4 月第 1 版　　　印次：2018 年 4 月第 1 次印刷

书号：ISBN 978-7-5645-5294-7　定价：48.00 元
本书如有印装质量问题，请向本社调换

前 言

　　中国两千多年的封建历史长河是由一个个朝代组成的，每个朝代都会涌现出一个叱咤风云、扭转乾坤的开国帝王，这些开国帝王无不具有一段非凡的传奇，如夜空中群星般璀璨夺目。他们抓住历史机遇，尽显扭转乾坤、开疆辟土的万丈豪情和文韬武略；他们开启了一个新的朝代，翻开了历史的新篇章。

　　曹操说："夫英雄者，胸怀大志，腹有良谋，有包藏宇宙之机，吞吐天地之志者也。"细品这些开国伟人，他们无不深刻影响了中国的历史发展，他们也因此青史留名。

　　开国帝王在制定朝纲、驾驭群臣、发展经济、政治谋略、军事手段、思想文化、民族关系等方面所实行的一系列政策，都或多或少地推动着历史的进程。作为开国帝王，无论从哪个角度讲，他们都是当时的成功人物。解读开国皇帝，剖析中国历史，还原其真实的面目，可以让我们从中学到宝贵的人生智慧。

　　本丛书汇集历代开国皇帝的生平事迹，上起千古第一帝秦始皇，下迄清朝开国皇帝皇太极，直观、深入地介绍了每一位开国帝王惊心动魄的奋斗历程。

　　希望本书能够得到广大读者的喜爱。

内 容 简 介

天苍苍百年征战，野茫茫三代风流，草原苍狼，前赴后继，成就惊天大业。他是入主中原的第一位蒙古族帝王，大元帝国的创立者。本书从成吉思汗留下的基业写起，直到忽必烈去世后元成宗继位，前后涉及近百年的历史。本书对元世祖忽必烈进行了全方位的深入研究，对忽必烈的一生做了全面系统的介绍。人所共知，成吉思汗以蒙古的铁骑扫荡了欧亚大陆，建立起蒙古帝国。但是，如何去统治管理一个文化先进、经济发达的地区，成吉思汗没能来得及回答。忽必烈基本上解决了这一点，阅读本书，带您一起去领略忽必烈是如何在一批各族臣僚的帮助下，依照汉法建元改制，制定和实行一系列政治、经济、军事、文化政策，为元朝的百年江山奠定了基础，让您认识这条来自大草原的真命天子是怎样一步步地龙行天下。

目 录

第六章　强势外交

第七章　王者暮年

生逢乱世

第一章

黄金家族

元太祖十年（1215年）八月的一天，在漠北草原的一个蒙古包里，几位蒙古族妇女和一名接生婆正围在一个贵族产妇旁边，等候接生。不一会儿，一个婴孩呱呱坠地，众人一看，原来是一个生得黑黝黝的男孩，喜不自禁，赶忙将这一消息告诉蒙古包外等候的男人们。男人们听了，也高兴得手舞足蹈起来。这位婴孩就是后来鼎鼎大名的元世祖忽必烈。

忽必烈出生于蒙古黄金家族。

"黄金家族"就是一代天骄成吉思汗所出身的家族。

据说，蒙古民族的共同祖先是受天命而生的孛儿帖赤那（"苍色的狼"的意思），他娶了受天命而生的豁埃马阑勒（"惨白色的鹿"的意思）为妻，生了一个儿子，取名为巴塔赤罕。

巴塔赤罕十传至朵奔篾儿干。朵奔篾儿干娶了美丽漂亮的阿阑豁阿（《元史》译作"阿兰果火"）为妻，两人生活十分和谐美满。但好景不长，朵奔篾儿干在妻子生了两个儿子以后就死去了。阿阑豁阿后来受到圣光照耀又生下三个儿子：不忽合答吉、不合秃撒勒吉和索端察儿。这三个儿子的后人被称为纯洁出身的蒙古人，由于蒙古的可汗都出于这个家族，所以就被称为"黄金家族"。其中索端察儿的诸氏族部落发展到成吉思汗的父亲也速该巴特尔统治时，起用孛儿只斤，所以说乞颜孛儿只斤氏族就是"黄金家族"。

1162年，黄金家族的也速该巴特尔与妻诃额仑（即月伦）生下了成吉思汗。

那时，蒙古高原分成许多部落，各部落之间为了争夺人口、牲畜和财产，不断进行战争。

"星天旋转，诸国争战，连上床铺睡觉的工夫也没有，互相抢夺、掳掠。"成吉思汗长大以后，为了结束这种混乱局面，开始进行统一蒙古各部的斗争。1202年，成吉思汗击溃了以札答兰部首领札木合为首的十一部联盟，接着，乘胜出兵灭掉了塔塔儿部，又降服了弘吉刺等部。1203年又灭亡了克烈部，漠南汪古部闻风而降。1204年又出兵灭亡了乃蛮部。接着，兼并了蔑儿乞残部和乃蛮不欲鲁黑汗部，最后完成了蒙古高原的统一。

1206年，成吉思汗统一蒙古各部以后，不失时机地召开"忽里台"。忽里台又作"忽邻勒塔""忽里勒台""库列尔台"等，是大聚会的意思，最初是部落和各部联盟的议事会，成吉思汗统一蒙古以后把它变为一种决议国家事务和推选大汗的聚会。在这次忽里台上，成吉思汗被蒙古贵族推举为全蒙古的大汗，正式建立了大蒙古国，史称"蒙古汗国"或"蒙古帝国"，这标志着蒙古民族共同体正式形成。

成吉思汗统一蒙古以后，没有把主要精力用于经济建设，而是对外发动了一系列战争。

在对外战争方面，成吉思汗首先把矛头指向中原地区的金朝。

原来，成吉思汗的祖父俺巴孩汗（也译作"咸补海"）任蒙古部首领时被塔塔儿人偷袭捉住，押送到金朝，金朝皇帝残酷地把俺巴孩汗钉死在木驴上。从那时起，蒙古就与金朝结下了冤仇。后来，金人又经常出兵掳掠蒙古人，并把他们卖为奴隶。金世宗害怕蒙古强大构成对自己的威胁，"每三岁遣兵向北剿杀，谓之灭了"。这就使蒙古和金朝的仇恨进一步升级。

但在金世宗、金章宗统治时期，金朝强大，蒙古尚未统一，力量弱小，不敢轻举妄动。

成吉思汗统一蒙古、建立大蒙古国不久，金章宗完颜璟就离开了人世。由于金章宗众多妃嫔没有给他留下一个儿子，只好遗命其叔完颜永济（原名完颜允济）继位，完颜永济就是卫绍王。

完颜永济是位优柔寡断、懦弱无能、遇事很少有自己主见的昏庸君主。1206年，成吉思汗曾经与他有过一次交往。那时，蒙古向金称臣。一天，成吉思汗将金银、毛皮等贵重贡品送往金朝，金朝边境接受贡品的官员就是完颜永济。成吉思汗见完颜永济一副装腔作势的样子，心里很是厌恶，说什么也不愿意按规矩向他行礼。这下可惹恼了完颜永济，他回朝后就要求出兵攻打蒙古，由于朝中大臣竭力反对，才不得不作罢。

1209年，卫绍王即位以后，按照惯例，派遣使者到蒙古下诏书，告诉蒙古人卫绍王即位的消息。

金朝使者到达蒙古，按照以前的规矩，要求成吉思汗拜接金朝诏书并向中原皇帝祝贺。

这时的成吉思汗，已经有了进取中原、报仇雪恨的念头，但对金朝虚实不清楚，不敢轻举妄动。他见金朝使者又来下诏书，既不跪也不拜，爱理不理地问道："中原的皇帝又换了谁了？"

金使回答说："卫绍王完颜永济。"

"哈哈哈哈！"成吉思汗大笑了几声，接着，向南方吐了一口唾沫，轻蔑地说："我原来以为中原皇帝都是天上人做的，像完颜永济这样平庸懦弱的人居然也做了中原皇帝，叫我怎么向他跪拜呢？"

金使听了，十分生气地说："这是臣子应该说的话吗？"

成吉思汗愤愤地说："臣子，谁是你们的臣子？"说罢，骑上战马，

扬长而去。

卫绍王听说成吉思汗不拜,气得浑身发抖,告诉边境官吏,等到成吉思汗再来上贡之时,就把他抓来杀死。

成吉思汗与完颜永济的关系本来就不好,听说完颜永济当了金朝皇帝,气就不打一处来。现在听说完颜永济要杀他,更是气得直抖。成吉思汗知道完颜永济是位懦弱无能之辈,认为攻金报仇的时机已经成熟,于是下定决心与金朝决裂,先发制人,派兵攻打金朝。

元太祖六年(1211年),成吉思汗在克鲁伦河河畔聚众誓师。他按照蒙古族古老的传统习惯。解下腰带挂在脖子上,向苍天祈祷说:"长生天啊!金朝皇帝杀害了我的祖先俺巴孩汗等人,肆意掳掠我的族人和财物,假如您允许我去复仇,就助我一臂之力,并让神仙来帮助我获得成功。"祈祷完毕,成吉思汗亲率大军气势汹汹地挺进中原。

成吉思汗发动攻金战争以后,一路过关斩将,连破金兵,顺利夺取昌州(今内蒙古太仆寺旗九连城)、桓州(今内蒙古正蓝旗北田郎城)、抚州(今河北张北)等地,于野狐岭(今河北万全西北)击溃金朝30万大军,追至浍河堡(今河北怀安东),将金军主力歼灭大半,接着攻入怀来(今河北怀来),大败金朝完颜纲的精锐部队,迅速逼向金朝的首都中都(今北京)。

面对蒙古军队的进攻,卫绍王急得就像热锅上的蚂蚁,慌了手脚。崇庆二年(1213年),卫绍王急忙起用胡沙虎为右副元帅,率领武卫军5000人驻守中都城北,以防蒙古军队进攻。

胡沙虎实际上是一个政治流氓,专横跋扈,不奉法令,坏事做尽。他在大敌当前的形势下,仍然不做战斗准备,一味打猎游玩,到处寻欢作乐。

卫绍王听说胡沙虎整天打猎游玩,不恤军事,十分着急,便派遣使臣到军中告诫胡沙虎停止游猎，准备战斗。

卫绍王的使臣来到胡沙虎军中，看到胡沙虎正在饲养鹞鹰，逗趣取乐，便对胡沙虎说："皇帝有旨，让你停止游猎，赶快操练军队，准备战斗。"胡沙虎正玩得高兴，听卫绍王的使臣这么一说，大怒道："你是什么人？敢同我如此说话！"说罢，随手抄起一个花盆，对准卫绍王使臣的脑袋砸了过去。这个花盆不偏不倚，正好砸在使者的脑袋上，使者顿时鲜血直流，瘫倒在地，挣扎了几下，不一会儿就死了。

胡沙虎见砸死了使者，知道大祸临头。干脆一不做，二不休，率领军队攻入中都，把卫绍王也杀了。

胡沙虎杀死卫绍王以后，为了掩人耳目，没敢自己出来当皇帝，只称监国都元帅。接着，他想自立为帝，并为之加紧准备。丞相徒单镒等人看出了胡沙虎的诡计，害怕皇位落入胡沙虎之手，于是建议立金世宗的孙子完颜珣为皇帝。胡沙虎见没有一个人赞成自己，心里老大不高兴，但也没有办法，只好表示同意立完颜珣为帝。

就这样，完颜珣在蒙古军队兵临城下的危急关头，登上了皇帝宝座。完颜珣就是金宣宗。

金宣宗即位之后，面对蒙古咄咄逼人的攻势，十分害怕，急忙派出使者请求议和。

成吉思汗攻金虽然连连获胜，但他知道金中都城防坚固，难以一时攻取，有意喘口气之后再攻。正好这时金朝遣使前来求和，成吉思汗便对金朝使者说："要想议和也可以，但必须献纳童男童女各500人，绣衣3000件，御马3000匹，大批金银珠玉。并将卫绍王女岐国公主献给我，否则定要攻下中都。"

金朝使者连连点头，赶忙向金宣宗报告了这一情况。

金宣宗大喜过望，全部答应了成吉思汗的议和条件，并派人把岐国公

主送给成吉思汗。

成吉思汗见到如花似玉的岐国公主，非常高兴，立即拥着岐国公主，满载战利品，离开中都北去。

蒙古军队退走以后，金宣宗惊魂未定，害怕蒙古军队再次南下包围中都，遂于贞祐二年（1214年）把都城迁到汴京（今河南开封）。

成吉思汗听说金宣宗抛弃中都南逃汴京，以为金朝缺乏议和诚意，大怒，再次发兵南下。

成吉思汗的军队所向披靡，迅速攻至中都城下。元太祖十年（1215年）五月，金中都元帅完颜承晖在粮尽援绝的情况下服毒自杀，专管兵事的抹撚尽忠弃城南逃，成吉思汗轻而易举地占领了中都。

成吉思汗占领金中都以后，知道金朝经营多年，难以一时灭亡，遂设置达鲁花赤等官镇守中都等地，派遣三木合拔都等进攻河南，自己则率领部分军队退回漠北。

就在这时，忽必烈诞生了。

非凡少年

成吉思汗占领金朝中都以后，派遣三木合拔都等率军攻入河南，逼近金朝新都汴京城西十二里的杏花营，准备进攻汴京。成吉思汗自己则率领军队返回漠北，正赶上忽必烈出生。

忽必烈是成吉思汗的孙子。

忽必烈像

成吉思汗的正妻孛儿帖一共生有四个儿子：长子术赤，次子察合台，三子窝阔台，四子拖雷。

忽必烈是拖雷的第四子。当时，蒙古人中流行一夫多妻制，"每一个男人，能供养多少妻子，就可以娶多少妻子。一个人有一百个妻子，另有人有五十个，还有人有十个"。

但其中只有一人为正妻，相当于汉人的嫡正。忽必烈为拖雷的正妻唆鲁禾帖尼所生。唆鲁禾帖尼一共生有四个儿子，即长子蒙哥、次子忽必烈、三子旭烈兀、四子阿里不哥。如果按拖雷正妻所生儿子计算，忽必烈则排行老二。

忽必烈的生母唆鲁禾帖尼是克烈部首领王汗的兄弟扎合敢不的女儿。成吉思汗在击败克烈部以后，见扎合敢不的三个女儿美若天仙，便把他的大女儿阿必合娶作自己的妻子，而把二女儿必黑秃惕迷失给了长子术赤，三女儿唆鲁禾帖尼给了幼子拖雷。一般认为，克烈部属突厥人种，皮肤黑黝黝的。

成吉思汗见刚出生的忽必烈黑黝黝的，非常高兴，风趣地说："我们的孩子都是火红色的，这个孩儿却生得黑黝黝的，显然像他的舅父们。"然后，成吉思汗派人去告诉唆鲁禾帖尼，让她"把他交给一个好乳母去喂养"。

唆鲁禾帖尼按照成吉思汗的旨意，派人去为忽必烈寻找好的乳母。后来听说乃蛮部落的一个妃子撒鲁黑再有两个月就生产了，而且人又特别温顺，就把忽必烈交给撒鲁黑喂养。

过了两个月，撒鲁黑生下一个男孩，取名为末哥。撒鲁黑把末哥交给

一个唐兀惕部落的乳母去喂养，自己则精心喂养忽必烈。

撒鲁黑心地善良，把忽必烈当成自己的孩子一样，尽心竭力地照顾和抚养。小小的忽必烈也非常懂事，不但听她的话，还非常尊敬她。

如此生活了三年，忽必烈的爷爷、父亲和叔叔们又要出征了。

就在这时，有位从中亚回来的蒙古人求见成吉思汗。

成吉思汗传令接见，一看才知道是他派到西域中亚地区打听古出鲁克消息的人。

原来，成吉思汗统一蒙古各部时，于1204年击败乃蛮部，乃蛮人大部分归顺蒙古，只有塔阳汗（亦译作"太阳汗"）的儿子古出鲁克（亦译作"屈出律"）率领一部分人逃跑。成吉思汗一直耿耿于怀，因此，便派人去打听古出鲁克的下落。

如今，成吉思汗派出去的人回来了，他迫不及待地问："怎么样？打听到古出鲁克的下落了吗？"

"打听到了。"那位蒙古人回答说："乃蛮被我们打败以后，古出鲁克仓惶出逃，后来辗转逃到西辽境内。"

"西辽是哪个人的政权？"成吉思汗问。

"是耶律大石建立的政权。"那位蒙古人接着说："当金朝灭亡辽朝时，契丹贵族耶律大石率领一部分人西迁虎思斡耳朵（今俄罗斯吉尔吉斯托克马克以东楚河南岸），建立西辽，也称'黑契丹'、'哈剌契丹'等。后来，古儿汗直鲁古继承了西辽汗位。这个直鲁古，昏庸无能，不理政事，使西辽的事业一天天衰落下去。古出鲁克就是这个时候逃到西辽的。古出鲁克很会耍手腕，不久就骗得了直鲁古的信任，又把直鲁古的女儿浑忽弄到了手，当上了西辽的驸马。古出鲁克当上驸马以后并不满足，又设计打败直鲁古，把西辽的政权全部夺了过来。现在，古出鲁克正在西辽发号施令，过着花天酒地的生活呢。"

成吉思汗一听，气不打一处来，立即下令，准备剿灭西辽。

于是，成吉思汗命令木华黎率领偏师骚扰金朝，自己率主力去攻打西辽。

元太祖十三年（1218年），成吉思汗派遣大将哲别率2万人征伐西辽，哲别的军队迅速攻入今天的新疆西部及中亚一带。古出鲁克听到蒙古军到来，仓惶西走。哲别面对当地多种宗教流行的情况，公开宣布："每个人都可以有自己的信仰，保持自己祖先的宗教规矩。"这一信仰自由的政策得到了当地人民的热烈欢迎和拥护，他们纷纷起来同古出鲁克的士兵进行斗争，很快，"住在城里伊斯兰教徒家里的古出鲁克士兵全部被消灭了"。蒙古军穷追古出鲁克，最后在巴达哈伤山中将他擒杀，西辽灭亡。

成吉思汗杀死了古出鲁克，算是解了心头之恨，长长地吁了一口气。

就在这时，两位被剃掉胡须的使臣慌慌张张地跑来求见。

两位使臣见到成吉思汗，扑通一声跪倒地上，放声大哭起来。

成吉思汗见两位使者这副模样，知道事情有些不妙。

原来，西辽西边有个花剌子模国，西辽势力强大时，曾受西辽控制。后来，势力逐步发展，跃居为中亚地区的一大霸主。

成吉思汗占领金朝首都中都以后，花剌子模算端摩诃末（又译"马合谋"）十分关注，派出巴哈丁使团前来探听虚实。成吉思汗在中都接见了巴哈丁使团，表示愿意与花剌子模友好往来，并让巴哈丁使团回去告诉算端摩诃末，成吉思汗承认摩诃末为西方的统治者，正如他自己是东方的统治者一样，双方保持和平友好关系。

巴哈丁使团回国以后，花剌子模就派出一个商队前来贸易。

为了回聘，成吉思汗也派出使臣前往花剌子模，并派出一个450人的伊斯兰教商队，带着满载金银、丝绸、毛皮的500头骆驼，前往花剌子模贸易。

成吉思汗让使臣去告诉花剌子模算端摩诃末说："贵国商人来到了我们这里，现在正如你们所听到的，我们又将他们遣回来了。此外，我们还派了一些商人跟着他们到贵国来，想将贵国的珍品和当地出产的珍贵织物运到我国来。您家族的伟大和姓氏的高贵是尽人皆知的！大多数地区上的平民、贵族全都知道您国土的辽阔和您命令的威力。您是我的爱子和最好的穆斯林。现在，当您消除了敌人，将同我们邻接的地区全部占领和征服后，我们两国就成了邻国，为了在两国沟通协作一致的道路，要求我们拿出高尚明达的态度来，担负起患难相助的义务，将两国之间的道路安全地维护好，避免发生险情，以使因频繁的贸易往来而关系到世界福利的商人们得以安然通过。当我们之间建立起亲睦关系以后，就没有人使坏念头了，也没有人支持叛乱了。"

就在使者见到摩诃末并离开花剌子模的同时，蒙古商队到达了花剌子模边境讹答剌城。讹答剌都督亦纳勒出黑（又译作"亦纳勒术""亦难赤""哈只儿只兰秃"）见商队携带这么多从未见过的财物，垂涎欲滴，加之商队的人夸耀成吉思汗的伟大，没有对他表示应有的尊敬，便将商队作为间谍扣留，遣使向摩诃末报告。亦纳勒出黑是摩诃末的异母兄弟，号称"海儿汗"，在花剌子模有一定势力。摩诃末相信了亦纳勒出黑的鬼话，下令将商队的人全部处死，财货没收。只有一名商人巧妙逃脱，把这一消息报告了成吉思汗。

成吉思汗听到这一消息，非常愤怒，但他还是遏制住自己的感情，派出伊本·哈福剌只·布拉与两名塔塔儿人组成的使团，对摩诃末进行责问，并要求交出凶手（即讹答剌城长官）。摩诃末不但不予理会，还下令杀死为首的蒙古使臣，并将其余两名使臣剃掉胡须后驱逐出境。

于是，就出现了前面叙述的一幕。

成吉思汗听了两位使臣的叙述，又是震惊，又是愤怒，气得眼泪直流。他一口气登上附近的一座山头，脱下帽子，"将腰带搭在脖子上，光着头，将脸贴到地上"，祈祷起来，他说道："伟大的长生天啊！我不是挑起这次战乱的肇事者！请佑助我，赐我以复仇的力量吧。"据说，成吉思汗不饮不食，祈祷、哭泣了三天三夜，才下了山。

成吉思汗下山以后，立即点集军队，亲自率领诸子及20万大军，杀向花剌子模。

元太祖十四年（1219年）秋，花剌子模国王摩诃末听说成吉思汗亲自率领大军来攻，立即将其40万军队分散到国内各个城堡坚守。企图用坚壁清野战略迫使蒙古军队不战而走。

成吉思汗首先率领大军围攻讹答剌城，由于讹答剌城防坚固，短时间内难以攻克，成吉思汗遂改变战略，将军队分为四支：由次子察台台、三子窝阔台统率一支军队继续围攻讹答剌城；由长子术赤率右路军进攻锡尔河下游诸城；又派出左路军攻取锡尔河中上游诸城；自己则与拖雷率领主力，横越沙漠，直趋西南方的不花剌城（中亚名城，今布哈拉），以形成对撒麻耳干（花剌子模国都，今俄罗斯撒马尔罕）的包围。

花剌子模军队虽多，但内部勾心斗角，哪里抵挡得住置生死于度外的蒙古勇士，连连败退，不花剌、撒麻耳干等城接连失陷，摩诃末不断逃遁，最后逃到里海的一个小岛上死去。

摩诃末死后，其子札兰丁继位，妄图重整旗鼓，抗拒蒙古精兵。然而，他哪里是成吉思汗的对手，很快就被成吉思汗打败。元太祖十六年（1221年），在蒙古军队的追击下，札兰丁无路可逃，只好跃马跳进印度河中。也许此人命不该绝，河水并没有把他淹死，竟然活着逃到了印度。

成吉思汗西征灭掉了花剌子模，进入了南俄罗斯，大获全胜，于元太祖十九年（1224年）凯旋。

这时，忽必烈已经10岁。蒙古民族是一个善于骑马射猎的民族，无

论男女，皆能骑马如飞。为了训练人们的高超骑术，蒙古人从小就要学习骑马射箭。忽必烈在母亲唆鲁禾帖尼等人的精心培育下，不但学会了骑马射箭，也学会了尊敬别人，懂得了礼貌，成为一个具有优秀道德品质的孩子，大人们都非常喜欢他。

忽必烈经常听人们讲他祖父成吉思汗的故事，幼小的心灵便产生了崇敬仰慕之情。然而，自他懂事以后，还没有见过祖父，只是听人们讲才觉得祖父高大、威严，到底是个什么样子，根本不知道。所以，他很想见一见自己的祖父。

成吉思汗西征班师的消息传到蒙古草原，留居蒙古草原的亲属们便忙忙碌碌准备前往迎接。忽必烈和弟弟旭烈兀听说祖父要回来了，也吵吵嚷嚷着要去，于是，大人们破例带上了这两个孩子。

一行人众走到乃蛮境阿拉马克委之地，见到了成吉思汗班师而回的军队，双方都十分高兴。在一次围猎中，忽必烈援弓搭箭，将一只飞跑的野兔射倒在地，旭烈兀则射到了一只山羊。按照蒙古人的风俗，儿童第一次在行猎中射获野物时，要举行称之为牙黑剌迷失的隆重仪式，儿童要以初猎禽兽之血染在长者拇指上。仪式开始后，忽必烈轻轻地捧着成吉思汗的手，很有礼貌地将野兔的鲜血涂在成吉思汗拇指上。轮到旭烈兀拭指时，他紧紧地抓住成吉思汗的大拇指，使成吉思汗颇为反感，说道："这个坏蛋要将我的手指掐断了"、"吾为尔耻之"。成吉思汗对旭烈兀粗鲁的行为给予批评，同时，对忽必烈恭谨有礼的行为给予高度赞扬。

10岁的忽必烈，以其特有的礼貌和聪明，赢得了成吉思汗的喜爱，也赢得了其他父祖们的赞扬，成为成吉思汗最为赏识的一个爱孙。

战争磨炼

　　成吉思汗建立大蒙古国时期，南方主要有两个政权，一个是西夏，一个是金朝。金朝与蒙古有世仇，自然成了成吉思汗攻击的主要目标。但西夏臣附于金，是金朝的左臂，成吉思汗为了攻金断其左臂，曾三次进攻西夏，迫使夏襄宗献出爱女请求纳贡称臣。

　　成吉思汗西征时，调集臣国西夏发兵从征，西夏王李遵顼不肯。后来，西夏又与金朝重新缔结和约，由附蒙仇金转而联金抗蒙。成吉思汗西征东归，听到这一消息，怒气冲天，立下誓言，非灭掉西夏不可。

　　元太祖二十一年（1226年），成吉思汗以西夏曾经接纳仇人克烈部桑昆以及不送质子、不服从征调为借口，亲率大军，兵分两路大举伐夏。

　　西夏军民虽然顽强抵抗，怎奈寡不敌众，连连败北。蒙古军迅速攻取甘（今甘肃张掖）、凉（今甘肃武威）、肃（今甘肃酒泉）等州，于灵州（今宁夏灵武西南）附近黄河边上歼灭西夏主力，十一月进攻西夏首都中兴府（今宁夏银川）。

　　成吉思汗下令切断西夏外援，把城池死死围住，一围就是半年。元太祖二十二年（1227年）六月，中兴府城内无粮草，外无援兵，又遇上地震，已是走投无路。西夏末帝李睍眼看守城无望，遂向蒙古投降，要求宽限一月，再献城池。成吉思汗满口答应。

　　成吉思汗在征战西夏期间，仍然经常围猎。一天，他骑着一匹青色

豹花马，手弯劲弓，围猎野马。突然，许多野马没命地跑过去，青豹花马受惊地一跳，把成吉思汗重重地摔在地上，成吉思汗挣扎了半天才从地上爬起来。上了年纪的成吉思汗，经此一摔，身体状况急剧下降。六月，成吉思汗来到六盘山避暑，伤势日渐加重。成吉思汗自知时日不多，秘嘱众人，不要把他病重的消息泄露出去，死后也要秘不发丧，以免西夏末帝中途变卦。

元太祖二十二年（1227年）八月二十五日，一代天骄成吉思汗病死于清水县西江。不久，西夏末帝李睍来降，被蒙古军队执而杀之。西夏灭亡。

一代天骄成吉思汗，西征南讨，为蒙古民族创下了举世瞩目的大业。

成吉思汗在其生前，曾将一部分疆土和民户分封给诸子和兄弟。诸弟中搠只哈撒儿的分地在也里古纳河（今额尔古纳河）、海剌儿河（今海拉尔河）和阔连海子（今呼伦湖）地区，合赤温封地在兀鲁灰河（今东乌珠穆沁旗乌拉根果勒）南北，幼弟铁木哥斡赤斤封地在哈勒哈河以东，另一异母弟别里古台封地在怯绿连河（今克鲁伦河）中游，受封兄弟总称"东道诸王"，或称"左手诸王"。成吉思汗又将从海押立（巴尔喀什湖东南，今卡帕尔西）到花剌子模地区，西北延伸到撒哈辛、不里阿耳（两处均在伏尔加河流域）的边境，并顺这一方向直至蒙古人马蹄所到的地方，分封给长子术赤；将畏兀儿之地西至河中地区的撒麻耳干、不花剌等地区分封给次子察合台；将额尔齐斯河上游与巴尔喀什湖以东地区分封给三子窝阔台，总称"西道诸王"，或"右手诸王"。拖雷则随成吉思汗管领其余民户及鄂嫩河至克鲁伦河等蒙古中心地区的大斡耳朵（意为宫帐，也指皇室成员占有和继承财产、私属人口的一种组织形式）。成吉思汗亲自统领的蒙古诸部军士共计十二万九千。他分赐给术赤、察合台和窝阔台各四千军；弟合赤温三千，铁木哥斡赤斤五千，搠只哈撒儿之子一千；母亲诃额仑三千；另一个非正妻所生的幼子阔列坚四千。所剩十万一千，全部留给拖雷。

在蒙古民族中，有幼子守灶习俗，即由幼子继承家庭财产。一般情况下，儿子长大成人之后，都要离开家庭过独立生活，只有幼子和父母生活在一起，并在父母死后继承家庭的全部财产。这里所说的幼子，当然指正妻所生而言。当时，按照蒙古人的风俗，同父诸子的地位与他们生母的地位相一致，因此，长妻所生的子女，享有较大的优待和特权。按照札撒（意为法律）和蒙古人的习俗，父位是传给幼子的。所以，拖雷所分财产最多。

按照这种风俗习惯，忽必烈的父亲拖雷不但应该继承成吉思汗的家庭财产，也应该继承汗位。但成吉思汗却只让拖雷继承了家庭财产，没有让他继承汗位。

据《史集》记载，成吉思汗最初也想把汗位传给拖雷，后来看到争夺汗位的人很多，不想让他操心费力，加之拖雷继承的土地、人民和军队等事务过于繁忙，就不想把汗位传给拖雷了，于是特意对他说："由你来担任掌管我的禹儿惕（牧地）、大帐、军队和帑藏的职务，对你更好一些，你也可以更安心一些，因为你将拥有许多军队，你的儿子们将比其他宗王们更为独立和强大。"拖雷听了成吉思汗的话，心里虽然有点儿不是滋味，但什么也没说，点头答应了。

成吉思汗不想把汗位传给拖雷，也不想把汗位传给术赤和察合台，因为两人性情暴躁，关系很不好。在西征之前议及汗位继承人时，没等术赤说话，察合台就因为成吉思汗的妻子孛儿帖曾被蔑儿乞人俘虏配与部人为妻、在营救归来的路上生下术赤之事，抢先表态，不能"让这蔑儿乞人的杂种管辖"。于是，两人当着成吉思汗的面打了起来，后经木华黎等人拉开才算了事。所以，把汗位传给他们两人中的任何一个人都不利于团结。因此，成吉思汗在征得诸子同意以后，决定把汗位传给三子窝阔台。

虽然成吉思汗决定把汗位传给窝阔台，但按照蒙古人的习俗，被前任大汗所指定的继承者（可以有两名），必须在贵族们参加的忽里台上通过选举之后才能正式即位，否则人们是不会承认的。因此，成吉思汗死后，由威信最高的拖雷权任监国，负责筹备选举新汗的忽里台。

经过一番筹备以后，1229年，在成吉思汗始兴的鄂嫩河和克鲁伦河的蒙古中心地区隆重召开了忽里台。这时，术赤已死，在拖雷和察合台等人的"推戴"和"支持"下，窝阔台被选为大汗，正式即位。窝阔台就是元太宗。

成吉思汗将汗位交给了窝阔台，没有交给拖雷，无论是按照汉人的皇位继承习惯，还是按照蒙古人汗位的继承习俗，作为拖雷次子的忽必烈都将失去汗位继承权。但幼年忽必烈的聪明和才智，博得了成吉思汗的赞誉，成吉思汗对幼年忽必烈仍然寄予厚望。据17世纪蒙古族历史学家萨囊彻辰在《蒙古源流》一书中记载，成吉思汗临危时曾说："幼年忽必烈之言，足使吾人注意。其言谨慎，汝辈尽应知之。彼将有一日据吾宝座，使汝辈将来获见一种命运，灿烂有如我在生之时。"不知这段神话式的预言是真是假，但有一点是可以相信的，那就是幼年忽必烈的才能已经得到了成吉思汗的赏识，这种所谓神话式的预言，随着历史的发展，也就变成了毋庸置疑的事实。

成吉思汗戎马一生，统一蒙古，灭掉西辽、西夏、花剌子模等，就是没能实现灭金夙愿，深为遗憾。临死前，他留下遗言说："金精兵在潼关，南据连山，北限大河，难以遽破。若假道于宋，宋金世仇，必能许我，则下兵唐（今河南唐河）、邓（今河南邓县），直捣大梁（今河南开封）。金急，必征兵潼关。然以数万之众，千里赴援，人马疲弊，虽至弗能战，破之必矣。"这确实是一个很好的灭金战略。

窝阔台即位之后，遵照成吉思汗的"临终遗言"，制订了具体的灭金

战略计划。

1231年，窝阔台兵分三路，大举攻金。他自己亲率中路军经山西进驻郑州；斡赤斤率左路军进兵山东；忽必烈的父亲拖雷率领右路军按照成吉思汗的遗言，从陕西借道宋地，由唐、邓进入金境。三路大军约定，来年春天会师大梁。

拖雷所率右路军一路过关斩将，自凤翔渡过渭水，连破宝鸡、大散关（今陕西宝鸡西南），进入宋境。接着，沿汉水东下，进入金邓州境，兵锋直指大梁。

金人听说拖雷已经迂回包抄过来，急忙调潼关守将完颜合达率精兵堵截。拖雷留一军牵制金军，主力分道杀向大梁。金哀宗又急令完颜合达援救大梁，拖雷则派出军队不断扰袭，使金军不得休息，疲惫不堪。1232年初，在钧州（今河南禹县）西北的三峰山大战中，拖雷把金军打得大败，金军精锐部队几乎全被消灭。

接着，拖雷率军北上与窝阔台会合，共攻大梁。由于大梁城防坚固，一时难以得手。三月，窝阔台留下大将速不台继续包围大梁，自己则与拖雷北返。

蒙古军围大梁，一围就是七八个月。十二月，金哀宗再也忍受不住粮尽援绝的痛苦煎熬，偷偷逃往归德（今河南商丘）。接着，又逃往蔡州（今河南汝南）。

穷途末路的金哀宗，眼看国家无望，只好硬着头皮派遣使者到宋朝求援说，蒙古"灭国四十，以及西夏，夏亡及于我，我亡必及于宋。唇亡齿寒，自然之理。若与我联合，所以为我者亦为彼也"。然而，金人的高谈阔论丝毫没有打动宋人之心，仍然遭到了宋人拒绝。

这时，蒙古也派遣使者请求宋朝协助灭金，宋人提出灭金之后收回河南之地等条件，蒙古人没有表示反对，宋人答应即刻出兵。

　　蒙古包围蔡州三个多月还是攻不下来，眼看粮食不多，难以继续围城。正在危急时刻，宋朝大将孟珙带领2万大军和30万石粮食赶到了，马上就要挨饿的蒙古军顿时有了精神，与宋军南北呼应，共同攻城。

　　金军哪里抵挡得住这般猛攻，1234年初，外城已被攻破，金哀宗一看大势已去，急忙传位于内族完颜承麟说："我身体肥重，骑马不便。你平日矫捷，又有谋略，万一能活着逃出去，一定要继续树起金国这面旗帜，使国家不能至此灭亡，我的心愿就满足了。"完颜承麟即位大礼还未行完，南城已被宋军攻破。接着，蒙古军攻破西门。金哀宗眼看难逃一死，不愿做阶下之囚，含泪上吊而死。完颜承麟也被蒙古乱兵所杀。

　　统治一百多年的金王朝，至此灭亡。

　　蒙宋联合灭金以后，宋人赵范、赵葵、全子才等人"谓非扼险无以为国"，提出"守河拒关"，收复东京开封府（今河南开封）、西京河南府（今河南洛阳）、南京应天府（今河南商丘）的建议。宋廷因在蒙宋联合灭金时曾提出收回河南等条件，便在没有同蒙古商量的情况下，于端平元年（1234年）派遣赵葵、全子才率军北上收复三京之地。

　　这时，蒙古军主力北还，河南空虚，宋军很快进占开封，接着进兵洛阳。蒙古闻讯后，派兵来攻，宋军由于粮饷不济，兵败而退。宋军于端平元年出兵三京之地，史称"端平入洛"。1235年，窝阔台召集蒙古宗王、贵族大会，以宋人"端平入洛"为借口，决定大举攻宋。

　　窝阔台派遣次子阔端率领西路军进攻四川，派遣三子阔出率领中路军进犯汉水流域和长江中下游，派遣宗王口温不花率领东路军入侵江淮。

　　三路大军杀入宋地，所过之处，烧杀抢掠，对宋人着实蹂躏一番。直至1241年窝阔台暴死，攻宋战争才暂告一段落。

才能初现

在蒙古灭夏、灭金和伐宋的动荡年代里，忽必烈已从12岁长到27岁。在这段时间里，忽必烈是否也参加了灭夏灭金和伐宋的战争，史书中没有明确记载，我们不得而知。但有一点是清楚的，那就是1252年忽必烈初次被任命为方面军统帅时，就表现出卓越的军事天才，这说明1252年之前，忽必烈不但掌握各种武艺，且精通军事指挥知识，并有很高的指挥艺术。毫无疑问，忽必烈的军事知识及其指挥艺术都是这一阶段学会的。

这一时期，忽必烈不但深入地学习了各种武艺及各种军事知识，也学习了蒙、汉文字等文化知识，特别是在父母的培育和影响下，形成了坚韧不拔的顽强性格和顾全大局的宽广胸怀。

忽必烈的父亲拖雷是一个在成吉思汗亲自培养和熏陶下成长起来的英勇善战的军事统帅，常跟从成吉思汗出征，成吉思汗视他为"那可儿"（意为伴当），人们尊称他为也可那颜（意为大官人）。1213年拖雷从成吉思汗伐金，亲率中路军攻入河北山东等地，1219年从成吉思汗西征，攻陷不花剌、撒麻耳干等地，1221年单独率领一军进入呼罗珊境内，攻陷马鲁（今土库曼共和国马里）、你沙不儿（今伊朗尼沙普尔）、也里（今阿富汗赫拉特）等地，成为蒙古族人民心目中的英雄。

后来，在汗位争夺斗争中，拖雷虽然有心继承汗位，但还是遵从成吉思汗旨意，顾全大局，违心地拥戴窝阔台为大汗。

生逢乱世

窝阔台继位之后，分兵伐金。拖雷率右路军在三峰山大败金军以后，与窝阔台军会合。不久，即与窝阔台北返。北返途中，窝阔台突然患病，百般调治，不见好转，只好请来萨满巫师为他祈祷。

萨满巫师以碗盛水，念咒为窝阔台驱邪，然后用念过咒的水洗涤他的病身。正在这时，拖雷前来探视。拖雷看到窝阔台病重，非常焦虑，上前拿起那碗水，诚挚地祷告说：

"长生天神啊！你无所不管，并且知道，如果有罪的话，那也是我做得最多，因为在征服

蒙古军攻击图

各地区之时杀害了那么多人，俘虏了他们的妻子儿女，使他们痛心。如果你是为了他的善良和英勇要把窝阔台合罕取去，那么，我更善良，也更英勇些。请饶了他，不要召去他，把我召去吧。"祷告完毕，拖雷就把那碗洗病的水一口喝了。

说来也巧，拖雷喝了那碗巫水以后，窝阔台的病就好了，可拖雷没有几天就死去了。当时，有人相信拖雷是代兄赎罪而死，对他忠君友爱的自我牺牲精神十分敬佩。

关于拖雷之死，史家有不同看法。有的说这是拖雷爱君爱兄的行为，是拖雷真心实意代君领罪而导致酒精中毒而死；有的说拖雷也有心继承汗位，只是为了顺从成吉思汗的安排未加反对而已，后来迟迟不召开选汗的忽里台就是最好的证明。而窝阔台则害怕拖雷的威望和势力继续增高，构成对自己的威胁而设此骗局将拖雷害死；也有人说，窝阔台和拖雷都是愚昧的，他们实际上是被那个巫师愚弄和陷害了。

　　不管怎么说，当时，窝阔台一直把拖雷当成忠君的典型进行宣扬，少年忽必烈也曾一度相信了。

　　忽必烈对于自己父亲的死亡自然十分悲痛，但他又为自己有这样一位蒙古人敬重的英雄而感到自豪。父亲的英勇善战，激励他将来也要做一位父亲那样的英雄。父亲顾全大局的做法，对于忽必烈"度量弘广"性格的形成，也起到了不小的作用。

　　父亲死后，母亲唆鲁禾帖尼独立承担起抚育儿子的重任。

　　唆鲁禾帖尼"极为聪明能干，高出于举世妇女之上。她具有最充分的坚定、谦逊、羞耻心和贞洁"。她非常喜欢自己的儿子，教他们懂得道德和礼貌，不允许他们之间发生任何争吵。后来，窝阔台遣人劝诱唆鲁禾帖尼改嫁给其长子贵由为妻，唆鲁禾帖尼为了抚养自己的孩子，不让孩子们在精神上受到任何伤害，便很有礼貌地拒绝了。这件事，提高了唆鲁禾帖尼的声誉，被蒙古人看成是高出成吉思汗母亲诃额仑的伟大女性。忽必烈兄弟们也很受感动，对自己的母亲更加尊敬了。

　　唆鲁禾帖尼继承了丈夫的遗志，处处以顾全大局为重。有一次，窝阔台与宗亲商量，擅自下诏把原来属于拖雷的迷勒都思部落中的2000人军队赐给了自己的儿子阔端。拖雷部属的首领们愤愤不平，纷纷诉于唆鲁禾帖尼说："这两千迷勒都思人军队，按照成吉思汗的诏敕是属于我们的，而合罕把他们给了阔端，我们怎能允许此事并违背成吉思汗的诏令呢？我们要把此事禀告于合罕陛下！"唆鲁禾帖尼从大局出发，也从保护自己孩子的角度出发，劝慰这些首领们说："你们的话是公正的，但是，我们继承的和自己取得的财产之中并无不足，什么也不缺。军队和我们，同样全都是合罕的，他知道他在做什么，我们要服从他的命令。"各位首领听了这话，默默地点了点头。唆鲁禾帖尼以其绝顶的聪明和才智，维护了窝阔台的权威和宗亲们的团结，也保全了自己及忽必烈等儿子们。

　　忽必烈非常热爱自己的母亲，母亲的勤劳、勇敢、聪明、智慧、谦逊、善良对忽必烈影响很大，特别是母亲顾全大局的度量和胸怀，深深地印在了忽必烈的脑海中。

　　忽必烈就是在这种动荡年代，在父母的直接影响下，长大成人了。

潜龙在渊

第二章

蒙哥继位

窝阔台在位时，"曾选定脱列哥那哈敦（即乃马真皇后）所生的第三个儿子阔出为汗位的继承者和皇太子"。可阔出没有继承汗位的福气，1236年死于征宋军中。窝阔台由于特别喜爱阔出，就把阔出的长子失烈门抱养在自己的大帐，并有意将汗位传给他，曾说过"失烈门将成为大位的继承者和他的继任人"。

窝阔台死后，由其遗孀脱列哥那权任监国。脱列哥那想改变窝阔台的遗愿，废黜失烈门，改由自己的长子贵由继位。

贵由曾在蒙古第二次西征期间的一次庆功宴会上同西征统帅拔都发生争执，结下了仇怨。

拔都是术赤次子，钦察汗国的创建人，很有势力。由于他的抵制，选举大汗的忽里台迟迟不能召开。

1246年，脱列哥那在没有拔都与会的形势下，强行召开忽里台。

史书中没有明确记载忽必烈是否参加了这次会议，但据唆鲁禾帖尼"和她的儿子们最先到达"等记载分析，忽必烈和兄长蒙哥等都参加了这次会议。

会上，争夺汗位的斗争十分激烈，有人提出，失烈门曾是窝阔台生前指定的继承人，应该继承汗位；也有人提出，成吉思汗曾一度提到窝阔台次子阔端可为汗位继承人，主张选举阔端为汗。由于脱列哥那主持和操纵

大会，最后宗王们以失烈门年幼、阔端体弱多病而予以否定，强行通过了选举贵由为汗的决定。

忽必烈与母亲、兄弟参加了这次大会，虽然也表示支持贵由为汗，但终于看到了前任大汗所指定的继承人可以不算数这一事实，这又激起了他（她）们争夺汗位的念头。

本来，拖雷是有权继承汗位的。如果拖雷继承汗位，忽必烈和蒙哥也就有了继承汗位的权力。结果，汗位转到了窝阔台一系手中。忽必烈母子眼睁睁地看着贵由登上大汗之位，心里很不好受。在大会争夺汗位的斗争中，他们浮想联翩，对拖雷之死也渐渐产生了怀疑。

会后，唆鲁禾帖尼决心帮助自己的儿子蒙哥夺取大汗之位，忽必烈也表示支持。

为了达到这一目的，唆鲁禾帖尼决定利用拔都和贵由的矛盾，进一步拉拢拔都，以壮大自己的势力。

贵由即位之后，对敢于公开无视大汗权威的拔都恨之入骨，决心予以铲除。1248年春，贵由以蒙古本土和林（今蒙古鄂尔浑河上游东岸哈尔和林）的气候不宜疗养自己的疾病为由，要去原来的封地叶密立（今新疆额敏）养病，实际上是想偷袭拔都。

唆鲁禾帖尼知道他的仓促出行，并非别无用意。她便暗中派遣一个急使去对拔都说："请作好准备，贵由汗已率领大军向你们那边推进"。

拔都接到密报，对贵由恨之入骨，立即整顿军队东来迎敌。

三月，贵由来到横相乙儿之地（今新疆青河东南），"这时他的大限已到，没有给他从那里再往前走的时间，他就死去了"。人们一直以为贵由病死，但《鲁不鲁乞东游记》（又译作《卢布鲁克行记》）却记载了这样两种传说："关于贵由之死，我未能获悉任何明确的说法。安德鲁修士说，他是由于服用了给他的某些药而死去的，一般怀疑这是拔都干的。但

是，我听到的却是另一个故事。贵由曾经召拔都前来朝见，以对他表示臣服，拔都当即举行了盛大的仪式，启程出发。然而，拔都和他的部下非常害怕，因此派他的一个名叫思梯坎（即昔班）`的兄弟先行。当思梯坎到达贵由那里，并且正要向他献盏时，发生了争吵，他们两人互相把对方杀死了。"看来，贵由是死于拔都之手。

由于唆鲁禾帖尼给拔都送去了密信，拔都特别感激唆鲁禾帖尼及其儿子蒙哥、忽必烈等人，认为她（他）们是对自己最好的人。为了报答她（他）们的"恩情"，贵由死后，拔都就主张立蒙哥为汗。他以长兄身分召集诸王到钦察汗国东境的阿脱忽剌兀召开忽里台，选举新汗。窝阔台系和察合台系诸王反对选举蒙哥为汗，以会议不在蒙古本土举行为理由，拒绝参加会议。他们只派八剌和帖木儿作为代表，观察会议动向并记录会议结果。

拔都在术赤和拖雷两系诸王到会的形势下，提议选举蒙哥为大汗。八剌当场反对说："窝阔台合罕曾经决定以其孙失烈门为汗位继承人，这是大家都知道的事。如今失烈门仍然健在，却又另选他人，将置窝阔台汗的遗命于何地？"声色俱厉地指责众人违背了窝阔台汗的意旨。

忽必烈与庶弟木哥听了这话，立即反驳说："窝阔台合罕的意旨，谁敢违犯？然而，前此立贵由为汗，就是脱列哥那与你们违背合罕的意旨干出来的。要说违背合罕的遗命，首先是你们，你们还能归罪于谁呢？"

拔都又进一步揭露贵由的罪状，说他违背札撒，不听取诸兄弟意见，而擅自杀害了成吉思汗的幼女按塔仑，因此，汗位不应再属于他们。

兀良合台也说蒙哥"聪明睿智，尽人皆知"，主张推选蒙哥为汗。

于是，大会通过了选举蒙哥为汗的决定。

按照蒙古传统惯例，诸亲王不到会，选汗不能算数。为了让窝阔台系和察合台系诸王心服口服，拔都又决定来年在蒙古本土重新召开忽里台。

窝阔台系和察合台系诸王再次抵制，拒不参加会议。这样，选汗大会又拖延了两年。

1251年夏，拔都不顾窝阔台系和察合台系诸王的反对，在蒙古本土的怯绿连河（即克鲁伦河）和斡难河（即鄂嫩河）河源的阔帖兀阿阑地方强行召开大会。拔都因为有病，不能亲自与会，特委托其弟别儿哥主持大会。

大会在术赤系和拖雷系诸王及一部分窝阔台系和察合台系诸王参加的情况下，按期举行。别儿哥让忽必烈坐在大会会场，"并让全体都听从忽必烈的话"，又让忽必烈的异母弟末哥站在门旁守卫，让忽必烈的同母弟旭烈兀"站在司膳和卫士们前面，不让任何人说出或听到不适当的话"。在别儿哥的精心安排和忽必烈等人的帮助下，蒙哥顺利地登上了大汗的宝座。

按照惯例，新汗被推选出来以后，全体参加者要欢宴庆祝，于是，宗王们兴高采烈地饮宴起来。

这次大会，窝阔台的孙子失烈门（阔出之子）、脑忽（贵由之子）、忽秃黑（合剌察儿之子）没有参加。选举大汗以后，他们三人率领军队赶来，企图以祝贺为名，在诸王欢宴时，突然袭击杀死蒙哥。

就在失烈门他们向蒙哥汗逼近的时候，蒙哥汗的鹰夫克薛杰因为丢失了一头骆驼，到处寻找，遇上了失烈门他们的军队和马群，在帮助一个儿童修车的时候，发现了车中的武器和军事装备，了解到了失烈门他们的阴谋，然后飞驰赶回，向蒙哥汇报了这一消息。

蒙哥得知这一消息，急忙派遣大将忙哥撒儿领兵3000出迎，出其不意，逮捕失烈门、脑忽、忽秃黑三王及其所率领的叛军叛将。

在如何处理这些政敌的问题上，蒙哥一时拿不定主意，耐心征询大臣们的意见，当他征求到马合木·牙剌洼赤的时候，马合木·牙剌洼赤为他讲了一个故事。马合木·牙剌洼赤说："当马其顿王亚历山大征服了世界上大部分国家时，他的大臣和贵族们纷纷要求独立自主，不愿听从他的指挥和调动。亚历山大没有办法，就派使者去问亚里斯多德。亚里斯多德领着使者来到花园，吩咐人们把根大而深的树挖掉，然后种上一些弱小的树。别的什么也没有说。使者回来以后说，亚里斯多德什么也没有回答。亚历山大问使者看到什么没有？使者就把上述之事重复一遍。亚历山大听后，高兴地说，'亚里斯多德已经给了回答，而你却不懂得。'于是，亚历山大处死了那些专横跋扈的豪强，而将自己的儿子安排到他们的位置上。"

蒙哥听了这个故事，恍然大悟，立即处死叛乱首领77人，接着又处死了贵由汗皇后斡兀立海迷失及贵由亲信大臣镇海等人，将失烈门等三王发配军前效力，巩固了自己的汗位。

在忽必烈等人的帮助下，蒙哥终于夺得和巩固了汗位。从此，汗位转到拖雷一系手中。

漠南总领

1251年6月，蒙哥登上蒙古国汗位。接着，幸运之神又随之降临，忽必烈奉汗兄之命担起了总领漠南的重任。

总领漠南期间，忽必烈在延请四方文学之士的基础上，形成了一个号称"金莲川幕府"的谋臣侍从集团。这个谋臣侍从集团，对忽必烈总领漠

南乃至以后打造元帝国的人生历程，都产生了重大的推动作用。

"金莲川幕府"，其名源自于忽必烈奉命总领漠南军国庶务后的驻牧开府地点。该驻牧地在原金桓州附近的金莲川。

此地因夏季盛开美丽的金莲花，金世宗时由曷里浒东川易名为金莲川。这批藩邸谋臣侍从随而被称为"金莲川幕府"。

幕府侍臣有：刘秉忠、赵璧、王鹗、张德辉、张文谦、窦默、姚枢、许国桢、郝经、许衡、廉希宪、商挺、刘肃、宋子贞、王恂、李昶、徐世隆、李德辉、张易、马亨、赵良弼、赵炳、张惠、李冶、杨奂等。

这些人都是中州精英和贤能智士。他们大部分是较长时间留在漠北或漠南金莲川藩邸，一小部分汉地名士或因年迈即召即归，并不久留。

他们地域种族各异，技能职业有别，学术派别林立，志趣主张也大多不同。

他们大体可分为邢州术数家群、理学家群、金源文学群、经邦理财群、宗教僧侣群及王府宿卫群等若干群体。他们分别从自己的学术志趣出发，阐扬各自的政治思想，希望为忽必烈所采用，竭力在总领漠南的施政中留下一些属于己方主张的印痕。

邢州术数家群，这一群体的领袖是刘秉忠，成员主要有王恂、张文谦、张易、马亨等。

刘秉忠是邢州邢台人，于1242年随禅宗海云法师北上拜见忽必烈，留守于漠北。

刘秉忠学贯于儒、佛、道三教，尤其是"通晓音律，精算数，善推步，仰观占候，六壬遁甲，《易经》象数，《皇极邵氏》之书，无所不知"。

刘秉忠不仅"学术通神明，机算若龟策"，而且娴熟治国之道。到漠北之初，刘秉忠曾经屡次上书献策，"皆尊王庇民之事"。但忽必烈最欣赏的是其"阴阳术数之精,占事知来,若合符契",而且有所谓"唯朕知之,他人不得与闻"的神秘约定。

据说,刘秉忠与忽必烈"情好日密,话必夜阑,如鱼得水,如虎在山",这也是其他藩府旧臣无法企及的。

王恂是中山安喜(今河北定县)人,曾经拜学刘秉忠于邢州紫金山,以算术而闻名,在藩府担任太子伴读。

张文谦是邢州沙河(今河北沙河县)人,与刘秉忠自幼是同窗好友,"年相若,志相得",早年受刘秉忠的影响,"洞究术数"。此后,又与许衡等交结,潜心义理之学。他被忽必烈"擢置侍从之列",司教令笺奏,日见信任。

邢州术数家群的成员多数是刘秉忠的同乡、同窗或门人,并且是由刘秉忠荐举进入藩邸幕府圈的,学术上也以阴阳术数为主。因为刘秉忠的缘故,邢州术数家群在藩邸幕府中称得上是最早投靠忽必烈、最受忽必烈信任的。

理学家群,这一群体主要由窦默、姚枢、许衡三位北方著名理学家组成。

窦默是广平肥乡(今河北邯郸肥乡区)人,最初以行医为职业,后来又专心学习伊洛性理之书,一度隐化大名,与姚枢、许衡朝暮讲习,1249年应召于漠北,首以三纲五常为言。忽必烈对此说有所感悟,亦称:"人道之端,无大于此。失此,则不名为人,且无以立于世矣。"窦默又说:"帝王之道,在诚意正心,心既正,则朝廷远近莫敢不一于正。"

忽必烈对此颇感兴趣,一日三次召见与之交谈,奏对皆称旨,自此,对窦默敬待礼加,不令暂离左右。窦默是理学家群中最早进入忽必烈藩邸的,曾奉命教授太子真金,姚枢、许衡皆由他举荐。

姚枢是营州柳城(今辽宁朝阳)人,曾从赵复处得程、朱二子性理之

书，潜心研读，后成北方理学领袖之一，于1250年投靠忽必烈，上治国平天下及救时弊之八目三十条，"本末兼该，细大不遗"。姚枢所言讲究现实，也比较注重这位蒙古宗王的认同接受程度。忽必烈惊奇于他的知识渊博，有什么事情都要去咨询他，视姚为藩邸的主要谋臣。

忽必烈虽然对空言性理的理学不太感兴趣，但窦默、姚枢二人"诚结主知"，一直受到格外的眷顾和信赖。

至于许衡，因其被举荐的时间较晚，起初仅奉王府令旨教授京兆，又兼性情古怪，所言迂腐空洞，藩邸时期的忽必烈并不喜欢他，尽管许衡在理学家群中学术造诣是最高的。

金源文学群，这一群体大多数是前金朝辞赋进士出身，率以诗赋文章相标榜。王鹗是这一群体的领袖，成员主要有徐世隆、李冶、刘肃、宋子贞、李昶等。

王鹗是开州东明（今山东东明县）人，金正大状元。1244年召赴漠北藩邸，忽必烈对他格外优待，每一次晋见，都赐予他座椅，从不直呼他姓名，而是恭敬地叫他状元。他曾给忽必烈讲修身齐家治国平天下之道，常常到深夜。忽必烈颇为所论而感动，说："我现在虽然没有立即施行，但怎能知道以后就不能施行呢？"

王鹗向忽必烈所举荐的多是金朝的辞赋文士。忽必烈还命令近侍阔阔、廉希宪、柴祯等五人以王鹗为师，学习汉文化。

徐世隆是陈州西华（今河南西华县）人，金正大进士。他"古文纯正明白"，"诗歌则坦夷浏亮"，"四六则骈俪亲切"。1252年徐世隆北上，见忽必烈于日月山帐殿，以孟子"不嗜杀人者能一之"说，劝忽必烈不要去征伐云南。

李冶是真定栾城（今河北栾城县）人，金末进士。他收藏图书极多，人曰：聚书环堵。以做文章为乐，"经为通儒，文为名家"。1257年，随使者北谒，也是忽必烈问以治道的汉文士之一。

其他属于此群体的刘肃、宋子贞、李昶等，也都是喜好文学诗赋的进士出身者。

以上王鹗、徐世隆、李冶三人进讲治道时，言必称孔孟纲常就很能说明问题。

不过，他们在崇尚标榜诗赋文章的同时，兼学兼通的多是传统的孔孟儒术，而非程朱的性理之学。

经邦理财群，这个群体的人员，通常以治国经邦为直接任务，或喜好谋划经略，或善于理财会计。郝经、赵璧是其代表人物。

郝经是泽州陵川（今山西陵川县）人，金朝亡后，侨居保定，充世侯张柔家塾教授。郝经虽然"上溯洙泗，下迨伊洛诸书，经史子集，靡不洞究"，但又强调"不学无用学，不读非圣书"，"不为利益拘"，"不作章句儒"，立志"务为有用之学"，"以复兴斯文，道济天下为己任"。所以他平时不去理会朝政，常在家中治学。

应召赴藩邸后，郝经充任重要谋臣，上下千年，旁征博引，援据古义，为忽必烈进献许多救治时弊的良策。忽必烈极喜其所言，凝听忘倦，在日后的施政中多有采用。

赵璧为云中怀仁（今山西怀仁县）人。1242年被忽必烈召至漠北驻地，是忽必烈最为亲近的汉人侍从之一。

忽必烈让自己的王妃亲自为他缝制衣裘，派他驰驿出使八方，前去招聘名士王鹗、姚枢等人。还命其学习蒙古语，在马背上替忽必烈译讲《大学衍义》。

忽必烈称赵璧为秀才，那是因其颇善于草拟表章文檄，且教授蒙古生徒儒书。

然而，他"刻意吏学，以经济为己任"，后又"经画馈运"，"手校

簿书"，忽必烈任命其为中书右丞，平章政事，制书中亦有"素闲朝政，久辅圣躬，柱石庙堂，经纶邦国"之语，所以更像是一位经邦理政的机敏儒吏。

除此以外，"能理财赋""调军食"的李德辉；"博学有经济器"的张德辉；文武才兼备、"有经济略"的商挺；被忽必烈命为抚州长、"城邑规制，为之一新"的赵炳；担任邢州安抚司和陕西宣抚司幕官的赵良弼；"尽通诸国语"、后任治国用司副使的张惠；出身察必皇后斡耳朵滕人，又与李德辉"偕侍潜邸"的阿合马等，也基本属于这一群体。

蒙古骑兵用的箭袋

宗教僧侣群，这一群体的代表人物主要是吐蕃萨加派僧师八思巴、禅宗僧人海云、太一道教大师萧公弼等。

此群体人数不甚多，但对忽必烈的个人宗教信仰，以及日后元王朝的宗教政策和治理吐蕃，影响却颇大。

王府宿卫群，顾名思义，这一群体是由忽必烈王府怯薛宿卫士组成。如廉希宪、董文用、董文忠、贺仁杰、阿里海牙、许国桢、谢仲温、姚天福、高天锡、谒只里、昔班、阔阔等。

这些人都来自蒙古、色目、汉人等不同种族，平时皆负责王府的生活服侍和护卫工作。

除廉希宪以外，王府宿卫大多没有什么突出的政见主张，也很少参与藩邸的治道问答。但他们始终是忽必烈最信赖的藩邸人员。

以上六个群体，只是就其基本特征而进行的粗略划分。实际上，六群体部分人员在志趣流派方面常会有一定程度的交叉或复合。然而，六种类型或群体的划分，使我们对"金莲川幕府"的内部构成及其与忽必烈的关系一目了然。尽管这种划分只是相对或粗略的，有其一定的局限性。

忽必烈对"金莲川幕府"及其他应召人员的态度也是比较理智的。这些侍从和应召人员形形色色、五花八门，所持主张及所怀目的也各不相同：或希望获取赏赐，或希望免除本派别门人的劳役赋税，或希望改善民众的生活并恢复中国的统一与秩序，或主张以华化夷，促使蒙古人逐渐汉化。

此时的忽必烈，对这些人大致是礼贤下士、兼容并蓄，没有明显地抑此褒彼，以多听多问为主，择其有用有益之处而从之。即使是对个别不友好、不合作的人，也不发怒、不失礼。

"金莲川幕府"的形成，是忽必烈主动吸收汉法制度，与中原士大夫实行政治联合的一个良好的开端。它加强了以忽必烈为代表的蒙古贵族与汉族士大夫之间的彼此沟通和认同，对忽必烈履行其总领漠南的使命，也发挥了极其深刻而积极的影响。

由于这些士大夫中有相当一部分来自汉世侯幕僚属吏，"金莲川幕府"的形成，又在一定程度上密切了忽必烈和汉地世侯之间的联系。

从长远来看，它又为元帝国的建立提供了必要的政策方略、社会支持以及官员储备。

中统至元间，这些幕府侍从"布列台阁，分任岳牧"，成为忽必烈政权的最主要班底。他们有关汉地统治方式的一系列理论，也为忽必烈君临整个华夏描绘了一幅行之有效的政治蓝图。

简而言之，此蓝图主要包括以下两方面内容：一是以汉法治汉地；二是原有蒙古制度参考汉地等先进方式予以变通，以适应一君统治南北两方的形势需要。之后，忽必烈总领漠南以及其建立元朝的整个政治生涯，基

本上都是基于这幅蓝图得以实践和发展的。

蒙哥初即汗位时，忽必烈便以皇太弟身份日侍圣驾，开始涉猎汗廷决策圈。他论奏时务之急，为汗兄出谋划策。

对皇弟忽必烈的上奏，蒙哥汗基本是言听计从，予以施行。而这些奏言多为藩邸谋臣刘秉忠和张文谦一手策划和拟定。

不久，蒙哥汗降诏："凡军民在赤佬温山南者"，皆听皇弟忽必烈统辖领治。这是忽必烈总领漠南之初的管辖范围和权限内容。

蒙哥汗这样安排，是为了让其亲弟弟忽必烈替他执掌漠南军政大权，从而对付窝阔台系、察合台系诸王等敌对势力。

忽必烈及其王府官属更是为之欢欣鼓舞，大排宴席而庆之。唯有王府文臣姚枢沉默寡言，显得心事重重。

忽必烈觉得事出有因，宴会结束时，急忙询问："顷者诸人皆贺，汝独默然，岂有意耶？"姚枢回答道："今天下土地之广，人民之殷，财赋之阜，有加汉地者乎？军民吾尽有之，天子何为？异时庭臣间之，必悔见夺。不若唯手兵权，供亿之须，取之有司，则势顺理安。"

忽必烈一听，顿时大悟，深知虑所未及，未曾远谋，马上派人以姚枢的意见上奏，并获得蒙哥汗的批准。于是，忽必烈的权限和使命，就由军民兼领缩小为唯掌军事了。

自请唯掌军事，使蒙哥汗与忽必烈的权力冲突没能过早发生，从而也给忽必烈在总领漠南期间干一番事业带来了异常宝贵的机会。

另外它还说明：总领漠南的忽必烈已经十分成熟干练，他身旁的谋臣侍从也都是能臣智士，绝非等闲之辈。

在选择驻屯地点上，忽必烈也善于听取部下的正确建议，不拘泥于草原游牧的传统，从而作出理智的决策。

刚开始受命总领漠南时，忽必烈对木华黎孙霸突鲁说道："今天下稍定，我欲劝主上驻跸回鹘，以休兵息民。何如？"

霸突鲁答道："幽燕之地，龙蟠虎踞，形势雄伟，南控江淮，北连朔漠。且天子必居中以受四方朝觐。大王果欲经营天下，驻跸之所，非燕不可。"

忽必烈听此言，非常感慨地说："非卿言，我几失之。"

忽必烈将回鹘（畏兀儿）当做首选驻屯地，因为该地是突厥后裔栖居之处，在风俗和生活方式上与蒙古人都极为相似。

而"幽燕之地"，在辽、金两朝一直是国都和政治中心，木华黎国王受命经营汉地和燕京行断事官设立后，该地在极短时间内便成为蒙古帝国在汉地的大本营。

当忽必烈听到霸突鲁陈述驻屯幽燕更有利于经营中原和江淮等广大区域之时，便不再留恋或拘泥于回鹘（畏兀儿）地和蒙古草原游牧民的亲和性，毅然改变原来的主意，最终选定幽燕一带为自己的驻屯地。

1256年，忽必烈命刘秉忠占卜选择金桓州东、滦河北之龙岗，修筑开平城，以作为大军在漠南的固定驻所。开平，北连朔漠，南制中原，地理上十分适合于忽必烈总领漠南的政治军事需要。

忽必烈执掌漠南军事以后，对漠南的民事刑法，也予以极大关注。

其时，蒙哥汗新任用的燕京等处断事官牙鲁瓦赤和不只儿负责管辖漠南汉地的财赋司法。两人上任当天便诛杀二十八人。其中一名偷盗马匹的犯人，本已施杖刑而被释放。恰巧有人献上环刀，不只儿下令追回已释放者，亲执环刀而斩之。

忽必烈得知此消息后，严词指责道："凡死罪必详谳而后行刑。今一日杀二十八人，必多非辜。既杖复斩，此何刑也？"不只儿听完，惊愕得说不出一句话来。

还有一次，王府侍臣赵璧竟然敢在蒙哥汗驾前申斥燕京断事官牙鲁瓦

赤以旧印妄请复用，还提议说："请先诛近侍之尤不善者。"事后，连忽必烈都说："秀才，汝浑身是胆耶！吾亦为汝握两手汗也。"

这些事情都充分说明，那段时期总领漠南的忽必烈与燕京断事官之间的关系已经多多少少有些紧张了。

不久，依照蒙古帝国惯例，藩邸近侍孟速思也在忽必烈位下担任燕京行台断事官。

忽必烈远征大理途经六盘山时，许多地方官闻讯陆续赶来晋见，多为就自己"官资之崇卑，符节之轻重"，请求忽必烈开恩庇护。

只有延安路兵马使袁湘面陈本路军户困乏之弊并就之提出了相应的革除办法。忽必烈采纳了袁湘的意见，并给予极大赞扬。而对其他官吏言私不言公的做法，一概责备训诫。

巩昌总帅汪德臣也来禀告新城益昌赋税徭役免除等事宜，忽必烈亦给予了批准。

如此一来，总领漠南的忽必烈在陕甘一带也留下了体恤百姓疾苦和秉公不徇私的好声誉。

远征大理

宪宗二年（1252年），蒙哥大汗命令忽必烈率兵远征大理。这是忽必烈总领漠南后承担的第一次重大军事征伐活动。

依照总领漠南军国重事的使命，忽必烈负责经略征伐的目标是整个南部中国。然而，十余年来蒙古军对南宋的进攻，因在江淮和四川遭到顽强抵抗而显得举步维艰。

阔端大王对吐蕃的征伐却连连告捷，西藏已逐步划入蒙古军队的控制范围。

远征大理，从西南包抄夹攻南宋控制区长江中游，便成为经略南部中国战略计划的重要组成部分，而且是与征服吐蕃相辅相成的部分。另外，雄踞西南三百余年的段氏大理国，此时由于国君段兴智孱弱，大臣高氏专权，国势已走向衰落。这又是蒙古军发动远征的一个天赐良机。

夏六月时，忽必烈正式授钺专征。

当晚，忽必烈宴请各部属侍从，姚枢趁机给他讲起宋太祖遣曹彬取南唐未尝妄杀一人的故事。

第二天清晨上路，忽必烈兴奋地在马鞍上向姚枢大声喊道："汝昨夕言曹彬不杀者，吾能为之，吾能为之！"

七月，远征大军由漠北枒牙祭旗出发。遵照蒙哥汗的旨意，全军军事由速不台子大将兀良合台节制管领，忽必烈负责居上统辖。

征云南大军数达十万之多，主要由兀良合台的蒙古千户军、诸王抄合、也只烈所部军、汉军及王府侍从等组成。

随同忽必烈远征的侍从主要有：刘秉忠、姚枢、张文谦、廉希宪、贺仁杰、董文用、董文忠、许国桢、赵秉温、郑鼎、解诚、贾丑妮子、李儿速等。董文用、董文忠兄弟负责督办粮草，赞襄军务。其兄长董文炳则自率义士四十六人，尾随其后，受到忽必烈的犒劳和褒奖。

忽必烈不令姚枢等侍臣离其左右，临行前还特意把原先姚枢教授皇子真金的任务转交给留在北方的窦默。

冬十二月，浩浩荡荡的大军渡过黄河。

第二年春，经原西夏盐、夏二州。夏四月，出萧关，于六盘山驻军。

　　京兆雩郡县人贺贲修建房屋时从毁坏墙垣中获白金七千五百两，以"殿下新封秦，金出秦地，此天以授殿下"为由，持其中五千两呈献忽必烈以助其军。

　　某军帅怨贺贲不先禀告而直接献银，将贺贲逮捕入狱。忽必烈得知此消息，十分恼怒，下令捕捉该军帅欲杀之，后念其勋旧家世而饶其性命。由此可见，忽必烈对远征大军将帅的生杀予夺有着极高的权力。而主动呈献白金的贺贲，后受到忽必烈的任用和提拔，其子贺仁杰也应召进入了忽必烈宿卫。

　　二十年后一日，忽必烈将贺仁杰召至御榻前，拿出白金五千两，对他说："此汝父六盘山所献者，闻汝母来，可持以归养。"

　　贺仁杰推辞不收，忽必烈不允。这足见忽必烈念念不忘臣下旧日之贡献，且能予以适当报答，体现了他较高的信誉和十足的人情味。

　　宪宗三年（1253年）八月，忽必烈率大军至临兆，九月，到达忒剌。

　　随后，大军兵分三路，兀良合台率西路军，诸王抄合、也只烈率东路军，忽必烈亲自统率中路军。

　　四川中南部大部分地区仍被南宋所控制，三路蒙古军队只能从吐蕃东部等人迹罕至的地区绕道而行，一路上艰难跋涉，部队行进缓慢。

　　途经雪山时，山路曲折盘旋，包括忽必烈在内，都必须"舍骑徒步"。因忽必烈患有足疾，不得不由随从郑鼎等背负而行。遇敌军据险扼守，郑鼎等奋不顾身，力战而护之，受到忽必烈赐马三匹的奖赏。

　　十月，蒙军过大渡河，又在山谷中行进二千多里，忽必烈率领的劲骑部队走在队伍最前列。

　　进入大理境内后，大军行至金沙江畔，忽必烈无限感慨地立在江边巨石之上，俯视波涛汹涌的金沙江水。许久，经随从提醒，才乘马回归军队。

蒙古军队乘革囊和木筏渡过金沙江，陆续攻下了顽固自守的许多寨栅。

冬十二月，忽必烈所率中路军率先包围大理城。兀良合台的西路军也在攻取龙首关后，抵达大理城下。

大理城倚点苍山，傍洱海，倚仗得天独厚的天然地理条件，相当坚固，极难攻克。开始时，忽必烈曾派玉律术、王君候、王鉴三人为使者，劝说大理归降，却都有去无还，音信全元。

大理国王段兴智与权臣高祥背城出战，以失败而告终。忽必烈下令攻城，并亲自登上点苍山临视城中战况。

当夜，大理守军节节溃败，段兴智和高祥率众逃跑。忽必烈命大将也古领兵追击，高祥被擒杀于姚州。

蒙古军入城后，忽必烈说："城破而我使不出，计必死矣。"遂令姚枢等搜访大理国图籍，搜访时发现了三使者的尸体。

掩埋三使者遗体时，忽必烈又命令姚枢撰文致祭，以表哀思。另各赐民户数十，以抚恤死者家属。

见使者被杀，忽必烈非常愤怒，一度想屠城以泄怒。侍从张文谦、刘秉忠、姚枢等劝谏说："杀使拒命者，其国主尔，非民之罪。"忽必烈接受了他们的意见，这才免去一场杀戮。

还让姚枢尽裂所携之帛为帜，书写止杀之令，分插公布于街衢。

如此一来，蒙古军士便都不敢进城抢掠，大理城民众的身家性命及官民财产才得以保全。

1244年春，忽必烈班师北还，留兀良合台统兵戍守，又以刘时中为宣抚使，继续经略抚治云南。

之后不久，被俘归降的大理国王段兴智面觐蒙哥汗。在其协助之下，蒙古军队较快地征服了云南全境。

忽必烈远征大理的成功，使蒙古帝国疆域又向西南扩展了一大块，称得上蒙古征服南部中国一次较大的胜利。

它完成了对南宋的战略性迂回包抄，同时也打开了向南亚、东南亚扩展的通道。

远征大理的成功，使云南"衣被皇朝，同于方夏"，纳入了蒙古王朝的直接统治，加强了云南"新民"与蒙、汉等民族之间的联系，促进了多民族统一国家的发展和壮大。

远征大理的成功，使忽必烈成为蒙古征服东方的大赢家。它不仅使忽必烈在艰苦的征战中经受了剑与火的庄严洗礼，也向其家族乃至整个大蒙古帝国显示了他卓越的军事征服才能。

这对忽必烈在后来的汗位争夺中赢得相当多蒙古诸王贵族的拥戴，起到了无法估量的作用。

二十多年后，忽必烈本人对征伐大理之行，一直记忆犹新，异常重视。忽必烈感慨万千地说："昔从太祖饮水黑河（班朱尼河）者，至今泽及其子若孙。其从征大理者，亦朕之黑河也，安可不禄其劳？"忽必烈对当年随从征伐大理的旧臣，都给予了极其丰厚的赏赐。

1304年，元廷还命令在忽必烈曾经登临俯视大理城中激战的点苍山崖上镌刻"平云南碑"，以纪念半个世纪以前世祖远征大理的伟大功业。

这天清晨，李璮醒来，就听到院中传来了喜鹊的欢叫声。他伸了伸懒腰，向正在梳洗打扮的夫人道："夫人，院中喜鹊造访，今天一定有喜事临门吧。"

李夫人一边梳着长发，一边说道："如今天下大乱，烽烟四起，哪里会有什么喜事。"

李璮起身下床，笑着说："夫人美貌依旧，不就是喜事吗？"

李夫人喜滋滋地听着，高兴地笑了。

夫妻二人说笑着，到客厅就座，准备吃早饭。

李璮是山东潍州人，父亲李全曾在金朝末年起兵反金，是山东红袄军的头领。在金宣宗兴定二年（1218年），李全归顺了南宋，封为京东路兵马副都总管。十年后，李全审时度势，又归顺了蒙古，任山东淮南行省长官的职务。在元太宗三年（1231年），李璮世袭接任了父职，改称为益都行省官职，专制山东数十年，家存万贯金银，手下数万兵马。

李璮不仅继承了父亲李全的职位，同时也继承了父亲趋强避弱、唯利是图的性情，只要是有利于自己势力的壮大，翻云覆雨，朝秦暮楚。几十年来，李璮就这般摇摆于蒙、宋之间，邀功讨爵，从中渔利。

自蒙古蒙哥汗即位以来，忽必烈主理漠南一带的政务。忽必烈自然看出了李璮的真实想法，但忽必烈并没有戳穿李璮，经常派人到益都来拜访李璮，每次都会带上一批珍玩为礼。

这天，李璮一家刚坐下吃早饭，忽必烈派来的人就叩门了。

家仆开门后，忽必烈的近侍扎察走了进来。

"李大人，"扎察揖首道："忽必烈殿下差我来问候大人。"李璮道："殿下可好？"

扎察恭敬地回道："殿下很好。近日有人送给殿下一幅字画，殿下说李大人学识渊博，能欣赏这字画的精髓，就连忙差我给大人送来了。"说着，扎察递上了画轴。

李璮连声道："我李璮一介乡民，能得殿下垂爱，深为不安与荣光。我李璮一定忠于蒙哥汗，一定听凭忽必烈殿下差遣。"

送走了扎察，李璮刚欲解开画轴，看看是哪位名家的墨宝，李夫人疾步走了进来，一把夺过画轴，几下子就撕了个粉碎。

李璮叹道："我知道你恨蒙古人，可这字画无罪呀。"

李夫人秀丽的双眸盈满了泪水，泣道："我们是熟读过圣人之书的

人，岂能在蒙古那些野蛮之人的膝下称臣呢？"

李璮坐在椅子上，端起茶杯，呷了一口，道："夫人，我山东虽然土地肥沃，我手下虽有兵勇数万，我家中虽有万贯财产，但比起蒙古人手下的大片疆域来，比起南宋的富裕江南来，又算得了什么！我既没有南下攻宋的财力，也没有抵御北边来犯的实力呀！"

李夫人回道："那为何不投靠南宋，一起抗蒙。我们毕竟同是汉人子孙。"

李璮道："如今的南宋，已经不是父亲归顺时的南宋了。现在的南宋朝廷软弱，腐败盛行，早就犹如一株被蛀空的大树，灭亡是迟早的事。我再糊涂，也不会去依附这样一个昏聩的朝廷的。"

李夫人听罢，也点了点头，又道："那蒙古就可以依附吗？"

李璮又道："目前的蒙古铁骑无数，一统天下是势在难免。除非是他们蒙古内部内讧，否则，仅靠外力恐天下无人可撼。"

李璮又转向夫人道："忽必烈三番五次地派人来送重礼，我又怎能总让人家空手而归呢？"

李夫人闻之色变，急道："你是想……"李夫人用手一指在旁边玩耍的小禾。

李璮点了点头。

"不行！小禾是我的心头肉，跟我的亲生女儿一般，我不能让你把她送给忽必烈。"李夫人站了起来，嚷道。

李璮道："忽必烈是人中之龙，不会久居殿下之位。你等着吧，一旦忽必烈壮大了势力，一定会收拾蒙哥汗的。收拾完了蒙哥汗，就该轮到收拾我们、收拾南宋了。到那时，别说小禾，就是你我、就是我麾下的几万兵勇，都会成为他的刀下之鬼。"

李夫人听着，不由得打了个冷战，颤声问道：

"那小禾就能阻止他做这些事情吗？"

"当然不能。"

"那你把小禾送去又有何用。"

"用处大了。"

"你说说。"

李璮见夫人态度有了转变，于是和颜悦色地道："小禾侍奉在忽必烈身边，凭小禾的美貌与学识，定会赢得忽必烈的欢心。小禾一可以时常劝慰忽必烈少些杀气，放弃嗜杀举动，二可以让忽必烈相信我李璮的忠心，可以善待我及我手下的几万兵勇。小禾是以一人之身，换回了无数条濒于死境的生灵啊。再说，忽必烈风华正茂，说不定小禾会爱上他的。"

李夫人的面色苍白，嘴中喃喃道："我的花骨朵一般的小禾就这样羊入虎口了？"

李璮冷冷一笑："还有大禾呢。让她们两人同去，也是个伴儿。"

李夫人神情恍惚，站起身欲走，不想眼前一黑，一头栽倒在地上。

李璮一见，赶紧从地上抱起夫人，口中大声叫着："大禾、小禾，大禾、小禾，快来，你们母亲昏倒了！"

一时间，李府上下，一阵忙乱。不过，李璮的这一计划落了空。在后来的李璮叛乱中，小禾也未能让他免于一死。

自成吉思汗时代起，几代蒙古汗王多次踏入中原，先是灭掉了金王朝，继而时时进入中原腹地，对南宋政权虎视眈眈。尽管成吉思汗、窝阔台、贵由、蒙哥几位汗王都没有驻守中原，但数十载的征战，也与中原的地方武装进行了多次接触，蒙古军队的勇猛善战威慑了大部分的中原地方武装，中原的地方势力纷纷归附了蒙古，李璮的父亲李全就是其中的一位。

正是由于蒙、金、宋之间几十年的争斗，使中原百姓饱尝战乱之苦，

地方上有钱有势的乡绅为了捍卫家园，保住财产，纷纷建立了各自为战的地方武装，仅河北、山东一带，这些地方武装就不下几十支，多的有数万人，少的也有千余人，李璮就是这些地方势力中较大的一支。

从成吉思汗到蒙哥汗，几十年的漫长历程，让这些汉人世侯不仅财力得到了膨胀，其武装势力也极度扩张。而且兵勇们多年操练武艺，个个都是当时的悍将，作战能力不容低估，也不能忽视。

忽必烈早已洞察到了这种局面，而且敏锐地认识到对这些盘踞中原日久的军事力量绝不能硬性征伐，只能以抚代征。忽必烈很早就与这些汉人世侯进行着亲密的联络，像史天泽、张柔以及李璮这些势力较大的世侯，忽必烈更是嘘寒问暖，关怀备至。忽必烈期望着有一天这些势力能成为自己的御用军队，最起码，不会成为敌对势力。

但忽必烈同样清楚，与这些汉人世侯之间的关系纯粹是相互利用的互利关系，如果手中没有实力，纵是自己当了汗王，也难以驯服这些人。忽必烈沉下心来，等待着自己掌握天下的时机，为了这个时机的早日到来，忽必烈尽心地周旋于世侯之间。

李璮是假意归附忽必烈，其实，忽必烈也是揣着明白装糊涂。

忽必烈是何等聪慧，他早已把李璮假意归附的本意看得一清二楚，但他需要把已经安抚李璮这一特大喜讯报告蒙哥，所以他就不揭穿李璮的阴谋。

蒙哥得知忽必烈已收服山东李璮，心中十分高兴，他把自己宠爱的美女派到漠南，算是对忽必烈的奖赏。

这一天拂晓，忽必烈的四弟阿里不哥的帐外传来了"咚咚"的敲门声。

下人连忙出屋，把一个身体粗壮、满脸胡须的汉子领进了阿里不哥的寝宅。

"王叔，你可真早啊。"阿里不哥一边打着哈欠，一边打着招呼。

"殿下，如今蒙哥汗入主和林，而忽必烈又坐守漠南，你也是拖雷监国的嫡子，你就不想干点什么吗？"来人叫兔拔哥，论辈分是阿里不哥的远房叔叔。

阿里不哥叹道："我原来以为忽必烈会跟蒙哥汗争斗一番，抢汗位呢，谁知……"

兔拔哥微微一笑，低声道："你本想坐收渔利，可没打起来，对不对？"

"为了汗位，忽必烈怎肯甘居漠南？我不相信，说什么我也不相信。"阿里不哥说，"忽必烈在伪装。"

"忽必烈在伪装什么？"兔拔哥说："他和你一样，都很忠于蒙哥呀！"兔拔哥说："话又说回来，即使忽必烈不如你忠于蒙哥汗，你也要在蒙哥汗面前讲清楚。"

兔拔哥和阿里不哥在一番密谋之后，来到蒙哥汗大帐。

"蒙哥汗，忽必烈是万万不能用的。"兔拔哥说。

"那是为何呢？"蒙哥想听听他的意见。

"叔父说得很对。"阿里不哥说："蒙哥大汗，您是我和忽必烈的哥哥，我是站在真理的立场说话，叫帮理不帮亲，并无丝毫攻击忽必烈之意。"

"我也没说你要攻击忽必烈。"蒙哥汗说。

"现在还没有。"阿里不哥说："不过，将来你会说的。"

"为什么？"蒙哥汗想笑，他觉得阿里不哥莫名其妙。

"大汗，阿里不哥的意思是他只要说出他的本意，就会有人认为阿里不哥是在攻击忽必烈。"兔拔哥说。

"会有这么回事吗？"蒙哥汗很豪气地大笑起来。

"不要笑，我的贤侄！"兔拔哥说，"阿里不哥说的是实话。"

"什么实话？"蒙哥汗问。

"他是说他若坚持真理，就会有人挑拨你们兄弟的关系。"兔拔哥说："阿里不哥是指漠南那些人。"

"漠南？"蒙哥汗心中一惊，漠南一直是他心中的痛。"漠南那里怎么啦？他们那几个人还能翻天不成？"

"能翻天，也能换地。"阿里不哥说，"刘秉忠、王社教、龙广天书、沈元帅、他们那几个人还不能吗？"

"不能。"蒙哥汗说，"任凭忽必烈身边猛士如云，也抵不过我漠北五十万兵马，况且他还不敢。"

"大汗何以见得他不敢？"兔拔哥说，"大汗您太粗心了。您想，既然您是大汗，漠南那些人为何只知有忽必烈，不知有您这个蒙哥大汗呢？"

其实，蒙哥汗从内心讨厌他这个叔父兔拔哥。现在，海山家族中的人除兔拔哥之外，还有一位叫九九妹。九九妹不似她的哥哥兔拔哥，她在漠北潜修武功。蒙哥汗早知他们兄妹是有些野心的。妹妹想统治武林，哥哥想独步黄金家族。但是，好在蒙哥汗多有耳目，对汗帐之外的事多有了解。蒙哥汗是个很有心机的人，他从内心不放心任何人。耳目多也是蒙哥汗治军的一大特色，蒙哥汗很有信心治理好他的孛儿只斤氏的武士，也很有信心统治漠南漠北。他认为忽必烈会听他的话，漠南也没有胆量闹独立。

蒙哥汗也是个功名心很强的人，他少时多与忽必烈不和，还不是因为有强烈的功名心。蒙哥汗是当仁不让，他从来就不相信忽必烈会甘心落后于他，也不相信他忽必烈有什么三头六臂。但是，蒙哥汗总是以兄弟情谊为重，不想兄弟为仇。

忽必烈总是以唆鲁禾帖尼为念，以她想为自己所想。唆鲁禾帖尼也是从内心深处对忽必烈十分喜爱，眼下漠南之势如日中天，这也是最令唆鲁禾帖尼头痛的事，她也知道蒙哥汗会从内心妒忌忽必烈，甚至是排挤打击忽必烈，所以，她居漠北以来，就一直注重对蒙哥汗以德教之，蒙哥汗多少也有些感动。这一次，蒙哥汗在汗殿之上听兔拔哥和阿里不哥一番挑拨叙说之后，心中乍起一股怒气，他真的有些恨忽必烈了。

帐外，夜色迷蒙，明月高悬；帐内，灯火通明，酒肉飘香。忽必烈正在同刘秉忠、察必等持斛对饮，仆人斟酒上菜，颇为忙碌。

忽必烈斜倚在锦兀边，嘴里一边嚼着吱吱冒油的烤肉，一边惬意地道："美酒佳肴，挚友倾谈，没有血腥，没有争斗，如此的生活真是神仙般的享受。"

"是啊，但愿从此再没有人类相互厮杀的战争。"刘秉忠盯着劈啪爆响的灯心应和着。

"怎么可能，宋尚未被灭，蒙哥汗不会收手，而且我们蒙古人生来善战好动，不甘安分，这种日子恐难长久。"察必一袭轻纱罩身，灯光下白皙的面孔上不无忧色。

"那就灭掉宋后再过这种日子好了，"忽必烈接道："蒙哥汗即位后，恐怕在短时间内不会急于出兵宋朝，他要安内务为先。而我，也要趁此机会，多听先生讲些兵书及汉人文化，希望先生多多传授才是。"

"察必夫人现在已是学识满腹了，不妨多听听她的建议。"在忽必烈忙于助蒙哥汗争位的这段日子里，察必经常听刘秉忠讲学讲诗，她天资聪慧，常能举一反三，刘秉忠的话确是事实，现在的察必已经是一位学识不凡的人了。

"先生面前，我岂敢班门弄斧。"察必笑着退到一边。

"大蒙古帝国连年征战，版图已扩大到了汉人地区，我们也曾目睹

了汉人统驭国家的方略和成绩，但宗亲内总有人排斥汉人文化，像直新义，就多次责备我与先生交往过密，唯恐我被汉化。其实，如果我们汲取了各个民族的精髓后，再来营建我们大蒙古帝国，又有何不好呢？"忽必烈叹道。

"你说得对，"刘秉忠接过忽必烈的话题道："汉人文化博大精深，蒙人多是喜欢其中的医律、占卜、天文历法等一小部分，其实，汉人经营民事政策和弘扬百姓学习文化的做法才是汉人文化的精华。蒙古民族善游猎漂游，故而自古至今，没有留下什么治理地方庶务的经验，你想想看，蒙哥汗现在驻扎的和林是大蒙古汗王的驻地，和林的繁华比得上汉人的一个小城镇吗？比得过中都吗？货币在中原地区早已流行多年，而蒙区还在用以物换物的方式进行贸易，这是落后，是观念的落后，是闭塞的落后啊。"

"所以说，我想先在漠南这里开一开学习汉学的先河，"忽必烈点头道："通商通贾已经开始了，而且我想让先生设几个讲学堂，不仅改一改蒙古贵族不习文字的习惯，更主要的是借此推广汉人治理地方庶务的政策。"

"我一定尽力，而且我会说服我的同人一起努力。在不久之后，我相信你的举动定会吸引众多的有识之人来辅佐的。"刘秉忠笑着说。

这时，阿术巴特尔掀开帐帘，走了进来。

"蒙哥汗动手了。"他向忽必烈报告。

"噢？说说看。"

"蒙哥汗在和林处死了失烈门帐下的七十多个头目，并且将失烈门遣发汉地充军，而且把合扎合孙及野里知吉都交给了拔都，拔都也都把他们斩杀了，并且，蒙哥汗让失烈门的母亲也溺水而亡。"阿术巴特尔一口气报告了近日蒙哥汗血洗窝阔台系及察合台系的情况。

"好，你坐下喝酒吧。"忽必烈挥了挥手。

"怎么会这样？手足相残，相煎太急呀。"察必听后，双眸盈满了泪水，"先生，汉人在争夺权势时，也会如此残忍吗？"

"是的，自古权力之争不乏血腥。像唐时李世民，也是在血洗玄武门后，才登上了帝位的。皇帝的龙榻是用血肉铸成，没有哪个人能改变这些。"刘秉忠长叹一声回答道。

"所以说，蒙哥的举动本在我意料之中，他目前最想要的就是大家都威慑于他的掌控之下。"忽必烈接着说道："凡事成功都要有代价，这样做长生天都会谅解。"

察必看着忽必烈迸射着杀气的眼神，不禁打了一个寒战。

她凝望着跳动的灯心，陷入了深深的思索之中。

她暗下决心，要鼎力帮助忽必烈殿下，要鼎力传播儒学文化，要让忽必烈在成大事的征程中，尽量少些血腥，少些杀戮。

忽必烈认真听取了刘秉忠的建议，决心创出一番轰轰烈烈的事业来。

忽必烈办事干练迅速，他马上部署得力人士到河南、山东一带抚治。一段时间后，中原一带一改往昔田地荒芜、日闭城门的旧貌，在忽必烈整顿吏治、奖励农桑、减税减赋后，呈现出了民安于劳作，官勤于公务，粮草丰收，商贸繁华的太平景象。而且在处理庶务的同时，忽必烈在中原地区合理地部派军队，打压街霸乡霸，不仅保障了百姓的生活稳定，而且收编了一大批地主武装，如史天泽、刘黑马等都投靠了忽必烈，这些力量在忽必烈以后的军事行动中立下了不少战功。

忽必烈的一系列举措，不但得到了汉地百姓的拥戴，而且极大地提高了他在汉地的声誉，爱民礼贤之名被到处颂扬。忽必烈在治理汉地的过程中，不仅扩张了自己的财力、物力、军力，而且得到了上至汉地地主、中至文人贤士、下至黎民百姓的拥护和支持。

　　高刺互赤策马奔驰在夜幕中的燕京大道上，心情真是好极了。

　　他这几年春风得意，好事连连。他本是忽必烈的一个远房亲戚，从小跟忽必烈一起玩耍，长大后又跟着忽必烈鞍前马后，忠心不二，很得忽必烈的信任。

　　在云珠姑娘自尽后，速不花偷袭蒙哥营帐的那场战乱中，恰逢忽必烈正患脚疾。忽必烈跟来敌打杀时步伐有些跟不上，就在一个汉子举刀向忽必烈砍去时，高刺互赤及时赶到，用身躯挡住了忽必烈。忽必烈平安无事，而高刺互赤的上臂却被砍了一个三寸长的口子，鲜血直流。从那以后，忽必烈对他更是信赖有加，干什么事情总要把他带在身边。

　　一天晚上，当他回到自己家里，准备睡觉时，见妻子坐在一边低泣。

　　高刺互赤的妻子芸唆尼一边哭，一边问丈夫："你对忽必烈王爷那么忠心，王爷对你又如何？"

　　高刺互赤有些茫然，回道："好呀，你这是怎么了，快哄孩子睡觉吧。"

　　芸唆尼问丈夫："王爷对你好，还是对那群汉人好？"

　　"对我好。对汉人也……好。"

　　"你是用血向王爷尽忠的人，而那些人成天靠一根舌头就把王爷哄住了，有权有钱，你不觉得生气吗？"

　　"少废话！有你吃，有你喝，多什么嘴！"

　　高刺互赤有些不悦，一头倒在毛毡上睡下了。

　　高刺互赤是个憨直的汉子，做事从来是性情所使，从未想过什么事，可今天，妻子的一番话，让他睡不着了。他佩服忽必烈王爷，愿意为王爷出生入死，可是他有些看不惯王爷对那些汉人们的优厚赏赐，这些汉人个个长衫飘飘的，不染纤尘，见面合十打揖，酸气十足，像只老鸹一般，整天在王爷耳边聒噪。他们有何本事，臂不能拉弓搭箭身不能跃马挥戈，王爷对他们是又封官又赏金的。不行,明天我也要跟王爷要官做。

忽必烈一听高剌互赤的话,有趣地笑了。但他知道高剌互赤是个直爽的汉子,跟着自己鞍前马后十余载了。自己现在主理漠南政务不妨给他一个官做,也算报答了当年他的救命之恩。

忽必烈先是封了他一个管财的小吏,没想到高剌互赤公正无私,做得有模有样。半年后,忽必烈又升迁他为主理汉地财赋的断事官。

断事官是成吉思汗在当年颁《大札撒》时就提到的官衔,主理是非案件的判罪等。高剌互赤上任后,兢兢业业,还算称职。但是,随着他在燕京的时间越长,他开始变了。

蒙哥汗即位之后的一段时间里,他忙于诛杀家族中的反对者,放松了对中原宋国的征战,同时他为了安慰拉拢一些军中大将,便封了一大批黄金家族的大小王爷们到汉地各府各州任职。这些人自恃身有战功,又是成吉思汗的后人,在地方上飞扬跋扈,欺男霸女,肆意妄为。

有一天,住在燕京的忙剌要在家中宴请在燕京的蒙古诸王,因高剌互赤位居断事官要职,又是忽必烈的大红人,故而也被请到了府上。

初春的燕京仍是寒风侵骨,高剌互赤打马疾驰到了忙剌府门前。只见忙剌府门红灯高悬,院门大开,院内人声鼎沸,灯火通明。高剌互赤下马之后,跨进了正房的大厅。

厅内中央有一大长几案,案上摆满了山珍海味,酒杯斟满了琼浆玉液,十几位蒙古王爷分坐在几案两旁,正一边吃喝一边观看着大厅东侧的舞蹈表演。高剌互赤与一干人打过招呼后,也坐在几案边,喝起酒来。

边喝酒,他不由自主地也跟其他人一样把头扭向了东侧。只见有三位身披透明白纱的汉女正在跳着一种舒缓的舞蹈。她们随着乐曲轻摆腰肢,时急时缓,时进时退,忽如狂风般旋转,忽如闪电般倒地,让人疑是飞鸿在蹁跹,又似灵鹿在奔跑,直让人看得眼睛都来不及眨一下。高剌互赤端

着酒杯的手停在空中，忘记了喝酒。

当他微醉着骑马回家时，他心中还在琢磨着。

他从不知道人还可以有这种活法，还可以有这种快乐，还可以有这种享受。他的眼前依旧浮现着几位汉女那玲珑剔透的身姿，那艳丽多姿的舞蹈。他几十年的人生中，从没有想过女人的美会带给他如此大的震撼，妻子老了，还留在忽必烈王爷的藩王属地，自己这些日子在燕京独卧空房，怎么就没想到汉女呢？

第二天，他向仆人李柱道："你看我只身来到燕京，身边连个倒茶的人都没有。"

李柱忙道："小的失职，我这就给您找个佣人。"

高剌互赤点点头："只是要年轻一些的。"

侍从李柱答应着，复又问："大人是说找个女的？"

"不能太丑。"

李柱明白了，主人不是嫌没人斟茶倒水，而是想要女人了。他忙答应着操办去了。

当晚高剌互赤回到家中时，见房中亮着灯，李柱笑着说："大人，我用五两银子给您买了个佣人，您休息吧。"说着李柱关上门，走了。

高剌互赤走进内房，果见屋内坐着一个绿衣女子。女子侧身坐在床边，手中拿着针线，仿佛在绣花。女子听见动静，赶紧起身施礼："婢女玲儿见过大人。"

高剌互赤一边上下打量着女子，一边坐在椅子上。只见这个玲儿小巧的个头儿，纤细的腰肢，面目清秀，看上去年纪也就十六七岁。他从没用这种

元·吹排箫雕砖俑

直愣愣的目光注视过妻子以外的任何女人，见玲儿在自己的打量下羞红了脸，他也忍不住脸上发烧。他咳了一声，想说什么，可又找不到合适的话，就又闭上了嘴。

玲儿见主人不说话，以为是一天公务劳累了，便又道："大人是否饿了？要不要吃饭？"

高剌互赤终于找到了话茬儿，点头道："先给我倒盆热水，我洗洗脸就吃。"

"哎。"玲儿清脆地答应着忙碌起来。

他一边坐在桌边吃饭，一边看着玲儿像只绿蜻蜓般地给自己斟酒、盛饭。他突然觉得这间屋子仿佛有了暖意，仿佛跟昨天大不一样了。他招手道："你坐下。"

玲儿放下手中的酒壶走过来，温顺地坐下了。"吃饭。"

"玲儿不敢和主人同桌吃饭，等一会儿我侍奉大人睡下我再吃不迟。"

高剌互赤心中不禁发出一股怜惜之意。这玲儿跟自己的女儿差不多大，却这么懂事乖巧，招人心疼。他的脸色不禁放松了些，话语也多了起来："这个家就只有你我两个人，不要太过生分。再说我一个人吃饭也冷清了点儿，以后就跟我一同吃。"

玲儿见主人如此温和，便听话地端起了饭碗。一边吃，一边不时地给主人倒酒，夹菜。

高剌互赤有点儿眩晕的感觉了，他仿佛又回到了十年前新婚的日子里，那时他与妻子也是这般亲热地一起吃饭。只不过妻子没有玲儿这般清秀、这般小巧。他透过模糊不清的醉眼，看到玲儿鲜嫩的红唇一张一合，似乎在说着什么，但他听不清了，他只感到玲儿笑了，笑时一双凤目弯成了月牙，一排珍贝般的玉齿轻轻开启着。他放下酒杯站起身来，一个趔

趄，差点栽倒在地。是一个柔软的臂膀扶着他走到了床边，帮他脱下了靴子，褪去了衣衫。绿色的、泛着漠北大草原野花清香的影子在他身边忙碌着，他像火一般烧灼的血脉再也不听话了，他一把就将这个绿色的精灵搂在了怀里。

在玲儿到家中的第二个月，李柱瞅了个空子，在高剌互赤耳边低语了几句后，二人一同走进了一个杂耍班子。原来是李柱见主人对玲儿过了新鲜劲儿，把又一个女孩送进了主人的怀抱。

如此这般几回下来，高剌互赤真正地掉进了温柔陷阱，再也没多少精力去处理政务了。而且他玩女人需要大把的银子，他开始或明或暗地接受一些犯案人的黑钱了。俗话说拿了人家的手短，他花了当事人的钱，办起案来自然难保公正无私。渐渐地，这些事情传到了忽必烈的耳中。忽必烈没有做出反应，直到有件事情轰动了燕京。

那天，高剌互赤在审案时，因一案犯是个盗马贼，被当庭杖责五十后，准予开释。恰逢此刻有一个人进来献上一把祖传宝刀，高剌互赤为了试一试这把宝刀是否锋利，竟用刀把这个盗马贼的头颅砍了下来。民众们纷传断事官是一个杀人不眨眼的魔王。

刘秉忠最先得知了这个消息。在每天清晨例行的藩王府的朝见时，刘秉忠把这件事告诉了忽必烈。忽必烈听后，沉着脸半天没有言语。

郝经看看面色阴沉的忽必烈，想了一下，上前说道："当年成吉思汗曾向丘处机道长询问长生不老的秘诀，丘道长说：'有卫生之道，而无长生之药，节敌止杀，外修阴德，内固精神，恤民保众，才是长生的妙方。'当时大汗也深以为然。如今高剌互赤为试刀锋，而妄杀百姓，已经在民间引起反响，如若姑息，那我们追求的治国平天下的目标怎能实现，又何谈长生！"

姚枢也道："中国兵法的精要就是'不战而屈人之兵'，更何况是面对一个手无寸铁的百姓，请王爷重裁才是。"

忽必烈点头道："纵是判了死罪的人，也要给人家申冤的机会，高剌互赤一天之内诛杀二十八人，其中必有屈死之士，他对一个小小的贼寇先杖复砍，真是可恶之极。把高剌互赤叫回来吧，我要好好地处理他。"

忽必烈顿了顿，道："我更担心的倒是这些散布于各州府的王爷们呀。他们的生活荒淫豪奢，竞修府邸，为祸乡里。不除不足以安民心。"

刘秉忠心中窃喜，他终于看到数年来的努力成果了，他终于感到忽必烈摒弃了凶暴，选择了文明与仁儒的治世观。一边是无辜的平民，一边是有过赫赫战功的心腹，在公允与私情、凶残与文明之间，忽必烈从容、自然地选择了文明与公正，而且更深一步地前瞻了将要发生的类似事情。刘秉忠有些激动，声音也有些颤抖："殿下说得好，我再给您献上釜底抽薪一计。"

"说来听听。"

"您是汗弟，手中又有主持漠南的政务军事大权，不妨把几位臭名昭著的蒙将分遣到兴元戍守，剩下的几位自会收敛行为。再把王爷信任的人派到各府任上，事情就迎刃而解了。"

"有道理，就这么办。"

就在忽必烈兴致勃勃地致力于发展农商的时候，蒙哥汗也完成了自己清除异己的举动，又开始了大举征宋的战争。为了对宋形成迂回包抄的局面，命忽必烈率兵征伐云南，给宋的西南方以威慑。忽必烈集合兵力，同兀良合台祖孙儿三人及阿必失哈等，兵分三路，直趋云南。

一路上，忽必烈率中路军同刘秉忠及吹见哗一行人，经大雪山，渡过大渡河，又穿行山谷二千余里，在与兀良合台汇合后，直逼云南重镇大理。大理国都定在太和城，大理国王段兴智和权臣高祥、高和兄弟闻知蒙古军兵临城下，一时慌了神。

得胜凯旋

　　这是元宪宗三年（1253年）的冬天。冬日的漠北草原万物凋零，寒风劲吹，大雪两日一下，五日一飘，气温非常低，冬日的草原上一片寂静，不见了夏日草原野兽奔跑，鸟鸣花开的景色。而大理的冬日则与漠北迥异，依旧温暖的阳光照射在忽必烈驻扎的帐顶，四周无数的鲜花竞相绽放，高大的椰树枝叶繁茂，不少的椰果仍高悬在枝杈上，远处青山碧水，绿意葱茏。忽必烈坐在帐外，沉浸在一片秀丽景色之中。

　　刘秉忠陪坐一旁，也在欣赏着这美轮美奂的南国风光，过了一会儿他长叹一声："泛舟碧湖，吟诗把酒，正是绝佳的诗情画意之地呀！"

　　忽必烈把目光从远处拽回，应道："是啊，疆土之大，瑰丽风光之无限，真非漠北草原可比。"

　　"您是否也被这景致所迷醉？其实长江南岸，宋都之地，则又是另一番景色。这里山水天琢，那里则有无数工匠也巧夺天工般建筑了无数的楼阁亭台，气度恢弘，更是华丽无限。"

　　"所以说，我们任重如山呀！"忽必烈叹道："漠北外边的世界之美、之沃，我非常喜爱，而且住砖房瓦屋想必一定很舒适。"

　　"对，您不妨在漠南兴建一处城垒，接受汉人文化的同时，接受些汉人享乐的方式也不为过呀。"

　　"可以，此番征服云南后，你便着手办此事。"

"遵命。"刘秉忠应道。

忽必烈信手摘下座边的一株野花，放到鼻前嗅了嗅，又道："可惜，这人间仙境将面临一场血肉搏杀呀。"

"我们可以尽量避开杀斩之举，派到太和城的特使如果能让段氏受降就好了。"

"我估计凶多吉少，几日来尚无消息，而且一路走来，瘟疫瘴气让我损失了不少兵马，此番段氏战也罢，降也罢，我绝不能无功而返！"

忽必烈在途中损失很大，他心痛自己力量的削弱，故此说道。

"但军队如果在进城前严明军纪，不滥杀无辜的话，会减少我们攻城的难度。"刘秉忠试图劝告忽必烈。

"怎么讲？"

"讲军纪，不滥杀，一能约束军队的涣散之风，二能得到百姓的支持，三能削减军队的嗜杀之习。古来常胜之师均遵此训。"

忽必烈听后，没有立刻回答，半晌，才道："好吧，就试一试。"

忽必烈派往太和城劝降的三位使者被段兴智斩杀在城墙上，并吊尸向城外的蒙军示威。忽必烈大怒，下令马上攻城。由于忽必烈接受了刘秉忠的劝告，特传令军队进城不得掳掠百姓，不得抢掠商号，故而军队在城内得到了百姓的认可与粮草帮助。这是蒙古军队多少年来没有过的事情，忽必烈在此事上深深感到了为百姓安宁着想，百姓就会无私回报，这一点对他以后登上汗位后的治国起了巨大的影响。而忽必烈的军队不杀不抢的军风亦被当时及后人传为了美谈。

忽必烈手下的将士见到三个劝降的使者尸体被高悬在城墙之上，头颅也被砍下，不知去向，都气红了眼，纷纷要忽必烈下令屠城。

忽必烈耐心地对将士们道："这都是段兴智及高氏兄弟所为，与百姓无关，不可迁怒于无辜之人。"

攻下大理，忽必烈令军队饮酒庆贺，并嘉奖立功将领。一时间，大理城内酒肉飘香、欢声鼎沸。

酒毕，忽必烈回到帐内就寝。李小禾殷勤地帮他宽衣解带，扶忽必烈躺在枕上，然后，自己紧挨着他躺了下来。

李小禾的干爹李瓒被忽必烈平抚时，李小禾遵母命，为了让忽必烈不采用杀光的举措，主动投到忽必烈的帐中，以身相许。李小禾是一位识文断字的大家闺秀，不仅容貌出众，更难得有一身琴棋书画的技艺，而且举止优雅，温柔似水，颇得忽必烈的欢心。此次南征，忽必烈割舍不下对她的迷恋，索性带着她和妻子察必一起来到了云南。

忽必烈乘着酒兴，搂着李小禾温软的肢体，不禁涌起欢娱之念。他转过身来，拧了一把李小禾的脸蛋儿，悄声说道："普天之下，最香的食物是酒，最美的食物是女人，难怪男人们钟情声色。"

正在此时，听闻察必来到，忽必烈不禁坐起披衣，令道："让察必进来。"

察必掀帘进了帐篷，见李小禾正往身子上穿衣服，边穿边惊慌道："请恕小禾无礼，我马上起来招待别乞。"

蒙古诸王的妻女均称别乞，李小禾只是忽必烈收在帐内的女人，并无名号身份，李小禾按汉人妻妾的礼数，自然是低察必一等，所以她见察必深夜探帐，以为是她醋意难平，专门找她的麻烦的，故而有些惊慌失措。

察必扫了一眼李小禾，心里叹道："纵我是女人，看到这天仙般的尤物，也不禁心意迷乱，难怪藩王为之迷醉。"她抬手止住李小禾道，"不必多礼，我只是有事跟藩王谈，你休息吧。"

忽必烈一向敬重察必，他知道察必不是心胸狭窄之人，深夜到来，定是有急事。他挥手冲李小禾道："你去吧。别乞有事。"

李小禾赔笑道："是。"便起身出帐，临走时，一丝幽怨袭上了眉梢。

察必坐下后，严肃地道："我是为今晚宴会之事而来。"她见忽必烈询问地望着自己，便接道："宴席间，你对速不台的态度太严厉了，我怕会有不好的后果，而且兀良合台在席间颇为恼怒子聪先生，我很担忧。"

忽必烈听到察必这番话，披衣起身，在帐内踱了几步，回答："不会吧？速不台祖孙三代都在我军中效力，而且都是忠勇之士。晚上我对他严厉了些，倒不是怀疑他会有什么逆反之举，只是因为我统领军队后，帐下尽是战功赫赫的人，我意在告诫他们不可轻视我而已。"

"目前蒙哥汗统治着大蒙古帝国，如果你一直能受到重用，速不台三辈人自不会不听调遣，但如果你与蒙哥汗有了什么矛盾时，速不台会站在你这一边吗？"

"这个，我没把握。"

"所以说，你得尊重速不台。"

"有理，速不台诚信侠义，让他听命远远不够，更重要的是要他忠心不二，"忽必烈点点头，用赞许的目光看了看察必："别乞，你很聪明，想得非常周到。"

"我……我只是多听了子聪先生讲解汉史诗文，哪里是聪明。"察必得到夸奖，有些不好意思。

"是啊，我可听说你经常跟子聪先生在一起聚合。"忽必烈笑着揶揄道。

察必忙接过话题："我只是去学习，可没跟什么禾苗、荷花的在一块寻乐子。"

忽必烈看察必急得涨红了脸，哈哈大笑起来："怎么，你倒吃起醋来了？好，我就让你醋个够！"

忽必烈一边大笑，一边把察必拽到怀里。

察必一边用手挡住虬须满腮的忽必烈，一边道："藩王，不要，你不

要太累了。"

忽必烈听着察必体贴入微的话语，看着她欲拒还迎的羞涩，禁不住撕开了察必薄薄的衣襟……

忽必烈从大理出城后，愤怒地追击高祥兄弟，出龙尾关（下关）后驻赵睑，大将也在和霸突鲁擒获高祥，在姚州（今云姚安）忽必烈一泄愤怒，斩高祥。

1254年春，忽必烈留下兀良合台的蒙古铁骑，命他继续铲平大理境内未附部落，任命刘时中为宣抚使，自己则率中、东道蒙古军班师北上。仍经吐蕃，再次抚摩了一下刚刚归附的热土，五月份，征尘仆仆、十分疲惫的忽必烈已躺在六盘山的营盘地避暑了。

丧家之犬般的段兴智，出大理后逃亡陪都善阐（今云南昆明）。兀良合台闻迹而至，他用了7天时间，猛擂战鼓，狂纵铁骑，进进退退，乘段军迷惑不解之际，深夜，兀良合台的儿子阿术潜师入城。城陷后，再逃昆泽的段兴智被俘。

1255年，从蒙古返回的段兴智，对蒙哥的不杀感激涕零，献出地图，并亲率本族军队做兀良合台、阿术的向导与帮凶，与蒙古军一道风卷残云般地征服了大理的五城、八府、四郡之地、乌蛮、白蛮、鬼蛮等37部落，大致包括今云南全省、贵州、广西西部和四川南部以及缅甸、泰国和老挝的北部。随后，兀良合台在大理境内设置19万户府，置官戍守。大理地区犹如钉子，嵌楔在南宋的后方；同时，也成为蒙古征服安南、交趾等地的跳板。

对第一次统军打仗的忽必烈而言，出征云南是一场恶梦。这次战事，异常艰苦，据《史集》介绍：忽必烈与兀良合台的"十万军队，得还者不到二万"，对瘴热气候的不适，军中疾病的流行以及各地突如奇来的冷箭，即使异常耐受艰苦的蒙古军也谈之色变。在途中，抵大雪山时，山经盘屈，气候酷寒，早有足疾，也许是关节炎的忽必烈只好"舍骑徒走"，让最忠心的郑鼎背着过山。

姚遂在为贺仁杰撰写碑文时，也满怀同情地说："受诏征云南，经吐蕃曼陀，涉大泸水，入不毛瘴喘沮泽之乡，深材盲壑，绝崖狭滨，马相縻以颠死，万里而至大理。"

尽管恶梦令忽必烈惊悸，但云收雨散后，忽必烈的心是晴朗的。至少有两点，值得忽必烈自欣自慰，直到忽必烈做了蒙古的大汗、中国的皇帝，他还念念不忘。第一，他心中窃画的两块土地乌思藏和云南不再是地图上的虚幻标志，已实实在在列在了自己的名下。第二，他有了一批"共饮班朱尼水"的军事将领、随从和为他密划霸业的谋士。这批人马，对忽必烈忠心耿耿，在未来，无论是争夺汗位，铲除政敌还是在大大小小的军事政治战役中都为忽必烈立下了汗马之功。

也许还有一点，忽必烈不愿承认，起码是口头上不愿承认，他对自己的生命价值更加珍惜。在未来多如牛毛的战争中，忽必烈很少亲莅便是明证，他宁愿呆在地图前去指挥战斗。

忽必烈对自己生命的眷恋，拓展至对苍生的呵护，并使未来的战争尽量显示它还有"温柔"的一面，难道我们不应该对忽必烈重新认识暴力、杀人、战争，去宽容地使用一点微不足道的溢美之词吗？

飞龙在天

第三章

祸起萧墙

　　蒙哥即位后，为确保拖雷系的权力，将漠南汉地的军国庶政全权委托给长弟忽必烈。忽必烈接到诏命后，喜出望外，大摆宴席。杯盘狼藉后，兴致冲冲的忽必烈质问姚枢："刚才各位都向我表示祝贺，只有你默默寡坐，为什么？"姚枢答道："现在天下土地之广，人民之多，财赋之阜，有超过汉地的吗？军民大权现在都由您来掌管，大汗还管什么？如果日后有人从中离间，大汗必然后悔，而将大权夺回。不如只掌兵权，供需则取之官府，这样才势顺理安。"以聪明而富权谋著名于黄金家族诸王的忽必烈立即意识到问题的严重，实话实说："我虑所不及。"随即向蒙哥请求只管理漠南汉地的军事，负责对宋战争，民政事务请再择人。蒙哥欣然接受这一建议。

　　姚枢的预防针，必要而且及时。这种释疑计在中国历史上俯拾皆是，由此我们可以得出结论：猜疑是双向交流的。忽必烈的第一次疑心病就属于臣对君的疑心范畴。当然，这也是春光泄露的微曦。

　　为摆脱总领汉地财赋的燕京断事官牙剌互赤的牵制，忽必烈采纳姚枢的建议，向蒙哥陈请在汴京建立河南经略司负责屯田，并于各郡县分置提领，以察奸弊，布屯戍均赋输，直接插手时政事务。

　　为弥补军粮假手他人的缺憾，忽必烈依然采纳姚枢的建议，在卫州设立都运司，令民纳粟，筑粮仓于河上，又偷偷地窃取了军粮的收购权力。

　　但最为犯忌的是忽必烈对关中的治理。1253年以"遵祖宗之法"自居的蒙哥蹈袭"共享"成例，将原属金国的土地人民大封宗亲诸王，自然，拖雷系诸王享有优先考虑的特权。蒙哥让忽必烈在京兆、河南中选择一地，忽必烈征求刘秉忠、姚枢等人的意见，姚枢说道："南京（指汴京）河徙无常，土薄水浅，舄卤生之，不若关中厥田上上，古名天府陆海。"于是忽必烈要求受封关中，包括今陕西大部和甘肃陇上一部分，后因其地民少，又增赏怀州。

　　其实，关中不仅仅"厥田上上"，军事地理位置也极为重要。西北可出关进入陇西，以通西域，折而可北上蒙古本土；西南可直插四川，由蜀入藏，又能顺江而下，进入江南腹心；向东则可出潼关威慑中原。忽必烈选择关中再现其高瞻远瞩之识。

　　蒙古帝国的封地带有黄金家族对共同财产征服新地人人有份的性质，"忽必"即"份子"的韵味还十分浓厚。在蒙古草原上的"份子"，受封的诸王在"份子"内可自治其民，自征其税，互不统属。窝阔台时，"忽必"分封制推行到中原，依耶律楚材的初衷办法，规定：封地内的租赋由大汗设官征收，按定额再颁给受封者。但实际上这项制度并未认真执行，蒙古诸王对远离驻地的封邑征求货财、弓矢、鞍辔的"使者"昼夜不绝。

　　蒙哥分地后，诸王封地的税赋由燕京的行尚书省统一管理，实行包银制，除将其中一部分返授被封者外，其余的上交大汗，充国库，但诸王在封地还负有协助大汗官员治理之责。这样便形成两套马车并行的奇怪现象，从而铺垫出政出多门的温床。

　　在蒙金战争中，陕西历遭兵燹，炊烟寥寥，一派破败景象。到忽必烈受封时，京兆的八州十三县"户不满万"，还"皆惊忧无聊"。而蒙古的驻军丝毫不减战场上的残暴，除杀人越货，抢劫民女外还又增豪奢一项，竞相在京兆修筑豪华府邸，互相攀比。这纯粹是一种战争松弛间隙，军队将领中蔓延的富贵病。但因他们曾经出生入死，所以无人敢对他们表示不恭。

忽必烈一接到受封的通知书，就用釜底抽薪的办法首先解决了诸将的不法。以手中的军权和汗弟的显赫地位，将这批将领分遣到兴元诸州去戍守。

接着又伸手向蒙哥要河东解州的盐池，用供军食的名义将解州的盐池划入自己名下。

随之立从宜府于京兆，屯田凤翔，作长驻久安之计。

1253年夏，忽必烈进一步向关中嵌入自己的权力，派王府尚书姚枢立京兆宣抚司，以孛兰和杨惟中为使，商挺为郎中。

杨惟中是弘州人，原是窝阔台、调出的亲信，以儒道济天下为己任，忽必烈开府金莲川后，他又投到忽必烈的府下。商挺是曹州人，曾任汉世侯严实的家塾先生，忽必烈受京兆封地后，特聘他管理盐务。姚枢随忽必烈出征大理后，主持关中治理的实际上是杨惟中和商挺。

忽必烈决意附会汉法，再试儒土，因此十分支持宣抚司的工作。杨、商二人到任后，大刀阔斧，实施改革，《元史》热情洋溢的叙述道："挺佐惟中，进贤良，黜贪暴，明尊卑，出淹滞，定规程，主簿责，印楮币，颁俸禄，务农薄税，通其有无。期月，民乃安。"

1254年从大理归来的忽必烈又任命姚枢为京兆劝农使，督民耕殖；同年，又调任廉希宪为京兆宣抚使，抑强扶弱；次年二月，再征许衡，任命他为京兆提学，在关中各郡县兴办儒学，"人人莫不喜幸"。

对财经大权忽必烈也十分热衷。1253年忽必烈就在关中立京兆交钞提举司，印发纸钞，取得发行货币的大权，进一步控制了蒙古政权在中原汉地的一大部分财政大权。

汉儒或汉化较深的廉孟子采用的治理方法为传统的封建汉法，"选人

以居职，颁俸以养廉，去污以清政，劝农桑以富民。"不到3年，关中由大乱达到大治。

忽必烈用汉法治汉地的措施，使他在汉地的声望骤增。不仅早已竞进其门、争进所闻的中原僧绅、儒士对他寄以厚望，就连汉地百姓也对他满怀感激之情，正如姚枢所形容的："诸路之民，望陛下之治，已如赤子之求母。"忽必烈的势力与声望大有如日中天之势。

忽必烈进驻漠南的札忽都后，通常住帐在桓州和抚州间的草地上，依然保持着蒙古人的帐居野处、冬夏迁徙的习俗。但随着忽必烈野心的膨胀和耳濡目染汉家文化，更为了巩固在汉地的统治，以"会朝展亲，奉贡述职"多有不便为借口，动议在蒙古本土和中原汉地间筑城建宫。忽必烈此时受汉文化的薰染，连帐篷都有点不习惯了。

这正应验了成吉思汗伤感的忧心："我的子孙们将穿绣金的衣，食佳肴，乘骏马，拥美妇，而不想这些享受是什么人给的。"成吉思汗隐约意识到的命运，他的子孙们一旦居住到金国的雄伟宫殿，便不可能保留单纯游牧人的本色——这些正无情地侵蚀着他的子孙。

1256年，忽必烈命刘秉忠和他的弟子赵秉温"相宅筑城"，刘秉忠选择了桓州北、滦水北的龙岗。这个地方位于蒙古草地的边缘，地处要冲，在和林与燕京之间。它北连朔漠，便于北上和林的汗廷；南结蓟燕，更便于南下就近控弦华北和中原汉地。既符合忽必烈总理汉地的身份，又可就便处理紧急事务，保持与南北的联系，在地理上也具有军事意义。

忽必烈采纳刘秉忠的建议，命刘秉忠总督其事，具体工程由汉人贾居贞、谢仲温等负责，苦心经营，不到3年就完成开平城的修筑任务。开平不仅是忽必烈的驻节之地、南北联络的驿站，更重要的还是忽必烈经营中原的根据地，忽必烈在采用汉法、夺取权力的道路上艰难然而可贵地跨出了十分有力的一步。

忽必烈大张旗鼓地行使汉法，在漠南汉地权力、势力的迅速膨胀和个人声望不可遏止地上升，以及金莲川幕府克扣向大汗上交赋税，引起了蒙哥大汗的警觉。

1256年，习惯于随意勒索的蒙古贵族以及掌管天下财赋的断事官们，对忽必烈的侵权行为大为愤怒，向蒙哥汗告发了忽必烈及其幕府人员。众多的罪名中有两点是实质性的：一是忽必烈有"得中土心"；二是忽必烈"王府人多擅权为奸利事。"

忽必烈"得中土心"自不待言，认真追究一下，"为奸利事"也是话出有因。忽必烈假惺惺地交出治理汉地民政财权，其目的原本就不纯洁，只是为避嫌而已。到汉地后不久，忽必烈就与蒙哥展开财权争夺战。在陕西、河南的幕府人员，常常将应归大汗的一些税收也擅自送往忽必烈的仓库，甚至在蒙哥清算忽必烈的时候，京兆榷课所长官马亨还冒着生命危险，将五百锭办课银偷偷运往忽必烈的府上。而更甚的是忽必烈挖墙脚一直挖到蒙哥的汗庭，将蒙哥的侍臣塞咥旃收买，偷偷将大汗国库里的钱财据为己有。

猜忌引起猜忌。疑心病总是粘附在权力的花叶上。

对任何侵蚀他人权力的行径，被侵者所能表达的只能是愤怒，形式上可能有内心的诅咒和更激烈的报复两种。蒙哥属于后一类人，他的反应强烈而果断：第一，解除忽必烈兵权；第二，派遣亲信大臣阿兰答儿、囊加台、脱因、刘太平等到陕西、河南全面清算钱务，设钩考局，大行钩考（检核意）财赋。并委任阿兰答儿为行省丞相，刘太平为参知政事，授以重权；第三，决定亲征南宋。借此夺回忽必烈在中原的军政权力。不过，这一点还包括其他复杂的因素。

阿兰答儿等到河南、陕西后，将审查对象主要集中在忽必烈设置的陕西宣抚司、河南经略司等机构的大小官员上，气势汹汹，甚嚣尘上，"编造罗织，无所不至"。他们"恣为威酷，盛暑械人炽日中，倾刻即死"。陕西宣抚司中死于酷刑的就达20多人，后宣布罪状竟达142条之多，阿兰答儿并声称："等到钩考完毕，除万户史天泽、刘黑马，报请蒙哥汗处理外，其余大小官员均可便宜经行处死。"

身为诸官魁首的忽必烈忧惧非常，计无所出，整日唉声叹气。焦躁不安中竟欲以兵相抗，老谋深算的姚枢再次献计道："大汗是君，是兄；大王是臣，是弟。事难与较，远将受祸。不如将王府中的妻、子全部送往汗庭，以示长久留在大汗身边，或许这样大汗的疑心会自消。"

忽必烈听后面露难色，犹豫不决。在他看来，这无异于以羔羊投虎狼。

次日，姚枢再次提出只有率妻子去觐见大汗，别无良策。忽必烈也的确想不出更好的办法，忐忑不安地决定一试运气。

1257年，蒙哥为准备亲征南宋，离开他深居简出的蒙古大斡耳朵，到达六盘山。这年冬天，忽必烈携带家眷入觐，并派出使者先期通知蒙哥。

蒙哥听到忽必烈尽携家室前来宫帐，大为吃惊，疑心更重，认为其中必有诡计，恐有异图，命忽必烈单身来见。直到这时，蒙哥还没有从失烈门借入觐之名、图谋突袭的惊惧中缓过神来。

于是，忽必烈留下家属和辎重，只身前往。蒙哥在汗帐中看到忧愁满面、惊惧异常的弟弟，不禁想起父亲死后兄弟间的艰难生活，又发现忽必烈确无异谋，对自己的多疑油然而生懊悔之意，疑虑冰释。《元史》十分动情地描述道：兄弟二人"皆泣下，竟不令所白而止。"

蒙哥下令停止钩考，对忽必烈不再追究。作为回报，忽必烈交出封地内全部权力，撤回派出的藩府人员，汴京经略司、京兆宣抚司等机构一应撤销。

一场短兵相接的由猜疑而起的权力战，以忽必烈的大撤退暂时达成了妥协。

表面上看，蒙哥与忽必烈的矛盾是因税收财富的分配环节出了问题才引起一场纠纷。其实质上有两点值得我们思考：

第一，漠南汉地的归属应是大汗还是诸王。蒙哥一如其父、祖，将汉地只视作蒙古帝国的东南一隅，仍然依托蒙古草原，将漠北作为大蒙古帝国的中心。但游牧经济十分脆弱，漠北人口的急剧增加，致使漠北已无力单独承受巨大的开支，而且其他三系的兀鲁思离心的倾向越来越明显，独倚战争掠夺财富已捉襟见肘。对征服地，尤其是对汉地的经济倚重便越来越在蒙古帝国占居举足轻重的地位。因此，蒙哥绝不会允许再出现一个与自己抗衡的独立兀鲁思，而断绝自己的财富之源。

第二，如何治理汉地。是用蒙古旧有的统治方式还是采用历代中原王朝的封建统治方式来统治中原汉地。蒙古贵族，包括常以"遵祖宗之法岛不蹈袭他国所为"自诩的蒙哥大汗，既不习惯也不满足于按部就班地采用中原剥削方式，因此对汉族士大夫细水长流般的剥削主张毫无兴致，宁愿去依赖巧于敛财的西域商人，只要能装满自己的金袋，吓唬他们去竭泽而渔。非常明显，忽必烈用汉法治汉地的主张与实施既妨碍了蒙古旧贵的豪夺暴掠，也与蒙古立国的旧俗背道而驰。同样，蒙哥无法忍受忽必烈对他信仰的冲击，同时他还要保护蒙古本土的诸王利益，从而巩固自己的权力基础。

一方面为进一步削弱忽必烈在中原汉地的影响；另一方面为扩大财源，补充兵力，1257年蒙哥决定亲征南宋。不过，波斯史家拉施特还为我们讲了一个有趣的故事，也值得我们注意。1256年春，蒙哥在蒙古中部的豁儿豁纳黑主不儿举行了60天的女宴会，对蒙古汗来说，率兵征伐四方、狩猎、飨宴就是他们的日常生活。这次宴会快要结束时，成吉思汗的女婿帖里垓说："南家思（南宋）国这么近，并与我们为敌，我们为什么置之不理，拖延着不去出征呢？"蒙哥听后，十分赞赏，说："我们的父兄

们，每一个都建立了功业，攻占过某个地区，在人们中间提高了自己的名声。我也要亲自出征，去攻打南家思。"这反映出蒙哥汗的英雄意识。的确，蒙古人的英雄意识是他们天性中的一部分，掠夺他人财富的欲望一刻也不能消停。

1257年蒙哥南下，进抵六盘山。由幼弟阿里不哥留守大斡耳朵和大兀鲁思，儿子玉龙答失辅佐阿里不哥，共守漠北。诏命诸王统军随征。蒙哥借口忽必烈刚出征过大理并出色完成了任命，又患脚疾，留家休养。但实际上这是体面地剥夺忽必烈再次统兵的权力。

1258年8月蒙哥正式出师南征。其基本战略意图为三路夹攻南宋：两路军由蒙哥亲率，由诸壬窝阔台系的合答黑、秃塔黑；察合台系的忽失海、阿必失合、纳邻合丹、合答黑赤；拖雷系的未哥、阿速带等组成，有铁骑四万人，号称十万，由陕西进攻四川。东路军由东道诸王斡赤斤的儿子塔察儿统率，由拙赤合撒儿的儿子也松格、额勒只带的儿子察忽剌及木华黎、弘吉刺等五投下后裔贵族构成，从中原河南进攻荆襄、两淮。南路军由兀良合台统率，由远征镇戍大理的军队构成，出广西、湖南北上，进攻长沙。在长沙与东路军会师后，进而东向，再围攻南宋都城临安。

蒙哥的西路军分三路三道分进。蒙哥本人入大散关，至汉中，渡嘉陵江，进驻剑门；未哥入米仓关；李里叉万户入沔州。纽璘率蒙古先锋军克成都。一年之内，蒙古军长驱直入，南宋四川各地守军，纷纷败北。至1259年初，四川大部已被攻克，蒙哥遣使去合州钓鱼山招降守将王坚，王坚杀使拒绝后，二月，亲率大军围钓鱼山。

当四川战事方酣，蒙哥触瘴犯险时，被褫夺兵权的忽必烈却在开平的新宫内悠闲度日。但他的雄心壮志并未被消磨得面目全非，相反却使得他更加坚定。赋闲使他有时间痛定思痛，去总结、梳理以前的经验、教训，与原班幕僚再商大计。他留给后人的两句话使我们体味到他当时的复杂心情，他说："时之一字，最当整理"；"可行之日，尔自知之。"

但猜疑的阴魂仍未从忽必烈身上消散。附着于忽必烈的猜疑并不时时都给他带来恶运。他的近侍燕真提醒他："主上素有疑志，今乘舆远涉危难之地，殿下以皇弟独处完全，可乎？"

忽必烈对这句审时度势的话非常赞赏，他清理一下"时"字，便毫不犹豫地向蒙哥派去使者，捎话说："我的脚已养好了，我的长兄率军出征，而我却在家坐视，这怎么能行呢？"

历史时时为偶然安排机会，并一再拯救伟人。这时塔察儿所带的东路军，因热衷于掳掠财物、恣情吃喝，一年多来竟一城未下，毫无战功。蒙哥极为恼怒，遣使斥责，诸王也极为不满，并搬出忽必烈和塔察儿对比："忽必烈曾夺取了许多城堡，而你们却带着破烂屁股回来。"这种情绪对忽必烈极为珍贵。塔察儿的受辱是对忽必烈的最高赞赏。

1258年十月，蒙哥不得不请忽必烈出山，命他代塔察儿总率东路军，按原计划继续进行，进攻鄂州，总成会师。

忽必烈接到命他再度领兵出征的消息，认为时机已到，十一月份从开平欣然南下。

1259年二月，忽必烈到达邢州，大会左手诸王，从塔察儿手中接过军权。整个春夏，在蒙哥正为合州钓鱼山久攻不下而苦恼；炎热酷暑、痢疾、霍乱袭击蒙古两路军时，忽必烈却带着东路军悠然自得地向前缓缓推进，并有条不紊地去恢复他在汉地的势力。

随行的谋士有刘秉忠、张文谦等，还有一位儒生——早在1252年就到达忽必烈幕府的郝经。忽必烈第一次惊诧于他的非凡军事才能与政治远见，他进奉给忽必烈的《东师议》《班师议》气象博大、见识弘远，令忽必烈震撼。这两篇议论在忽必烈的政治生命中具有划时代的意义，同时，在中国的政治、军事文学史上它也当之无愧地居有一席之地。1259年五月

份忽必烈驻军小濮州时，郝经一语惊四座，更令忽必烈吃惊："古之一天下者，以德不以力。彼合未有败亡之衅，我乃空国则出，诸侯窥伺于内，小民凋弊于外。经见其危，本见其利也。王不如修续布惠，敦族简贤，绥怀远人，控制诸道，结盟饬备，以待西师，上应天心，下系人望，顺时而动，宋不足图也。"

深思熟虑后，忽必烈对郝经之言亦步亦趋，将战事抛至一边，接连召见著名儒士宋子贞、商挺、李昶与相州隐士杜瑛，询问治理天下的大计谋与取宋的雕虫小技。

汉人儒士如刘秉忠、张文谦等对忽必烈旧话再提，劝诫他不可滥杀无辜。宋子贞向忽必烈直言："本朝（指蒙古）威武有余，仁德未洽。所以拒命者，特畏死尔，若投降者不杀，胁从者勿治，则宋之郡邑可传檄而定。"李昶也关心用兵，认为用兵必须以"伐罪、救民、不嗜杀"为准绳。忽必烈听从劝告，一反以往蒙古军队恣意杀戮的传统，"分命诸将毋妄杀，用焚人室庐，所获生口悉纵之。"但对违犯命者，忽必烈却杀之以儆效尤。

依郝经言，忽必烈以赵璧为江淮荆湖经略使，命杨惟中、郝经等人宣抚江淮、宣布恩信、招纳降附。直到八月份，秋高气爽后，忽必烈才率军渡过淮河。

接着分兵而进，入大胜关，至黄陂，抵鄂州长江北岸。

在忽必烈从言访问治道时，蒙哥却在合州焦头烂额。合州在嘉陵和它的两个支流的交叉处，宋将王坚凭借钓鱼山天险，从二月一直坚守到七月。入夏后，受到巨创的蒙古军中疾病又四处蔓延，蒙哥本人也身染病疴。拉拖特说："世界的君主用酒来对付霍乱，并坚持饮酒。"七月，恼羞成怒的蒙哥汗亲临钓鱼山下指挥攻城，不幸被炮石击中，勉强支持到营中，在钓鱼山这座不祥的城堡下饮恨长逝。

蒙哥汗的去世，使两路军的军事行动不得不停顿，并准备扶柩北撤。

八月份，忽必烈已获悉了蒙哥汗的死讯，但他还是率军向南挺进。九月初，未哥从合州遣使，向忽必烈送来正式的讣告，并请忽必烈撤军北上"以系天下之望"。忽必烈与霸都鲁商议后，宣布道："我们率领了多得像蚂蚁和蝗虫般的大军来到这里，怎能无所作为地回去呢？"于是，忽必烈不为所动，继续挥军渡江。

也许，江南的富庶与辽远，强烈地吸引了他。对比漠北戈壁草原的荒凉，对垂手可得的殷富疆土忽必烈馋涎得不可自拔，他眼花缭乱于江南，而忘了瞭望漠北和林的袅袅狼烟。

十二月，忽必烈登上江边的香炉山，他俯瞰着如海般流动的长江，心潮澎湃。忽必烈下山以后，命令诸军三道并进，突破南宋长江防线，强渡至南岸，迅速围困鄂州。这时，兀良合台率南路军越过拔不动的钉子潭州，也绕道北上，与忽必烈会合于鄂州城郊。

留守漠北和林的阿里不哥——拖雷正妻幼子，大兀鲁思的守灶者，以当然的监国身份，在忽必烈意气风发地向南挺进时，向燕京派出箭般飞驰的使者脱里赤，命他马不停蹄地征调漠南汉地军队，并向其他各地也派出急使，邀请诸王向漠北靠拢。而他自己则在和林心急火燎地和阿兰答儿征调漠北军队。

以柔弱著名的南宋，这时因蒙哥汗之死，莫名其妙地感到四川的压力突然减轻。于是，吕文德从重庆率师漂流而下，进援鄂州，并乘夜突围入城。颇不情愿，但又无奈的南宋宰相贾似道亲自率军，从四面向鄂州云集，两淮兵尽集白鹭，江西兵聚隆兴，闽、越舟师溯江而上，而他自己则屯兵汉阳，后又移军黄州，扼守了长江冲要。

失去西路军策应的忽必烈，陡然陷入孤军深入、归路断绝、八方无援的危境，形势顿时严峻。

　　但更不好的消息却来自开平，阿里不哥括兵的消息，无异于惊雷劈顶，令忽必烈失色到连猜疑的时间都没有。十一月，他的妻子察必从扎忽都派来急使脱欢、爱莫干，捎信说："从阿里不哥处来的脱里赤和阿兰答儿，正从蒙古军和汉军中抽调侍卫军，原因不明。我们的那支军队交不交给他们呢？"同时还有一句隐语："大鱼的头被砍断了，在小鱼中除了你和阿里不哥，还有谁呢？如果你猜中了？"

　　在此危殆之际，郝经上《班师议》。忽必烈声言，兵发牛头山，蒙古铁骑直趋临安。胆小如鼠的贾似道大惧，遣使请和。

　　这一消息无异严冬的春雷，忽必烈派郝经匆匆议和，留下霸都鲁和兀良合台主持撤军。

　　而他自己于十一月初，轻骑简从，星夜兼驰，飞一般地向北方驰去。

　　一场新的战争剑拔弩张。

夺得汗位

　　蒙古帝国因大汗的逝世，再次迎来危机。黄金家族被同一个恶魔搅得心神不宁，以致歧疑纷呈，扰攘不已。推究原因，其罪魁祸首首先应是成吉思汗所定的忽里台选汗制。最初的忽里台，脱胎于游牧经济，带有游牧部落原始结盟的性质，是原始氏族社会军事民主制的变异。经过成吉思汗篡改的忽里台，实际上已演变为用奴隶制的刀剑去体现原始社会的民主，它能给人启示的只能是：谁拥有强大的军事实力谁便拥有发言的权力。

其次是汗位继承机制的无序。由游牧经济追逐水草而居的特点所决定，游牧部落首领必须具备领导宗族不断迁徙的能力。随着阶级的分化，至成吉思汗时血缘世袭已侵袭了原始的民主，但这种观念还没来得及制度化，成吉思汗的蒙古铁蹄就闯入了定居农耕文明的世界里，这里的君位继承如汉地，有一套严密的芷嫡立长世袭制，不管这嫡长子是成年人还是襁褓的婴儿，选贤退居次要地位。而成吉思汗的标准仍停留于择贤立幼的时代，游牧与定居文明碰撞的结果是：汗位的继承更加混乱不堪。

黄金家族前三次的汗位之争，一次比一次惊心动魄，就在于旧的制度即将走向墓地，而新的制度还没有成熟到逆流而动。黄金家族之所以没有分崩离析，也正是因为积淀的旧观念还足以左右帝国的航向之故。

但蒙哥汗的猝死，将黄金家族推入内讧深渊的第四次汗位之争。因为他们自身的扩张，汹涌的历史潮流，赋予了黄金家族新的抉择权力。尽管这次汗位的角逐游戏是在拖雷后王间展开，但是术赤、察合台、窝阔台三系后王还有举手发言的权力，强大的军队依然是最有力的选票。

拖雷系强大的蒙古骑兵团保证了汗位继续在拖雷后王中游行的安全。有资格加入角逐行列的有蒙哥的三位同母弟忽必烈、旭烈兀、阿里不哥，以及蒙哥的儿子班秃、玉龙答失。

旭烈兀在蒙哥死时正成绩斐然地征服波斯阿拉伯世界，遥远的路程使他对争夺汗位失去了信心；班秃和玉龙答失还没有成熟到独立代表蒙哥及汗庭说话的年龄与实力。其他三系的情况为：年老的拔都已去世；钦察兀鲁思的汗别儿哥实际上已自据一方，立国规模初具，对大汗位置没有兴趣；窝阔台系后王因蒙哥的残酷镇压已凋零衰败；察合台系则一直都被排挤在似乎是后娘养的不尴不尬的位置。正如忽必烈的妻子察必所言，大鱼死了，小鱼中只有忽必烈和阿里不哥才有资格和能力起头鱼的作用。有一点我们应当清楚，那就是忽必烈和阿里不哥是以拖雷的儿子而不仅是以蒙

哥的继承者身份号令蒙古诸王的，尽管他们是在继蒙哥之后承位。

因为蒙古帝国的汗位是黄金家族的共同遗产，它的归属直到现在还决定了诸王的"份子"即封地、百姓、财富等的多寡，所以，他们尽管不奢望奇迹降临到自己的头上，但行使推举的权力还是觉得义不容辞。因此，东西两道诸王不同程度地卷入了汗位之争的漩涡，其卷入方式便是分别投入忽必烈和阿里不哥的怀抱，以此为分野，黄金家族成员除极少旁观者外迅速形成两大阵营。

力量就是真理，这是黄金家族的座右铭。让我们来展示一下忽必烈与阿里不哥两大阵营的成员，对认识"真理"也许会有所帮助。

首先看看阿里不哥的追随者。

蒙哥遗留在蒙古故乡的诸王、汗廷大臣几乎全部为阿里不哥接收，随蒙哥南征主要效力于西路军的部分诸王、将领也是阿里不哥的追随者。主要有：蒙哥的遗孀兀鲁忽乃，儿子班秃、玉龙答失、昔里吉、阿速歹；西道诸王阿鲁忽（察合台孙）、睹尔赤（窝阔台孙，合丹斡忽勒子）、合剌察儿（术赤孙、斡鲁朵子）、玉木忽儿（旭烈兀子）、海都（窝阔台孙、合失子）；东道诸王乃蛮台（塔察儿子）以及别里古台的一个儿子。诸将及勋臣中有阿兰答儿、霍鲁海、浑都海、哈剌不

元·青白釉僧帽瓷壶

花、脱里赤、密里火者、乞台不花、孛鲁合阿合、秃满、脱古思、忽察、额勒只带等。此外贵由汗的儿子禾忽、孙子察八忒（脑忽子）等也属阿里不哥的外围支持者。

也许这个名单的列举令人生厌，但在当时对阿里不哥来说却至关重要。这些令人厌烦的名字，有一个共同的特点：他们生于游牧的草原，而

后又基本上在游牧或半游牧地区放牧自己的畜民。他们是成吉思汗的真正继承者，是蒙古草原孕育的纯游牧信仰的纯蒙古人。

尽管忽必烈手握重兵，但因其立基不稳，蒙哥死后，形势对他来说则十分严峻。郝经对此有过一段总结性的概括文字，在忽必烈征询谋士意见时，郝经侃侃而论道："宋人因惧大敌，自救之师虽已毕集，但还无暇谋我。不过中原蓟燕则很空虚，塔察儿与李璮肱髀相依，在我腹背；西域诸王窥伺关陇，隔绝旭烈兀大王；病民诸奸各持两端，观望所立，莫不觊觎神器，染指垂涎。如果有人先行举事，使我腹背受敌，则大事去矣。"

实际上，阿里不哥已行动起来。漠南汉地名义上还是汗庭的直辖地，阿里不哥命脱里赤为燕京断事官，号令四方；又命阿兰答儿调度漠北军队；脱里赤括兵于漠南诸州，企图形成对开平的包围态势，断绝忽必烈的归路，逼迫忽必烈就范。在秦、蜀、陇一线，阿里不哥遣派霍鲁怀和他唯一的一名汉族支持者刘太平到关中，任系北行中书省事，筹集粮饷；游说盘据六盘山的蒙古大将浑都海；命驻青居的蒙古军将领乞带不花、驻成都的明里失者作侧面策应，图谋在这一线由这三支势力向内地俯冲。这是最危险的一支蒙古大军。

谋略家忽必烈毫不示弱。当他看到不能先灭南宋再定大位后，毫不犹豫地采纳郝经"断然班师，亟定大计"的建议。郝经的具体主张为："先命劲兵把截江面，与宋议和。置辎重，以轻骑归，渡淮乘驿，直造燕京。遣一军迎蒙哥灵舆，收皇帝玺。遣使召旭烈兀、阿里不哥、末哥及诸王驸马，会丧和林。差官于汴京、京兆、成都、西凉、东平、西京、北京，抚慰安辑。召长子真金镇燕京，示以形势。"

1259年底，忽必烈轻骑简从，从鄂州军营中飞驰北上。在此之前，他派廉希宪首先争取塔察儿，接着命廉希宪为陕西四川等路宣抚使，经略这一地区。在从鄂州回师的同时，派赵良弼前往关右侦察事态变化，稳住

秦、蜀、陇一线。

北上的途中，阿里不哥夺位的迹象愈来愈明显，忽必烈遣急使到鄂州，对霸都鲁和兀良合台说："立即从鄂州撤围回来，因为人生的变化犹如命运的旋转。"十二月围鄂的蒙古大军开始北撤。

忽必烈风风火火地赶到燕京。来不及给马卸鞍，和坐骑一样大汗淋淋的忽必烈，气喘吁吁地质问脱里赤："你为什么在燕京漠南括兵招马，屯集粮草。"支支唔唔的脱里赤搪塞说："这是蒙哥汗的临终托命。"眼睛鹰般敏锐的忽必烈察其包藏祸心，马上命令解散脱里赤所征集的军队，首先解除了阿里不哥对开平的威胁，从而保证了漠南道路的畅通与安全。

经过两个月紧张的调兵遣将，1260年三月一日忽必烈率蒙古劲旅抵达他苦心经营近10年的开平老巢。

蒙古帝国空悬的汗位，犹如一只活蹦乱跳的梅花鹿，在忽必烈和阿里不哥面前跑来跑去。已经稳定了燕京局势的忽必烈，决定先声夺人，在只有很少一部分，而且多属黄金家族二等诸王的合围下，首先拔出羽箭向梅花鹿猛力射去——用尽他积攒20年的威力。

参加围猎汗位的诸王，据为忽必烈涂脂抹粉的《元史》记载，合丹、阿只吉率西道诸王，塔察儿、也先哥、忽刺忽儿、不都率东道诸王，前来与会。

经过严格挑选的与会者异口同声地说："旭烈兀已到达大食地区；察合台的子孙在远方；术赤的子孙也很遥远；阿里不哥身边的人正在做蠢事；兀鲁忽乃人察合台汗国的女领袖，已到达阿里不哥的住处。如果我们不拥立一个合罕，我们怎么能生存呢？"

按照事先已经导演好的节目，诸王合辞劝进，忽必烈坚决推让三次，然后诸王、大臣坚决固请，最后忽必烈装作一副无可奈何的样子，由必陈赤勒扶上汗位。诸王解下腰带，搭在肩上，跪下，行九拜礼。蒙古人即位

的仪式竟和汉儒礼仪惊人的相似，以至雷同，只是多了还保留着蒙古人古朴率真的解下腰带一节。

值得忽必烈永远怀念的这一天，是1260年三月二十四日。因为当他多次企图召开一次像点样子，由黄金家族各系诸王参加的正式忽里台，向各系诸王尤其是钦察汗、察合台汗、伊儿汗发出热情洋溢的邀请时，不是遭到婉言谢绝，就是各汗以五花八门的借口迟迟不朝。冷遇使忽必烈对忽里台最后也心灰意冷了。

这次小型的忽里台，尽管一应礼节一丝不苟地描摹历次选汗的细节，但有两点缺憾忽必烈却无法弥补：一是到会诸王只限东道和极少西道，并不符合必须由绝大多数诸王参加选举的标准；二是不在成吉思汗设在蒙古本土的大斡耳朵里面，因此遭到西道诸王的抵制。连对忽必烈顶礼膜拜的马可·波罗在说过"忽必烈汗得到大位是由于他的见识、武功和伟大才能，而且合乎法律、理所应得"后，也虽然了一句，"虽然他的兄弟和亲属们根本不同意他。"

忽必烈对"虽然"以后的句子十分苦恼。在未来的日子他时常引以自咎，无奈地看着古老的忽里台在自己的手中坍塌，尽管他多次试图修复。

扫除障碍

　　尽管忽必烈对在开平召开的忽里台有不尽如意的地方，但这次显然带有军事誓师意味的大会，对忽必烈的政治生命来说却至关重要。他下一步所要努力的，只剩下用强大的军力逼使蒙古草原诸王承认的问题了。

　　忽必烈毫不含糊地命令效忠于他的蒙古及汉人军队进入战备状态，接着他将属于自己管辖的蒙古帝国部分推向战时阶段。

　　当战争能为一个领袖带来权力、财富与荣耀时，他不会因为战争会涂炭生灵而和颜悦色地去宣布自己是个和平主义者。忽必烈一厢情愿地宣布为蒙古帝国的大汗、黄金家族的宗主后，他的一切着眼点，便是通过战争来证明自己的合理性。

　　抢夺地盘对忽必烈具有重要意义。他在此时不会仿效其祖父崛起草原时只顾捣毁敌人帐幕的举动。他的第一件事和阿里不哥的思路一样，派祃祃、赵璧、董文炳为燕京路宣抚使，进一步稳定漠南；派八春、廉希宪、商挺为陕西、四川等路宣抚使，赵良弼为参议司事；粘合南合、张启元为西京等处宣抚使，稳定关中等地局势。接着建立中央首脑机关中书省，以王文统为平章政事，张文谦为左丞，这样可给抢夺地盘以更有力的推动。五月，忽必烈在其辖域置十路宣抚司，向燕京、益都、济南、河南、平阳太原、真定、京兆、东平、西京等路置官派吏。

　　同时，向蒙古诸王，包括阿里不哥派遣急使，送去即位诏书。为多方

面佐证自己的合法，忽必烈向高丽国、南宋也各送去了一份。

在开平召开的忽里台，唱主角的是蒙古诸王，但起草即汗位诏书的却是大名鼎鼎的汉儒王鹗。

这篇诏书曾令无数汉人史学家为之赞叹，将它誉为划时代的伟大作品。其实，它通篇竭尽全力去论证的是忽必烈身登汗位的合理性。如果一定要寻章摘句说明忽必烈一即位便提出了一条新的文治路线，即"爰当临御之始，宜新弘远之规。祖述变通。正在今日。"那么，请不要忘记后面还有一句话："历数攸归，钦应上矢之命；勋亲斯托，敢忘列祖之规？"

忽必烈向黄金家族远近宗族所要展示的是："肆予冲人，渡江之后，盖将深入焉。乃闻国中重以签军之扰，黎民警骇，若不能一朝居者。予为此惧，驲骑驰归。目前之急虽纾，境外之民未戢。乃会群放，以集良规。不意宗盟，辄先推戴。左右万里，名王巨臣，不召而来者有之，不谋而同者皆是。咸谓国家之大统不可久旷，神人之重寄不可暂虚。求之今日，太祖嫡孙之中，先皇母弟之列，以贤以长，止予一人。……实可为天下主。"

但就是这样一篇对用汉法治汉地只字不提的诏书，到达和林后，也没有能令崇尚游牧的草原诸王满意，尤其是被汗位的影子搅得心神不宁的阿里不哥。

忽必烈到达和林后，阿里不哥对忽必烈擅自宣布为大汗的行为嗤之以鼻。1260年四月，阿里不哥纠合草原诸王和汗廷旧臣，仿效乃兄，在和林城西大汗的驻夏地阿勒台召开忽里台，宣布自己为蒙古帝国大汗。这个忽里台聚会黄金家族诸王也有不少人缺席，至少旭烈兀和钦察汗别儿哥没有向他表示敬意。

至此，成吉思汗辛辛苦苦构建的军事民主性质的忽里台正式宣布崩溃。以后，它只剩下华丽的躯壳，成为花猫、老鼠的游戏场了。

当忽必烈获悉阿里不哥也成为蒙古大汗后，断然采取措施，打出汉人的招牌，摒弃草原蒙古人以鼠牛马羊等十二生肖为纪年的传统纪年法，仿照中原王朝的惯例，革故鼎新，建立年号，名曰"中统"。

建元是一个大变革。忽必烈的意图十分明显，在建元诏书中，他宣称："稽列圣之洪规，讲前代之定制。建元表岁，示人君万世之传；纪时书王，见天下一家之义。法《春秋》之正始，体大《易》之乾元。"这无疑是在宣布"天下一家"的意志。但这个"天下一家"的含义已经错位，它和蒙古大汗以"天下共主"为自豪相较，已揉进些许的无可奈何。其目的在于争得汉地的广泛支持，因为汉地才是忽必烈的立身之本。他宁愿做蒙古帝国名义上的大汗，但他必须做汉地的皇帝。

精明的忽必烈这一招出手不凡。不仅汉地的大小儒士和万户们欢欣鼓舞，钦察、伊儿汗国也对他飞来媚眼。因为忽必烈从拔都拥立蒙哥的事例中已受到启示，他无力将已离心离德的众多兀鲁思死拉硬扯在自己的麾下，与其让他们作为蒙古帝国的属民反对自己，不如给他们以更大的自由换取他们的支持。于是，忽必烈用这种隐晦的方式表达了他无意到西部诸王的领地去提取税收的意思，并立即派去急使将阿姆河以西直到叙利亚蒙古征服的波斯地区封给旭烈兀，由他去建立自己的汗国；钦察汗国由别儿哥自己去治理；察合台汗国他则派阿必失合去做这个兀鲁思的君主；吐蕃地区忽必烈交给了八思巴；大理、安南他则派去急使，声明自己成为蒙古帝国的大汗，汉地的皇帝。

而幼稚的阿里不哥除了分遣东西两路蒙古骑兵南下，对忽必烈采取军事攻势外，就是派遣使者到各汗国盛气凌人地叫嚷，命令诸王承认他为蒙古帝国的大汗，对这种蠢举，诸王尤其是旭烈兀、别儿哥只能用斥责使者的方式表达他们的愤怒。

整个夏天，忽必烈与阿里不哥互相之间也派了许多急使，络绎不绝，

面红耳赤地争吵谁的忽里台更体现"民主"与古风,尽管在使者的生花妙舌下,双方都在扩军备战。

最后,失去耐性的兄弟俩决定在战场上一决高低,以此来评判谁是真理的拥护者。

元·八思巴字"大元通宝"

五月,忽必烈征调诸道兵6500人赴燕京宿卫,又抽调史天泽等拱卫燕京,并由此组成直属汗的宿卫军,由董文柄、李伯祐任都指挥使。同月,在京兆,忽必烈派得力干将廉希宪、商挺则先行一步,捕杀阿里不哥派往关中的官员刘太平、霍鲁怀,接着又遣使诛杀在川的乞台不花、明里火者,同时,命汪良臣、八春征集秦陇、平凉、陕右诸军,进军六盘山,防浑都海东来,稳定了川陕形势。

七月,准备就绪的忽必烈率领精锐的蒙汉联军,向北疾进。他决定到草原的和林亲自去找阿里不哥。

阿里不哥不甘示弱。从和林分遣两军,东路由玉木忽儿、合剌察儿率领,向开平、燕京挺进;西路军由阿兰答儿率领,穿河西走廊,企图与屯守六盘山的浑都海会合,扑向京兆。

1206年成吉思汗以一旅之众,奋起朔漠。铁蹄所向,无坚不摧;兵锋所指,莫不惊魂。用兵达五十年之多,欧亚大陆几尽入囊中。成吉思汗也许无法料到,五十四年后,由他缔造的蒙古铁骑竟要火并,而对阵的双方就是他自己的两位同母嫡孙。假如成吉思汗地下有灵,不知道他作何想?他是否会对战争,自残的战争作出新解?他是否会反思、深省?

从1260年开始,蒙古帝国的骑兵,曾令欧亚大陆闻之破胆的骑兵,发生了方向性的逆转。其锋镝所指不再单是异国他乡、堂兄堂弟、亲兄亲

弟，亲叔亲伯、堂叔堂伯的胸膛也成为他们练习射箭的目标，各兀鲁思上的斡耳朵也成为互相狩猎的玩具。蒙古帝国终于走进内战的深渊，黄金家族诸王终于尝到了自己种植的战争恶果的苦味。

不久，蒙古帝国的恶兆便转为噩耗。

噩耗，更准确地说是阿里不哥的噩耗从甘州传来。

1260年九月，阿兰答儿、浑都海所率的蒙古军与合丹、八春、汪良臣所率的蒙汉联军在甘州东展开了一场恶战。最后以阿兰答儿、浑都海的被擒、被杀，结束了在陇上的战事，从此川、秦、陇，漠南汉地尽归忽必烈所有。

在忽必烈率军去成吉思汗的大斡耳朵里寻找弟弟前，他首先断绝了漠南通向草原的交通，和林马上被饥饿困扰。当忽必烈到达和林境内，将成吉思汗的四大斡耳朵据为己有时，惊魂未定的阿里不哥早已带着瘦弱饥饿的马和军队逃到谦谦州（今叶尼塞河上游南）了。

早在这之前，阿里不哥拘捕了忽必烈派往察合台汗国的阿必失合，并杀了这个可怜的后王。阿里不哥一方面派察合台的另一孙子阿鲁忽去主持察合台汗国的兀鲁思，为自己征集武器和粮食；一方面向忽必烈派去特使，请求宽恕，声称："我们这些弟弟因为无知，犯了罪。等我养壮了牲畜，就去接受兄长的审判。届时，旭烈兀、阿鲁忽、别儿哥也将前去，我等着他们。"

于是，忽必烈答应了阿里不哥的请求，他幻想渴望旭烈兀、别儿哥、阿鲁忽能来参加下次的忽里台，为自己正名。忽必烈留下十万军队，由移相哥驻扎在和林，翘首以待。

忽必烈在汪吉沐涟（今外蒙翁金河）附近度过冬天后，回到开平。

1261年九月，阿里不哥在夏天和秋天养肥了马群，率蒙古骑兵去向移相哥"投降"。当移相哥满面笑容地去迎接时，阿里不哥的骑兵却突然袭进攻相哥的营地。阿里不哥冲溃忽必烈的部队后，疾穿草原，直奔开平。

忽必烈闻讯，匆匆集结军队，命怯烈门、赵璧率蒙汉军驻防燕京近郊及太行山一带，东起平、滦，西至关、陕，倚险防守。他自己则率塔察儿、合丹、纳陈驸马、合必赤等蒙古军，张柔等7万户的汉军向草原边缘迎击。在昔木土脑儿蒙古帝国的两支军队相遇，忽必烈击溃了阿里不哥的军队。但10天后，阿速带率领的阿里不哥的后军与溃败的蒙军会合，转调马头，向忽必烈再次发动进攻。在沙漠边缘和一座山旁两军再度激战，忽必烈亲率蒙军击溃阿里不哥的右翼，但左翼却胜负不分，从中午一直激战至天黑。夜间，忽必烈被迫撤退。阿里不哥因粮草不继也引兵而还。整个冬天，两军僵峙在沙漠的边缘。

阿里不哥因粮草兵械的不足，陷入困境。他寄于希望的阿鲁忽，在察合台汗国征集了大量的牲畜、兵械与粮草，并拥有15万骑兵后，觉得已无必要依附于阿里不哥，遂与阿里不哥决裂，转而宣布归顺忽必烈，以换得察合台汗国的汗位。

阿里不哥盛怒之下，于1262年春，向阿鲁忽宣战，率师西征。忽必烈趁机收复和林，但恰在此时，盘据山东益都达30多年的世侯李璮也趁机发动武装叛乱，忽必烈只得匆匆南下，去处置汉地的军务。

阿鲁忽初战阿里不哥的军队，便大获全胜，杀阿里不哥大将哈剌不花。但正在他志得意满时，阿速带率领的阿里不哥的后卫军却突袭了他懈怠的军队，洗劫并夺取了伊黎沐涟和阿力麻里（今新疆霍城西北），侵占了阿鲁忽的兀鲁思。

阿里不哥占据阿力麻里后，一泄愤怒，雄性大发，肆无忌惮地残酷糟踏、无故杀害当地军民，对自己的部下以及蒙古军队也无故凌辱，整日狂饮滥杀、忘情寻欢。追随他的诸王十分寒心，旭烈兀的儿子主木忽儿等一个个借口离开了阿里不哥。接着阿力麻里发生饥荒，大批牲畜和士兵倒

毙，阿里不哥又处于忽必烈和阿鲁忽的东西夹击中。1262年七月陷入绝境的阿里不哥势穷力竭，不得不绝望地向忽必烈投降。

本来，历史会按照其早已习惯的缓慢脚步向前移动，但偶然的、突发的事件往往惊扰历史的进程。1262年间，正当忽必烈与阿里不哥鏖战草原，汉人世侯李璮却突然兵变山东，使忽必烈在驾驭两元政治的历史进程中为之一惊，其震撼的冲击波，使两元政治不禁随之倾斜。

李璮其人前面已有所述，他周旋于蒙、宋之间，其势日盛。经过李璮30年的经营，鲁南这块领地，蒙古人已有些针插不进的感觉。每遇重大战争，汉人世侯有出兵助战的义务，但蒙哥汗南伐征兵李璮时，李璮以"益都南北冲要，互不可撤"为借口，拒不应命。蒙哥汗无可奈何，只好让他独自行动，从益都去攻打南宋的涟水四城。

忽必烈即汗位后，加意怀柔，将江淮大都督的桂冠掷向李璮。但李璮并不因感恩而放弃自己的帝王思想，他向新主人宣布效忠的话就是虚张南宋的军事行动，请求加固已颇称险要的老巢益都城。忽必烈北征阿里不哥，李璮故伎重演，肆意张扬宋将北侵而拒不发兵。反过来，他却屡屡恫疑虚喝，挟宋兵威以要挟忽必烈"请选精骑，倍道来援"，并借以获得大量赏赐，加紧整军备储。

对李璮的居心叵测，忽必烈早有耳闻，但为了全力对付阿里不哥，忽必烈只好不惜高官厚禄来满足李璮的野心，借以安定后方。

李璮对蒙古一直外示臣服，内存观望。他手下有一支经过半个世纪战争磨炼的精悍军队；曾做过李璮的幕府，也是李璮岳父的王文统，在中统建元后被忽必烈聘为中书平章政事，列宰相位，这个大间谍也与李璮沆瀣一气，遥相呼应；东道诸王塔察儿是李璮的丈兄，塔察儿的妹妹是李璮的爱妾，这支蒙古军队也有可能倒向李璮。在忽必烈围攻鄂州时，这支蒙古军队就曾使郝经十分忧虑；山东、河北等地的其他汉人世侯，李璮也加以

联络，通书递信不绝于道；李璮的一个儿子为平州总管，做益都羽翼自然毫无问题。李璮自峙这些力量，趁忽必烈正同室操戈，认为机不可失，遂将王文统暂缓举兵的劝告置于脑后，中统三年（1262年）二月三日正式传檄山东，全歼蒙古戍兵，发动武装叛乱。

对于忽必烈安抚性的缓兵之计，李璮也十分清醒，一旦忽必烈能腾出手来，肯定会首先解决李璮的叛心。因此，忽必烈全力北顾，内心空虚，便诱发了李璮的叛志。

李璮布檄举事时，忽必烈正在漠北草原。忽必烈没有料到李璮之叛来得如此迅猛，闻报大惊，仓惶南下。途中，请计于姚枢，姚枢分析道："李璮叛兵，有三策可行。乘我北征之隙，沿海滨蜿蜒北上，直捣燕京，封闭居庸险关，号令中原汉地，惶骇人心，此为上策；结盟宋国，以宋为后方，盘据益都，负险据守，扰边掠民，使我疲于奔救，此为中策；出兵济南，企妄山东诸侯响应支援，最后将成就擒之势，此为下策。"忽必烈急切地问："李璮会出何策？"姚枢对道："走下策。"

姚枢的确料敌如神。李璮自海州乘舰回师益都后，打开仓库，大肆犒赏部下。他一方面派遣使者到南宋，献出涟海等三城，请求南宋做后援，企图联宋抗蒙；另一方面发兵前去摘取济南，幻想山东、河北各世侯能群起响应，建立山东根据地，挑起汉地战火。二月二十六日，防守空虚的济南城被李璮攻破。

李璮之所以不敢轻师疾进燕京，自有其难言之隐。第一，基地不稳。李璮虽已联宋，但双方各持猜疑，诚意被大打折扣。李璮与南宋有杀父之仇，他本人也与南宋血战30年，他不愿也不想结好于南宋，而南宋皇帝理宗更觉得李璮的反正"情伪难凭"，对是否支援李璮持消极观望态度。因此，李璮也要考虑到后院起火的潜在因素。第二，李璮声名狼藉，辖内汉民不支持。李璮鱼肉鲁南居民达几十年，百姓听说李璮反后，不是结寨自

保，就是逃入山林，数百里内，"寂无人声"。根基摇动，也使李璮不敢轻率离开老巢。第三，其兵卒虽称精悍，但只有5万人，从益都到燕京，路遥道险，远途奔袭要冒极大风险，天下大乱后，他也未必能捞到更多的好处。反而不如集中兵力，进取山东，待汉地世侯响应后再以山东为据点扩大战果。因此，在战略上他选择了山东。

李璮一决定兵发山东，便决定了其必败无疑的命运。许多汉人世侯对此都已洞若观火，心存观望。此外忽必烈以汉法治汉地的施政纲要也已深入民心，蒙汉矛盾正在调和之际，贸然行动，势必会陷于进退失据的两难之地，因此，山东、河北汉人军阀应者寥寥，只有太原总管李毅奴哥、邳州行军万户张邦直等几个孤兵举旗呼应，但随即便被忽必烈镇压。

针对李璮的军事行动，忽必烈雷厉风行，急忙调遣军队。这时对阿里不哥的战事已基本结束，顿感轻松的忽必烈，即集中大部军力开往山东。

二月十八日，忽必烈命水军万户解成、张荣实，大名万户王文千及万户严忠范会师东平；济南万户张宏、归德万户邸浃、武卫军炮手元帅薛军胜等聚兵滨棣，筑城挖堑，准备应战，扼守险要，阻止李璮向外推展。

二十日，忽必烈命诸王合必赤总督诸军，接着又派史天泽率军增援。蒙汉联军向山东挺进。

李璮原以为会响应他的汉人世侯，现在戏剧性地转变成他的镇压者。沮丧的李璮三月十七日与阿术、史枢联军一相遇便告失败，退保济南。

五月，忽必烈命令军队筑环城将济南城团团围住，命汉将史天泽节督诸军。困守孤城的李璮，此时已成瓮中之鳖，只有坐以待毙了。

七月，城中粮尽，部将纷降，走投无路的李璮，仰天长啸一声跳入大明湖中，但水仅及腰，不死，被擒。

李璮叛乱犹如昙花一现，仅五个月便宣告结束，但留给忽必烈的震惊却使他久久不能释怀，甚至其中的两次余震比李璮叛乱本身更使忽必

烈心惊。

第一，王文统事件。

王文统，字以道，益都人。对中国历代权谋深有研究。曾为李璮幕僚，并将女嫁李璮。忽必烈开平践位后，拔擢王文统为平章政事，从而成为忽必烈汗宫及蒙古帝国官僚系统的主要设计师。他曾亲率各路宣抚使，接受忽必烈的耳提面命，为忽必烈建立文官系统立下了汗马功劳。

李璮叛乱后，忽必烈风闻王文统曾遣子王荛向李璮通风报信。于是召王文统诈问，王文统闪烁其词，企图苟全蚁命。恰好发现李璮给王文统的信中有"期甲子"（1264年）之语，忽必烈穷追不舍，逼问什么意思。王文统"错愕骇汗"，招认："李璮久蓄反心，约臣居中策应，臣意欲推其反期，故有是语。"

忽必烈异常震怒，锥心刺泪道："我将你从布衣提拔至宰相，委以重任，授以政柄，待你不薄，你为什么如此负恩寡义？"不待王文统巧言辩毕，忽必烈便伤心地命令推出斩首。

处置完王文统后，忽必烈大玩手腕，将他曾经最信任的汉人幕僚窦默、姚枢、王鄂、子僧、张柔等召至跟前，拿出王文统与李璮的通信，递给幕僚们传阅，问："你们说应该判处王文统什么罪？"柔弱文臣皆回道："人臣谋反，当诛。"武将张柔高声喊道："宜剐！"忽必烈仍不满意，像教练员训练队员一样，命令道："你们一起说。"已有些颤栗的诸幕僚，异口同声高呼道："当死！"

忽必烈听完这摇尾乞怜般的回答，嘴角掠过一丝不易为人察觉的微笑，轻叹一声说："王文统已死于朕前了！"

忽必烈并未因此而高枕无忧，相反，他天性中的猜疑益加泛滥。叛将的同党同谋竟打入忽必烈的身边，并位列忽必烈的亲信之位，其危险之至不能不使忽必烈为之心惊胆战。接着，忽必烈追究王文统的来路，他必须

弄清楚王文统是如何来到自己身边的。

曾经，包括现在仍被忽必烈委以重任的廉希宪、张易、商挺、赵良弼、刘秉忠都举荐与推崇过王文统，自然被列为重点怀疑对象。恰好兴元同知费寅又上告廉命宪是王文统在西南地区的朋党，同时牵连到商挺、赵良弼，忽必烈大惊失色，急忙下逮捕令，关押审讯。经过细致核审，查明费寅原为诬告，商、赵得以无罪释放。

王文统案发后，忽必烈想，交相引荐的旧日汉人幕僚每一个人都有可能从民族本位的感情出发，互相勾结，朋比李、王，而欺骗自己。假如真的如此，局面将不可收拾。尽管已查明他们俱无反迹，但谁敢担保以后不会再出现第二个王文统？

汉人似乎天生就会交结朋党，互相攀援，党同伐异，互相攻讦。急功近利是草创朝廷所急需的，王文统"以言利而进为平章政事的"。但窦默、许衡儒流之辈却将迂腐之见与学术之争引入朝廷，声称"治乱休戚，必以义为本。"

忽必烈刚刚即位，注重实效的王文统刚刚到位，窦默就傍倚王鄂、姚枢向忽必烈奏称："王文统此人学术不正，久居相位，必祸天下。"忽必烈强捺不满，问："那么，你说谁可以做宰相？"窦默推荐许衡，忽必烈拂袖而起，怒气冲冲，嫌恶似的走出汗帐。

对许衡那一套长篇大论，浮而不实，不能给新政权带来一分银毫、一支箭矢的空洞言论，注重实惠的忽必烈早就领教过了。当前，忽必烈需要的是军饷粮草和战士去战胜阿里不哥，而不是空疏的儒家学术理论。但不知趣的窦默却"日于帝前排其（王文统）学术"。难怪忽必烈会拂袖而去了。

工于心计的王文统也不甘示弱，他恃宠奏请忽必烈升姚枢为太子太师，窦默为太子太傅，许衡为太子太保。这是一条毒计，明尊暗贬，实际上是要调离三人日侍忽必烈的职位。窦默因为屡屡攻讦王文统而为忽必烈不悦，他还识一点时机，与姚枢商量，避祸东宫，但耿直倔强到不怕死地步的许衡却坚守礼仪，大有拼命之势，坚辞不就。

被儒家学术流派与汉人党派之争搅得心烦意乱的忽必烈，实在搞不清楚门户之见是怎么莫名其妙附着于聪明的汉人身上的，最后只好改命姚枢为大司农、窦默为翰林侍讲学士，许衡为国子监祭酒。不久，许衡负气辞职，称病还乡。

忽必烈能欣然接受汉人治人的高超手法，与一整套治理国家的官僚系统，还有不杀人的博爱思想，但对汉人间的互相倾轧，而且是因为无谓的思想意识间争辩不清小事，实在觉得可笑、可怜、可憎。对昔日竭力帮助自己的旧日幕僚，他不得不刮目相看了。

王文统的变节，使忽必烈对汉儒彻底失望。他震怒后的自省，便是对汉儒从人格上的怀疑，连自己最信任、屡次袒护的王文统都会出卖自己，那么，谁能保证哪个汉儒不会再次忘恩负义呢？

第二，史天泽擅杀事件。

李璮被擒后，审讯李璮的是汉人世侯军阀严忠嗣与史天泽。严忠嗣问："你为什么这样做？"李璮回答道："你和我已约好，到时候却又不来。"严忠嗣怒不可遏，提刀向李璮肋下刺去。史天泽问："你为什么不投降？忽必烈有什么地方亏待你？"李璮却反问道："你有文书约俺起兵，何故背盟？"史天泽对手下俘虏更为残暴，命人砍去李璮两臂、双足，剖胸挖肝，最后才割去首级。

接着史天泽以"宜即诛之，使安人心"为由，宣布处死李璮，并向忽必烈上请"擅杀"之罪。

尽管忽必烈不可能获悉李璮的追随者流亡南宋后追忆的那段擅杀李璮的细节，但他依然能够开动其聪明的填满猜疑的大脑，捕捉史天泽超乎职

权，迫不及待擅杀李璮的疑点，难道这真的不是一次杀人灭口吗？本来李璮是要上献的。

除了张邦直等汉人万户直接叛附，其他的汉人世侯与李璮也已查明有书信来往，难道他们仅仅是遥遥千里互相问安吗？

李璮叛乱的最根本原因就在于汉人世侯威权太重，地方军民权力集于一身，俨如春秋时期星罗棋布的国中之国，所不同的只在于其宗主除了蒙古大汗之外，还有一个南宋的汉人皇帝，可以凭阑眺望，眉目传情。而这种归宗认祖的潜意识一直不能从他们心底泯灭。请看李璮临死前填的一首《水龙吟》，也许能感受到点什么：

腰刀首帕从军，戍楼独倚闲凝眺，中原气象。狐居兔穴，暮烟残照。投笔书怀，枕戈待旦，陇西年少，叹光阴掣电，易生髀肉。不如易腔改调。

此变沧海成田，奈群生几番惊扰。干戈烂熳，无时休息，凭谁驱扫。眼底山河，胸中事业，一声长啸，太平时相将近也，稳稳百年燕赵。

当然忽必烈感受不到李璮抑或其他汉人世侯军阀内心的苍凉，但对这些拥兵自重、各霸一方的军阀们如果像逮捕文人商挺似的，穷加追究，势必引起兔死狐悲，群起自保的局面，他心中则早有预料。因此，忽必烈与汉人军阀间的关系一直很微妙。

对此，忽必烈十分谨慎、小心，唯恐因自己的不慎而引起连锁反应。他多次敕命在圣安寺作佛顶金轮会，在长春宫设金箓周天醮，给自己压惊、祈祷，稳定自己的暴躁情绪，并忐忑不安地对史天泽说："朕或乘怒欲有所诛杀，卿等宜迟留一二日，上奏后再行定夺。"从中，我们真切地感到忽必烈对自己的愤怒是多么缺乏自信！

但内不自安的不仅仅是忽必烈，史天泽等世侯也惴惴不宁，他们比忽必烈更能预见自己的危机四伏与根源所在。史天泽首先上书，替忽必烈排忧解难，声言："兵民之权，不可并于一门，行之，请自臣家始。"主动将十七位史氏子侄的兵权上交忽必烈。张柔、严忠嗣等世侯也纷纷效法，表忠求全。

忽必烈喜笑颜开，顺水推舟，巧妙利用有利形势，推行一系列环环相扣的加强汗权及中央集权的措施，堵塞叛乱之源。

其实，忽必烈即位伊始，郝经就提出"建监司以治诸侯"的建议，而忽必烈坚决设置十路宣抚司已带有收权中央的性质，李璮之叛一定程度也是"强干弱枝"政策的产物。李璮之叛正好又奉给忽必烈一个治愈失眠的药枕，取消世侯特权，建立地方基层政权自然便不再停滞于理论了。

第一，忽必烈下令实行军民分治。规定各路总管兼万户，止理民事，军政勿预。管民官理民事，管军官掌兵戎，不再兼任。

第二，削弱以致消灭世侯。规定各姓世侯军阀除一人仕官外，子弟官职例行解任。取消世侯封邑。易将，各世侯军阀互换万户或另派万户，兵归中央。进而又罢诸侯世守制，实行迁转法，即调官法，在世侯领地置牧守，重新确立中央集权政治。这一措施同时也符合汉地黎民及上层地主的意愿，罢世侯后，领地上的黔首们对昔日主人视如陌路，甚至追咎怒骂。一如世侯的崛起，其衰落与走向墓地也同样是历史的必然。

第三，查禁民间兵器。下诏："诸路置局造军器，私造者处死；民间所有，不输官者，与私造同。"只要是超过一尺长的铁器，都必须上交，甚至连农民用的铁耙、叉等也不在豁免之列。对汉地汉民的防范达到细致入微的地步。

第四，在中央成立总理军事的机关枢密院。从此，枢密院成为蒙古帝国的军权中枢，它不受其它任何中央权力机关的限制，俨然成为一独立体

系。忽必烈将枢密院直接置于自己控制之下，由皇太子真金任枢密院使，副使、金书枢密事等职也操纵于贵胄亲信之手，蒙古帝国乃至以后明显带有中原王朝性质的大元帝国，中央军权再与汉人无缘了。除四怯薛由忽必烈或派蒙古亲信大臣节制外，枢密院的权力大得惊人，"天下兵甲机密之务，凡宫禁宿卫，边庭军翼、征讨戍守，简阅差遣，举功转官，节制调度，无不由之。"

汉儒幕僚如姚枢、刘秉忠、许衡者流，世侯军阀如史天泽、李璮者流，非但没能拉扯忽必烈进入"以夏变夷"的佳境，反而助长了忽必烈庇佑草原诸王的决心，对他们来说，这些针对汉人而发，转而背倚蒙古军队和色目人的理财术，无疑是一股倒行逆施的恶流。尽管忽必烈在未来依然沿着加强汗权、君权，效法中原历代王朝强化中央集权的道路前进，但忽必烈的感情，对汉人的猜忌，却再也不能从忽必烈受伤的心头上轻轻抹去了。

李璮叛乱后，忽必烈加强中央集权，已改变了其原本的初衷，这时它已是建立在对汉人的猜忌甚至歧视的基础上了。

忽必烈是吃着汉人的精神食粮而摇身一变为蒙古大汗的，现在，他却突然感到汉食的变味。尽管他还必须逼着自己去超越自己，再度去俯拾汉法，去安定中原，促进生产与增加税收，但他从心理上却在防范自己过热的情绪，因为汉人的精明不仅仅在于公开的反抗，潜移默化地改变一个弯弓狩猎的草原游牧民族的生活方式将更危险。这一点，忽必烈有切身体验，他一方面清理了汉人世侯，慢慢疏远汉儒；另一方面在亲重蒙古勋贵的同时，悄悄培植能与汉人抗衡的第三势力。于是，来自西域的色目人如阿合马者登上忽必烈为他们铺就的政治舞台。

实际上，李璮叛乱刚起，一向为汉人官僚所鄙视的回回人便乘机向忽必烈进言；"回回虽然常有盗钱攫物的勾当，但从不会像秀才们一样起而反逆啊！"也许忽必烈就是接受了这样的蛊惑，开始驱策色目人为之敛财聚货，牵制汉人的。

到1265年忽必烈正式吐出了其真实的施政思想：规定"以蒙古人充各路达鲁花赤，汉人充总管，回回人充同知，永为定制。"

这样造就的效果犹如将高高在上的蒙古贵族置于渔翁的地位，汉人官吏与色目官吏恰如鱼与蚌，无论势力如何消长，最后收益的将永远是达鲁花赤们。

酿下苦果

蒙哥死后，接踵而来的长达4年的汗位争夺战，将成吉思汗用武力筑建的帝国篱笆撕开整段整段的缺口。从缺口中逸出的权利欲与财富欲，对忽必烈来说，是灾难的象征。尽管他击败了阿里不哥，大汗地位也即将被黄金家族公认，但当他环视一下蒙古帝国的篱笆，却不得不承认，致力于修复帝国的裂口已为时过晚。

追忆一下蒙古帝国缔造者成吉思汗的所作所为以及他裂土分民的思想，也许对我们理解忽必烈的处境会有些帮助。同时，如果我们不把忽必烈放在黄金家族历次的汗位攘夺与盘根错节、令人生厌的复杂关系中，我们也同样不能给予忽必烈应有的理解与同情。

对于成吉思汗四个儿子的兀鲁思我们已能在蒙古帝国的地图上找到。不过蒙古帝国的篱笆却经常被他们的后王们挪来搬去，到忽必烈安定了中

原汉地的秩序与情绪，阿里不哥到政敌处去寻找生路时，忽必烈惊讶地发现蒙古帝国的地图已被涂抹得面目全非，尽管忽必烈本人也是积极的绘制者之一。

忽必烈与阿里不哥兵戎相见的第一个硕果是伊利汗国的诞生。

在忽必烈远袭大理，精耕细作北中国时，他的同母弟旭烈兀在波斯也正忙于开疆拓土。经过成吉思汗和窝阔台的两次西征，蒙哥得以在波斯的大部分领土上建立直属汗庭——当然必属黄金家族公共财产的阿姆河等处行尚书省。1252年蒙哥命令从诸王所属军队中签发十分之二交付旭烈兀，进一步征讨尚未归附的波斯诸国。1256年旭烈兀攻灭盘踞玛拶答而（今伊朗马赞德兰省）诸山城的"木剌夷国"。1258年攻陷报达（伊拉克巴格达），灭黑衣大食（阿拉伯帝国阿拔斯朝）。1259年，旭烈兀分兵三路，侵入叙利亚。次年春，旭烈兀接到蒙哥死讯，留下大将怯的不花继续征进，自率其余蒙军退返波斯。当旭烈兀正拟东返故乡时，忽必烈与阿里不哥先后自立为汗的消息传来，旭烈兀决意观望，遂建帐波斯。

忽必烈与阿里不哥异口同声地宣称旭烈兀是自己的支持者，旭烈兀的身价于是成倍增长。胆大心细的忽必烈不惜再破陈规，以大汗名义将黄金家族的公共财产波斯地区划归旭烈兀，借此换得旭烈兀的支援。旭烈兀毫不客气，雷厉风行地自称伊利汗（意即大汗的属民），在东起阿姆河和印度河、西面包括小亚细亚大部分、南抵波斯湾、北至高加索的广大地区建立伊利汗国，建都蔑剌哈（今伊朗东阿塞拜疆省马腊格），任命各省长官。接着，旭烈兀遣使指责阿里不哥，并几度遣军东向，威胁支持阿里不哥的窝阔台后王海都。

伊利汗国就这样像一笔交易一样戏剧性地在忽必烈授意、旭烈兀的动手下绘制在蒙古帝国的新地图上。

忽必烈与阿里不哥不共戴天的第二个硕果是促成钦察汗国由半独立走

向独立，尽管胜利者忽必烈收获到册封钦察汗即位的权利。

钦察汗国奠基于术赤，成型于拔都，独立于别儿哥。术赤的离心倾向曾使父哥暴跳如雷，但术赤的次子拔都却全然不顾祖父的激愤，继续沿着离心的道路高歌猛进。由拔都统率的长子西征本是黄金家族的共同事业，但所征服的包括过去已铁骑所至的东起也几的石河；西到斡罗思；南起巴乐喀什湖、里海、黑海；北到北极圈附近的辽阔区域，西征结束后都沦为拔都及其13位兄弟的世袭领地。拔都在伏尔加河下游萨莱（今阿斯特拉罕附近）扎下牙帐，术赤系后王，拔都的13位兄弟像群星拱月般地团聚在金帐周围，形成半独立的钦察汗国。

拔都帮助蒙哥登上汗位，在打击窝阔台、察合台两系势力的同时，乘机占据汗中地区。曾主持蒙哥即位仪式的别儿哥于1257年继拔都登上术赤兀鲁思的汗位，他名义上仍对蒙古大汗称藩，但却不再履行黄金家族的义务，蒙哥南征时我们已很难寻找到术赤系后王的从征军队。到忽必烈与阿里不哥挑起战争时，对汗位别儿哥显得十分冷漠，他周旋于拖雷后王两兄弟之间，只唱调和宗亲的高调。尽管他似乎从感情上倾向于草原气息较浓的阿里不哥，并在所铸的货币上称阿里不哥为大汗，但他却不发一兵一卒去给疲惫不堪的阿里不哥以实质的帮助。

元·打猎图

一如对待旭烈兀，阿里不哥宣称别儿哥同意自己为蒙古大汗，而忽必烈也向别儿哥派去急使，翘首以待别儿哥承认既成的事实。

阿里不哥归降忽必烈后，忽必烈向别儿哥派去急使，征询处置阿里不哥的意见并邀请他来参加忽里台。别儿哥圆滑地回话忽必烈："合罕、旭烈兀和全体宗亲们所作出的决定是正确的。我们也一定在牛年（1265年）出发，在虎年（1266年）走完全部路程，在兔年（1267年）出席忽里台。"

但实际上别儿哥没有时间分身，他正手忙脚乱于与旭烈兀和阿鲁忽的战事。

不管怎么说，别儿哥宁愿对忽必烈大汗致以口头上的尊重，但却不想在蒙古帝国地图上丢失哪怕是一小块草地。对钦察汗国的统御忽必烈只能保留一种象征性的权力，再也无力从术赤后王所属军队中抽调一兵一卒用于新的征服战争了。

忽必烈与阿里不哥逐鹿汗位的第三个硕果是促成察合台封地或兀鲁思的私有化，并逐步向独立汗国方向发展。

察合台的最初封地是从畏兀人境地一直延伸到河中的草原地区，而中亚的河中农耕地区和城廓地带——中亚地区东起吐鲁番盆地，西至阿姆河，北达塔尔巴哈台山，南抵阿富汗——则是黄金家族的共同财产，由蒙古大汗直辖，大汗委任官员，所得收益由黄金家族成员共享。

窝阔台时，察合台峙汗兄、诸王之长的身份，企图吞并城廓地区，遭到窝阔台的斥责。但随后，窝阔台将从畏兀人之地到阿姆河沿岸的诸城廓交付察合台管辖，但大汗仍派大臣驻镇中亚诸城。

蒙哥时期，在河中、讹答剌、畏兀儿地、忽炭、可失哈耳、毡的、花剌子模和今费尔干纳地区之间的辽阔地域设立别18里等处行尚书省，直属汗庭，管理察合国封址的兀鲁忽乃仍留居在草原地带的城廓。这时，术赤后王势力已伸至河中地区。

忽必烈在开平一称汗，便着手控制原属汗庭的河中地区，这是中亚最富庶的地域。但他所派的察合台后王被阿里不哥擒获，阿里不哥则派出阿鲁忽去主持察合台兀鲁思。阿鲁忽从兀鲁忽妃子手中夺取汗权后，将别儿哥在撒麻耳干、不花剌和河中地区的守军全部杀死，接着便发生了我们已熟悉的阿鲁忽倒向忽必烈、阿里不哥向阿鲁忽开战并据有察合台驻帐地阿力麻里的事。

忽必烈为争得阿鲁忽的支持，故伎重演，以蒙古大汗的身份将东自按台山（阿尔泰山），西至阿姆河的土地委付给阿鲁忽，鼓励他去发展自己的势力。

阿鲁忽败于阿里不哥后避居忽炭（今新疆和田），收集失散的军队后，事业多振，并向别儿哥再度开战，洗劫了讹答剌。

阿里不哥向忽必烈缴械后，忽必烈对古老的忽里台仍心存幻想，遣使征询如何处置阿里不哥并同样邀请阿鲁忽。阿鲁忽最关心的是自己的利益，他对忽必烈的使者说道："我是未经大汗和兄长旭烈兀正式同意继承察合台之位的，现在全体宗亲们聚集在一起，正可判定我能否继位，我愿意前去参加忽里台。"

清扫了阿里不哥的势力之后，忽必烈力图直接控制原属汗庭管辖，蒙哥时所设的别失八里等行尚书省之地。于是，"忽必烈合罕命一支大军前往阿姆河岸，使一切居于这一地区的打算独立的宗王统统从交通线上撤走，这样合罕的使臣可以没有任何一点困难地往返于旭烈兀大王与大汗之间。"同时，阿里不哥所据的察合台封地的东部也被忽必烈接收。

在忽必烈将触须伸向中亚的同时，窝阔台后王海都也趁机向阿鲁忽开战，争夺地盘，并联合别儿哥，击败阿鲁忽，进据察合台的驻帐地阿力麻里。

中亚的地理位置重要到忽必烈、海都、别儿哥都垂涎三尺的地步。钦察汗倾心于汉中的富庶；而海都则想图谋霸业，从这里可直扑别失八里，穿河西走廊直接威胁忽必烈领地的腹心；忽必烈如果控制了阿力麻里等城廓地，那么便可遏止西道诸王的东向，进而可对钦察、窝阔台、察合台兀鲁思发号施令，并便于和伊利汗国联系，形成东西相向的有利形势。因此，由于各系的插手，察合台领地便形成混战局面。

不幸的是，历史总是向忽必烈出难题。正当忽必烈致力于控制中亚的时候，体弱多病的阿鲁忽收娶了合剌旭烈的遗孀、体健貌美的兀鲁忽乃后竟染色身亡。曾经掌握察合台兀鲁思达10年之久的兀鲁忽乃雄心不减当年，将蒙古大汗忽必烈的尊严弃如敝履，擅立自己的儿子木八剌沙为察合台汗。

忽必烈为捍卫大汗的宗主权，并沿着控制中亚的战略思路向前挺进，急需寻找另一位代言人去代理察合台兀鲁思事务。效劳于忽必烈身边的察合台曾孙八剌察颜观色，向忽必烈进言："木八剌沙凭什么继承我叔父阿鲁忽之位？如果大汗降旨让我继承我的叔父之位，今后我将效劳奉命于大汗。"于是，忽必烈便派八剌去协助管理察合台兀鲁思事务。

更不幸的是，忽必烈这种放虎归山的举动，收益到的只是被这只猛虎反咬一口，他强忍剧痛，噙泪吊唁着自己的失策。当然，这是后话。

忽必烈与阿里不哥自戕互残的第四个硕果是激发了窝阔台后王海都势力的崛起，并点燃起窝阔台系攫取大汗宝座的欲望。

海都是合失的儿子，而合失则是窝阔台的第五子。蒙哥曾使窝阔台系凋零不堪，当时年仅十几岁的海都被放逐在海押立（今哈萨克塔尔迪·库尔干尔）。海都人极聪明，聪明到狡诈奸猾的地步。他是一个天才的军事家和优秀的行政管理家，凡是接触过他的基督徒、旅行家，包括马可·波罗，全都对他赞不绝口。

在忽必烈与阿里不哥交战时，海都在自己的封地正训练着纯蒙古血统的骑兵，他对游牧祖先们弯弓射箭、纵马奔驰于草原的粗野生活方式极为眷恋，他以能保持祖先的传统而自豪。毫无疑问，他不欣赏忽必烈与征服地汉人的亲昵，他是阿里不哥情感上的支持者。

忽必烈在整个汗位战争期间对大多数蒙古诸王都满面笑容，除了阿里不哥及为阿里不哥卖命的。在领赏诸王时，忽必烈照例没有忘记海都。阿里不哥势衰后，忽必烈向海都遣去急使，十分有礼貌地引诱海都："其他宗王全都到了开平，你们怎么迟迟不来呢？我衷心希望当面会晤，我们一起把一切事情都商议定好后，你们将获得各种恩典返回。"

海都曾捎口信给忽必烈，他要求依照成吉思汗的札撒，将黄金家族征服的汉地也分给他应该得到的那一份，忽必烈则要求他来参加忽里台。海都还记得蒙哥召开的忽里台，他无意自投罗网，遣使致歉道："我们的牲畜很瘦，等养肥之后，我们遵命前去。"但他的牲畜三年也没有养肥。

马可·波罗对我们说："海都对他的伯父——大汗心存疑忌，拒绝接受这个条件。他只表示愿意在自己的国家里，向大汗称臣纳贡，而不愿意到大汗的宫廷去，因为他害怕被处死。"的确，海都宁愿死在疆场，也不想死在忽必烈的智谋里。

海都在"马瘦"的三年里，依托海押立，倾心驯养战马和蒙古战士。很快，他便成为窝阔台系的领袖，并恢复了被分割成数块的窝阔台兀鲁恩。其大致范围包括叶密立海流域、也儿的失河流域、阿尔泰山的一部分，其重要的首府有两个，一个是叶密立，一个是海押立。其正西为钦察汗国，偏西与南部则是察合台汗国。但海都不久即挥师南侵，并将行营迁至察合台的驻帐地阿里麻里。占据了原窝阔台封地全境与察合台封地一部分的海都迅速崛起，大有和成吉思汗媲美之势。

这时，他潜隐多年，发誓要从拖雷系夺回汗位的夙愿开始提上议事

日程。

八剌到达察合台封地后，施展高超的阴谋诡计，废木八剌沙而自立。接着率军进攻海都，且初战告捷，但海都却请来自己原来的宿敌——钦察的蒙古大军，合兵反攻八剌，八剌不敌，退走河中。海都更加志得意满，此时，他已不需要以马疲的借口来敷衍忽必烈了。

忽必烈与阿里不哥大打出手的第五个硕果是揭开蒙古帝国全面内讧战争的序幕，从而使汹涌的向西征服浪潮停息。

因为忽必烈的抢班夺权，旭烈兀放松了对叙利亚的战争。大将怯的不花于是败在埃及军队的马蹄下，向西南非洲挺进的计划遂成泡影。因为追随旭烈兀西征的三个术赤后王一个因巫蛊罪被处死；另两个也莫名其妙地仙逝；再加上已改信伊斯兰教的别儿哥，以其初入教的狂热，对旭烈兀大肆蹂躏伊斯兰教圣地并虐杀哈里发而极为恼怒，同时他又垂诞伊利汗国的高加索地区，于是征发大军，气势汹汹扑向旭烈兀。旭烈兀也不甘示弱，亲统30万大军迎击。在这种情况下，蒙古帝国再向西扩张已成纸上谈兵。西欧因此而得以长喘一口气。

元·金蜻蜓头饰

1262年蒙古帝国东部忽必烈亲兄弟正鏖战得兵尘蔽日，帝国的西部旭烈兀、别儿哥两亲堂兄弟在汗国的篱笆墙边也已厮杀得难解难分。所不同的是东部的战争接近尾声时，西部的内战还方兴未艾。

1265年，喜欢以各种各样方式杀人的旭烈兀病死。他是个基督教徒，这是受他母亲的影响之故，故此他求助于罗马的基督教会，企图组织十字军东征；别儿哥则向埃及的算端们伸出联盟之手，幻想夹攻旭烈兀。黄金家族本已激情四溢，现在又浇上燃烧的宗教之火，无以复加的结果只能是不因旭烈兀的死而结束形同对待敌国的内战。

阿八哈继承旭烈兀遗志，再度与别儿哥展开激战，战斗的结果是别儿哥病死在出征的途中。

此时，钦察汗国、窝阔台封地、察合台封地的交界处也不清静。三方混战一番后，天生就具有领袖才能的海都预见到这种内耗无异于自杀，而他们的共同敌人应是忽必烈。在征得钦察新汗忙哥帖木儿的同意后，他向察合台汗国已濒于崩溃的八剌汗派去自己的兄弟乞卜察克（窝阔台孙）去约和，尽管八剌沉思良久，并自言自语道："真不知道在这种和平之后隐藏着什么战争。"但他还是决定接待乞卜察克，并向乞卜察克满噙亲情的泪花诉苦说："我们荣耀的父辈用剑征服了世界，并交给了我们。为什么我们不享受世间的幸福，而去内讧、争吵呢？我们家族中的其他宗王们都占有众多大城和繁荣的牧场，而我只有这一小块兀鲁思。海都与忙哥帖木儿还因这一小块分地反对我，要把我这个悲惨、窘迫、可怜的人赶走。"

乞卜察克完成了自己的使命，八剌同意握手言和。三系和好时刻，也就是拖雷系倒霉时分。忽必烈总是被自己的人反咬一口，八剌势力刚能达到自立，他就开始驱逐忽必烈伸向中亚的势力。忽必烈派火你赤率6千骑兵去收复失地，而八剌则遣3万大军去迎击，火你赤有自知之明，含泪退兵，八剌洗劫并占据了忽炭。现在八剌又驱散了与另外两系的战争乌云，正式背叛忽必烈的时机已经成熟。

对似乎已变种的忽必烈，海都没有丝毫好感。当海都感化了八剌并稳定了其情绪后，他携着免除后顾之忧的轻快感，1268年正式举兵东犯。

忽必烈命令自己的儿子那末罕去与海都对杀。马可·波罗为我们绘声绘色地讲述了忽必烈与海都间的惊心动魄的最残酷战争，即使连细节也没有漏过。他首先对蒙古人阵营前的礼貌表示惊奇，接着便感觉到"呐喊声

和兵器的撞击声，震天动地，即使上帝的雷声，也会被淹没得听不见。"随着他称赏海都刀法特别娴熟，舍生忘死、武功高强，战场上便开始伏尸累累，连这个冒险家也觉得惨不忍睹。最后，他万分感叹地说："在这一天里，有多少妇女变成寡妇，又有多少儿童变成了孤儿。"

战后第二天，忽必烈派来一支更加强悍的军队，海都察觉风向不对，勒马撤退。忽必烈军既败之于别失八里，复又乘胜追击，长驱至海都的新巢阿力麻里。而海都则远遁2000多里，殊避兵锋。

这可能是忽必烈对西道诸王的最有力一击，也可能是他的军队到达中亚的最远地方。此后，那木罕就驻镇阿力麻里了。

阿力麻里的军事战略地位十分重要，它位于察合台汗国的草原上，对海都及忙哥帖木儿的兀鲁思都可构成威胁，足以对他们发号施令。可以肯定，这是忽必烈作为蒙古大汗其权威达到顶峰的时候，如果阿力麻里能够长期占领，中亚的历史则势必要重写。然而，很遗憾，历史并不迁就忽必烈。

军事上的胜利并不能填补忽必烈精神上的空虚，那袅袅炊烟似的失落感却反而使忽必烈更加遗憾与不安。在1264～1263年间，忙于内战的阿鲁忽、旭烈兀、别儿哥的相继谢世，那1267年齐聚开平或者和林的忽里台，自然也像一缕青烟般化为乌有。很矛盾，的确很矛盾，忽必烈亲自砸碎了忽里台的神圣，但他却不断地幻想去重塑它。制度的古老使忽必烈不安甚至愤怒，但他一旦将之摧毁，并以胜利者的心情再去追忆它的时候，却又俯就于它曾经焕发过青春的魅力下，缅怀它、向往它。

黄金家族内部的自相残杀，使忽必烈这位大汗、宗主也同样将数年岁月消磨在这种历史怪圈中。与其说他这位大汗还能统御黄金家族众多的后王，还不如说他和诸王一道沉醉在对共同祖先光辉业绩的回忆与崇敬中。

忽必烈的忽里台没能如愿召开，但除拖雷系外，其他三系的忽里台却开展得有声有色。

1269年春，三系后王欢宴于塔剌恩河畔的草原上，经过一星期的酩酊大醉，第八天海都首先讲话："我们荣耀的祖先成吉思汗以其明智审慎，用剑和箭征服了世界，筹划好后交给了我们。按照父军，我们都是至亲，其他宗王也是我们的兄弟，我们之间为什么需要起纷争呢？"八剌接着发言："是啊，须知我也是那颗树上结出的果实。窝阔台的后人是海都，察会台的后人是我，他们的兄弟术赤的后人是忙哥帖木儿，而幼弟拖雷的后人是忽必烈和阿八哈。如今忽必烈夺得了东方汉地，其境土之广大，只有长生天知道。阿八哈及其兄弟们占有了西方从阿姆河直到叙利亚和密昔儿的辽阔土地。这两个兀鲁思之间则是海都你的辖境和钦察巴失地区。作为成吉思汗的后人，也应该给我指定兀鲁思，而如今你们都反对我。我想了又想，不管想了多少次，都想不通我有什么错。"

海都说："是你有理。就这样决定吧，我们将夏营地和冬营地公平划分，迁居到草原。河中地区三分之二归八剌你所有，三分之一则归我和忙哥帖木儿管辖。"

宣誓完三系后王保持蒙古传统的游牧风俗和习惯后，会议最后决定：明年（1270年）春天由八剌率军、海都支援渡阿姆河，攻取伊利汗阿八哈的呼罗珊，为八剌扩大牧场、土地和畜群。

但他们没有忘记派出一个气势汹汹的使团去厉声质问忽必烈："蒙古旧络，与汉法迥异。如今你留居汉地，建造都邑城廓，创设汉文制度，遵从汉法，究竟是为什么？"

"塔剌恩忽里台收益最大的是海都"。以大会所衍生的战争后果我们将确信这句话不是一时糊涂的胡言乱语。

海都与伊利河阿八哈原是宿敌，海都怂恿并支持八剌向阿姆河以西发展，既可泄愤，又能解除对自己的压力。

1270年，八剌遵约集结大军，渡阿姆河向呼罗珊疾进。海都也践行诺言，派窝阔台孙乞卜察克、贵由孙察八忒斡忽勒率军从征，但他只是装装门面而已。还没有开战，因为八剌袒护他的仆人扬言用匕首扎破乞卜察克肚子的不礼貌举动，乞卜察克愤而率窝阔台系援军返回海都营帐地。八剌恼羞成怒，对你沙不儿进行了屠杀和掠夺。他穷凶极恶的军队，粗鲁、放肆，令呼罗珊居民害怕。阿八哈采取诱敌深入的诡计，让八剌洗劫了只涅平原上布荡的帐幕。但第二天，八剌即由高兴变为烦恼，因为他看到了无垠的原野上阿八哈的军队像蝗虫般扑来，结果可想而知，他惨败而逃回阿姆河东部。惊慌、哀号的八剌以致衰弱得不能骑马，退至不花剌。

八剌聚拢溃兵，对临阵叛逃者大开杀戒，并邀请海都发兵征讨叛军。海都正欲乘势翦除八剌，这消息不啻天降喜讯，他亲率大军，突然包围八剌营帐，八剌含恨而死。海都将八剌的全部牲畜、军队与财产据为己有。海都势力急剧膨胀。

自1270年，海都不仅是窝阔台系留在其兀鲁思后王的领袖，而且他已身为察合台兀鲁思实际的主人。事实上，他已成为中亚的真正合罕，对忽必烈来说这是一个预示着灾难的事实。

塔剌恩忽里台对蒙古帝国的影响其意义之深远，也许不亚于忽必烈的开平忽里台，但最起码它不逊色于阿里不哥的和林忽里台。当忽必烈突然感到西部压力减轻时，八剌正率军西向，这种不正常的现象，不久便得到验证，海都已成长为巨人。忽必烈站在大汗的高位上，环视一下蒙古部国，他悲哀地发现：钦察与伊利已成独立汗国，察合台与窝阔台的兀鲁思已属海都，自从阿鲁忽、八剌将自己的势力从河中地区驱走，中亚已不再直辖于自己。自己能发号施令的只有蒙古及东道诸王领地、汉地、畏兀儿地附近、吐蕃和大理，显得七零八碎，犹如老和尚的百衲衣。

如果说蒙哥曾使蒙古帝国濒于崩溃，那么，忽必烈已使蒙古帝国的分裂转变成事实了，尽管它名义上还保留着大汗的形式与帝国的躯壳。

忽必烈挑起的内战使蒙古绵延长达40多年的对西征服停息，而停息的结果却改变了欧亚大陆东部的历史。忽必烈无力组织起由黄金家族诸系参加的征服欧洲的恢宏战争，但他却有能力组织起对中国南部及东南亚，甚至对日本的征服战争，对中亚的无力控制迫使忽必烈强烈的征服欲也只能向东、南渲泄，中国的命运为之一改。

一统天下

第四章

先礼后兵

1259年，忽必烈率领东路军攻打南宋鄂州，贾似道十分恐慌，密遣宋京出使蒙古向忽必烈求和，主动提出愿意向蒙古称臣，以长江为界，每年向蒙古贡银20万两，绢20万匹。忽必烈这时已知蒙哥死亡，正想北返争夺汗位，求之不得，遂答应了贾似道的请求，率兵北返了。

中统元年（1260年）三月，忽必烈在开平即大汗之位。这时，忽必烈为了和阿里不哥争夺大汗之位，愿意与宋和好，于是按照惯例，派遣以翰林侍读学士郝经为大使、翰林待制何源和礼部郎中刘人杰为副使的使团，出使南宋报告忽必烈即位的消息，并要求南宋履行与贾似道签订的和议。

谁知贾似道所签和议全是背着朝廷干的，事后，他隐瞒了暗中求和的真相，编造了鄂州大捷的瞎话，说他所遣诸路大军均获胜利，"鄂围始解，江汉肃清。宗社危而复安，实万世无疆之休"。宋理宗认为贾似道有再造之功，下诏晋升贾似道为少师，封为卫国公，大肆褒奖。

当郝经使宋时，贾似道正让廖莹中等人编撰《福华编》，以称颂其"解鄂州围"之大功。他听说郝经等人前来，害怕自己暗中向忽必烈求和及谎报军情的真相暴露，便密令淮东制置司将郝经一行人员扣押在真州（今江苏仪征）忠勇军营，蒙古大使顿时成了阶下之囚。

郝经无故被扣，不知所以，遂援笔上书宋朝皇帝，"愿附鲁连之义，排难解纷；岂知唐俭之徒，款兵误国"。表明愿为蒙古和南宋和好做出贡献，贾似道置之不理。郝经以为南宋皇帝不愿和好将他扣押，又数次上书皇帝说："不知贵朝何故接纳其使，拘于边郡，蔽罩蒙覆，不使进退，一室之内，颠连宛转，不睹天日，绵历数年。"希望宋朝皇帝以应忽必烈美意，"讲信修睦，计要元元"，"使南北之人免遭杀戮之祸"。郝经所上宋帝之书，毫无疑问，均被贾似道所扣押。郝经见其多次上书，杳无音信，又提出亲见宋帝之请求，也不过是听不到回声的"希望之音"而已。

贾似道见郝经上书，才华横溢，又以其为汉人大儒，便想劝他投降，为己所用。然而，贾似道错打了算盘，郝经不畏威逼利诱，大义凛然，坚贞不屈。贾似道没有办法，只好下令把他押回去看管，不让消息透露出去。

郝经欲归归不得，欲见宋朝皇帝又见不得，多数随员受尽了虐待和折磨，相继死去。他多么想把自己的境况报告给忽必烈啊！但又没有办法，只好艰苦地熬时度日。

一天，有人送给他一只大雁，经过请示，允许他养着解闷。据说，这只大雁见到郝经，不断拍打着翅膀，高叫不停，好像有什么事情要诉说一样。郝经见状，若有所悟，顿时想起了汉代"苏武牧羊"以鸿雁传书的传说，心想，我如今进不得，退不得，什么消息也传不出去，何不让这只大雁给忽必烈汗送个消息，让历史上的传说变成现实呢？郝经想到这里，立刻找出一条尺余长短的布帛，铺在一块木板上，写下了一首流传千古的诗句：

霜落风高恣所如，

归期回首是春初。

上林天子援弓缴，

穷海口臣有帛书。

郝经题完诗以后，在诗下写了"中统十五年九月一日放雁，获者勿杀"几个字，后面落款为"国信大使郝经书于真州忠勇军营新馆"。由于郝经长期被囚，只知道忽必烈即位时的中统纪年，不知道后来已经改为至元纪年了，所以诗后题写的时间仍是按中统元年计算的中统十五年，实际上是至元十一年（1274年）。

郝经写好帛书之后，就把帛书拴在雁足上，乘雁阵北飞之际，把大雁放飞了。

说来也巧，就在这一年，河南开封有位老百姓"射雁金明池"，就把这只大雁射下来了，这位老百姓看到了雁足上的帛书，不知所以，赶忙把大雁和帛书交给朝廷，当帛书传到忽必烈手中时，忽必烈非常感慨，他既同情郝经的遭遇，又痛恨南宋的无理，更为这只大雁感到惊奇。

忽必烈从帛书中知道了郝经的真正下落，掌握了贾似道破坏和议的真凭实据，立即派遣礼部尚书廉希贤及郝经的弟弟行枢密院都事郝庸赴宋责问蒙古使者无故被执一事。宋廷方知贾似道暗订和约及谎报军情等事情真相，他们面对元使诘责，理屈词穷，又惧怕元朝的强大武力，立即答应释放郝经等一行使人回国，并派其总管段佑以礼相送。

至元十二年（1275年），郝经一行回到了阔别十五六年的大都（今北京），忽必烈设盛宴欢迎。但由于十五六年的囚徒生活和旅途的劳累，郝经已经耗尽了体力，身体日益衰弱，竟至卧床不起，不久就离开了人世。

忽必烈听说郝经逝世，非常惋惜。

出兵灭宋

　　中统元年（1260年）四月，忽必烈派遣郝经使宋，要求南宋履行划江为界，贡献银绢20万两匹的协议。忽必烈兴冲冲、眼睁睁地等着南宋送来银绢。可事隔一年，不但南宋没有送来银绢，就连郝经的消息也打听不到了。忽必烈大为恼怒，中统二年（1261年）七月，谕将士举兵伐宋，特下诏曰："朕即位之后，深以戢兵为念，故年前遣使于宋，以通和好。宋人不务远图，伺我小隙，反启边衅，东剽西掠，曾无宁日。朕今春还宫，诸大臣皆以举兵南伐为请，朕重以两国生灵之故，犹待信使还归，庶有悛心，以成和议，留而不至者，今又半载矣。往来之礼遽绝，侵扰之暴不已。彼尝以衣冠礼乐之国自居，理当如是乎？曲直之分，灼然可见。今遣王道贞往谕。卿等当整尔士卒，砺尔戈矛，矫尔弓矢，约会诸将，秋高马肥，水陆分道而进，以为问罪之举。尚赖宗庙社稷之灵，其克有勋。卿等当宣布朕心，明谕将士，各当自勉，毋替朕命。"忽必烈在诏书中揭露了南宋随意羁留使者的罪行，表示不灭亡南宋誓不罢休。

　　然而，忽必烈毕竟是一位杰出的政治家，恼怒之余，他又想起了郝经在蒙哥三路大军攻宋时所说的"不合时宜"的话，理智战胜了冲动，心情慢慢平静下来，决定暂不大举攻宋。

　　忽必烈暂不大举攻宋，确实是明智之举。因为，这时的蒙古形势和蒙哥攻宋时比较起来，不见其好，只见其坏。其时，忽必烈即位只有一年多，政权还没有完全巩固下来，阿里不哥争夺汗位的斗争正在激烈地进行，接着又发生了汉人世侯李璮的叛乱，内政的整顿刚刚起步，经济的恢复和发展还没有完全进入轨道，可以说当时的形势是：内乱迭起，百废待兴。在这样一种形势下，忽必烈哪有精力攻宋呢？

经过一番思索，忽必烈决定，对宋朝无理扣留使者暂时忍耐，而把主要精力用于平定内乱和整顿内政上。

于是，忽必烈亲率大军镇压阿里不哥和李璮叛乱。与此同时，忽必烈又设官分职，大力稳定各地秩序。很快，忽必烈统治区域相继稳定下来，经济发展也走了正常轨道。

就在忽必烈平定内乱、稳定秩序、发展经济、国力蒸蒸日上的形势下，南宋不但没有抓住机遇，重新振兴，相反倒进一步腐败下去了。

南宋理宗是一位十分昏庸的皇帝，他是在奸臣史弥远在宁宗枢前发动政变时登上皇帝宝座的，他深知史弥远把他扶上皇帝宝座就是为了专擅朝政，因此，他把一切大权都交给史弥远，自己甘当傀儡，直到绍定六年（1233年）史弥远病死，他才"亲政"。

理宗"亲政"以后，曾一度任用董槐为相，但不久就被丁大全、马天骥和他的爱妃阎贵妃所排挤。三人狼狈为奸，控制朝政，胡作非为。当时有人在朝门上写了"阎马丁当，国势将亡"八个大字，充分反映了人们对丁大全一伙奸党的痛恨。

开庆元年（1259年）十月，丁大全因封锁蒙古攻宋的消息而被罢相，贾似道开始控制南宋政权。

贾似道的姐姐是理宗早年宠爱的贵妃，他靠着贾贵妃的关系，步步高升，在丁大全被罢时升任右丞相，领兵援鄂州，与忽必烈私自订立城下之盟。事后隐瞒真相，谎称大捷，更加不可一世。

理宗晚年，贾似道置国事于不顾，以自己的好恶，定策立赵禥为帝，

赵禥就是宋度宗。宋度宗更加昏庸，他因为贾似道有定策之功，每逢朝拜，必定答拜，称贾似道为"师臣"，而不直称其名，百官都称他为"周公"。宋度宗允许贾似道三日一朝，后又改为六日一朝，不久又改为十日一朝，允许入朝不拜。贾似道虽然不天天来上朝，但国中大事非他决断不可，各级官吏只好抱着文书到他家里请求指示签署。就是到了他家，他也懒得亲自动手，大小朝政，全交给馆客廖莹中、堂吏翁庆龙处理。贾似道处理政事，全无公理，一切都按自己的私意行事，"正人端士，斥罢殆尽。吏争纳赂求美职，图为师阃、监司、郡守者，贡献不可胜计，一时贪风大肆"。谁若是善于阿谀逢迎，即可得到高官厚禄；谁要是不会溜须拍马、正直为公，必将受到排挤和迫害。潼川府路安抚使刘整等武将，就是因为贾似道嫉功妒能，先后被排挤出南宋，投降了蒙古，文天祥、李芾等正直的士大夫也受到了排斥和打击，朝廷之中只剩下贾似道一伙蝇营狗苟的无耻之徒。

　　贾似道不但把朝廷搞得贿赂公行、腐败成风，个人生活也相当腐朽。他成天只知吃喝玩乐，在临安（今杭州）西湖边的葛岭上，修造豪华堂室，题作"半闲堂"，塑己像于其中，强娶宫女叶氏及倡尼有美色者为妾，养妓女多人，"日肆淫乐"，又建"多宝阁"，强迫人们贡献各种奇器异宝，藏于其中，每天前去观赏。听说"余玢有玉带，求之，已殉葬矣，发其冢取之"。他还整天玩蟋蟀，斗蟋蟀，专门著述《蟋蟀经》描述他养蟋蟀、斗蟋蟀的经验。他夜游西湖，船上点的灯烛最为明亮，人们在高处望见湖中灯火与平日不同，就可以断定是贾似道游湖。

　　贾似道等人的腐朽生活，完全建立在千百万人民的痛苦之上。他为了满足自己的奢侈生活和解决政府的财政亏空，推行所谓的"公田法"，名义上规定每户田地超过一定数量，就要将三分之一卖给官府作为"公田"，官府相应付给田价。实际上是低价强取，所付田价以纸币"会子"

及"官告"、"度牒"充当,在"楮币不通,物价倍长"的形势下,犹如废纸,弄得人们妻离子散,家破人亡。

贾似道还随意横征暴敛,除了加重正税"两税"的税收以外,还巧立名目,尽情勒索,什么经制钱、总制钱、月桩钱、版帐钱、田契钱、称提钱、折估钱、免行钱、曲引钱、纳醋钱、卖纸钱、户长甲帖钱、保正牌限钱、折纳牛皮牛筋牛角钱等名目,应有尽有。就是诉讼也要交钱,两诉不胜还要交罚钱,诉讼得胜要交欢喜钱等,敲骨吸髓,不留有余。

黄震曾总结南宋后期几个特点,说当时有四大弊端,"曰民穷、曰兵弱、曰财匮、曰士大夫无耻"。王伯大指出当时的形势说:"今天下之大势如江河之决,日趋日下而不可挽。"吴潜也说:当时"国库空虚,州县罄竭","耕夫无一勺之食,织妇无一缕之丝,生民熬熬,海内汹汹。天下之势譬如以淳胶腐纸粘破坏之器,而置之几案,稍触之,则应手随地而碎耳"。贾似道把已经腐烂的宋朝社会弄得更加腐败不堪了。

忽必烈在战胜阿里不哥、平定李璮叛乱、稳定了内部局势以后,听说南宋贾似道当权,怨声载道,觉得灭宋的时机已经成熟,于是不失时机地发动了灭宋战争。

中统二年(1261年),南宋潼川府路安抚使、知泸州军州事刘整因为受到吕文德忌恨,被吕文德所遣爪牙俞兴诬陷为贪污边费,刘整遣使上诉于朝,贾似道不予接待。刘整见贾似道杀向士璧、曹世雄等将领,危不自保,遂率所属泸州十五郡、户三十万投降于忽必烈。忽必烈听说刘整来降,非常高兴,授任他为夔府行省兼安抚使,赐金虎符,又授任他行中书省于成都、潼川两路。

刘整投降蒙古,不但使南宋失去了重庆上游的险要、涣散了南宋斗志,而且使忽必烈了解了南宋的内部矛盾和军事虚实,鼓舞了蒙古人的士气。

　　刘整认为南宋唯恃吕文德坚守鄂州，建议"遣使赂以玉带。求置榷场于襄阳城外以图之"，做好攻宋准备。忽必烈采纳了刘整的建议，派人带着玉带请于吕文德。吕文德接受贿赂，果然答应了蒙古的请求。于是，蒙古"开榷场于樊城，筑土墙于鹿门山，外通互市，内筑堡壁"，进可攻，退可守，使蒙古占据进攻南宋的有利地势。

　　至元四年（1267年），刘整入朝，向忽必烈献策说："自古帝王，非四海一家，不为正统。圣朝有天下十七八，何置一隅不问，而自弃正统邪！"他说，如今"宋主弱臣悖，立国一隅，今天启混一之机"，建议忽必烈灭宋时应该改变作战方略，暂置鄂州不问，"先攻襄阳"，并表示愿为蒙古灭宋"效犬马之劳"。

　　忽必烈正想举兵灭宋，听了刘整的话，又使他想起了即位之初郭侃所建的平宋之策，郭侃曾说："宋据东南，以吴越为家，其要地，则荆襄而已。今日之计，当先取襄阳，既克襄阳，彼扬、庐诸城，弹丸地耳，置之勿顾，而直趋临安，疾雷不及掩耳，江淮、巴蜀不攻自平"。当时由于忙于同阿里不哥作战，没有实行其策。今日刘整所言，与郭侃不谋而合，忽必烈非常高兴，立即批准了刘整的请求。

　　襄阳（今湖北襄阳）地处汉水中游南岸，与北岸樊城（今湖北樊城）相对，是南宋扼守长江的屏障。进攻南宋，先取襄樊，再由汉水进入长江，平定南宋，确是一个极好的灭宋战略。

　　至元五年（1268年），忽必烈命阿术（大将兀良台之子）和刘整等人率兵把襄樊团团包围起来。第二年，忽必烈又派丞相史天泽前往规划。不攻下襄樊，誓不罢休。

　　襄阳位于汉水南岸的一个河湾里，东、北、东南三面临水，与北岸樊城相对，中有浮桥相通。南宋驻守襄樊的是吕文焕等人率领的重兵，他们依恃有利地形和坚固的城防，顽强地抵抗蒙古军队的进攻。

阿术与刘整攻城不下，发觉蒙古水战不如宋军，刘整与阿术计议曰："我精兵突骑，所当者破，惟水战不如宋耳。夺彼所长，造战舰，习水军，则事济矣。"于是，两人修书请示朝廷，当即获得忽必烈批准。两人同心协力，很快造出战船五千艘，训练了七万水军，强行攻城。但襄樊两城互相支援，蒙古军队仍然攻不下来。阿术与刘整又采取筑堡封锁的办法，筑起长围，联络诸堡，把一座襄阳城围得铁桶一般，水泄不通，致使城内供饷困难，缺少盐、柴、布匹等物，甚至出现撤屋为薪、缝纸为衣的窘况，襄樊城陷入了极端难堪的境地。可腐朽的宋度宗和贾似道仍然终日淫乐，无心救援。

沿江制置使夏贵不等朝廷命令，乘秋季大雨、汉水猛涨之机，率领舟师前往襄樊救援，当军队行至虎尾洲时，被阿术所率蒙古军打败。范文虎也曾率领部分舟师来援，但行至灌子滩也被阿术所败。

驻扎郢州（今湖北钟祥）的宋将李庭芝见襄樊危急，心焦如焚，请求朝廷出兵救援，没有结果，只好出重赏召募三千民兵，由张顺、张贵率领，强行突破蒙古军队封锁，向襄阳运送物资。咸淳八年（1272年），张顺、张贵率领舟师转战120里，冲破蒙古军队拦截，冒险杀入襄阳城中，及至清点人数，不见张顺。过了数日，江上浮出张顺尸体，身中四枪六箭，手中仍死死抓着弓箭不放。张贵进入襄阳以后，派人潜回郢州，与郢将约定派兵龙尾洲接应。至期，张贵率军突围，接近龙尾洲，郢军已撤，龙尾洲已为蒙古军队所据。宋军仓促应战，大败，张贵重伤被俘而死。李庭芝援救襄樊的活动也以失败而告终。

蒙古军队虽然多次打败宋朝援军，但襄樊城还是攻不下来，阿术心中十分烦恼。这时，军中走出一名大将，阿术抬头一看，见是张弘范。他是金朝大将、后来投降蒙古的汉人世侯张柔的儿子，自幼熟读兵书，学习武艺，长大以后经常跟从蒙古军征伐。他见蒙古军队多年进攻襄樊仍然攻

不下来，自己又在攻城时中了一箭，觉得如此攻法，难于攻破，于是包扎好箭疮，来见阿术，建议道："襄樊多年不下，主要是两城相为唇齿，可以互相救援，故不可破。为今之计，莫若阻截江道，切断襄阳和樊城间的联络，使两城各自变成孤城，然后水陆夹攻樊城，樊城必破无异。樊城一破，襄阳也就保不住了。"

阿术正在犯愁，一听此话，大喜过望，立即依计而行，派兵锯断两城间所植之木，放火烧毁了两城间的浮桥，彻底切断了襄樊二城之间的交通。

至元十年（1273年）正月，阿术又调来炮匠阿里海牙及其所造的回回大炮，集中力量轰击樊城，樊城失去襄阳援助，招架不住，终于被蒙古军队攻破了。宋朝守将范天顺力战不屈，自杀而死。统制牛富率领将士巷战，渴饮血水，坚持战斗，终因众寡悬殊，受伤后投火而死。

樊城失陷，襄阳更加孤立，在阿里海牙回回大炮的轰击下，城内一片慌乱，吕文焕无心恋战，开城投降。

宋军死守了五六年的襄樊城，终于落入蒙古军队之手。从此，宋朝长江上游的门户大开，宋军再也无法阻挡蒙古军队的前进了。

兵进临安

至元十年（1273年），忽必烈大军攻克襄樊，阿术和刘整遣使飞报胜利消息，忽必烈非常高兴，下诏嘉奖众将士。

　　四月，阿里海牙带着降将吕文焕入朝，将相大臣纷纷要求乘胜南伐。忽必烈也有意南伐，但为了把事情办得稳妥一些，特召姚枢、许衡和徒单公履等人问计，徒单公履说："乘破竹之势，席卷三吴，此其时矣。"忽必烈十分赞赏，于是，成立了荆湖襄阳和淮西正阳两个行枢密院，以史天泽、合丹等人为枢密使，做大举攻宋的准备。至元十一年（1274年）正月，阿里海牙又向忽必烈建议说："襄阳，自昔用武之地也，今天助顺而克之，宜乘胜顺流长驱，宋可必平。"阿术也说："臣久在行间，备见宋兵弱于往昔，失今不取，时不再来。"忽必烈立即召来史天泽同议发兵大事，史天泽说："此国大事，可命重臣一人如安童、伯颜，都督诸军，则四海混同，可计日而待矣。臣老矣，如副将者，犹足为之。"忽必烈听了这话，说："伯颜可以任吾此事。"阿术和阿里海牙都表示赞同。

　　伯颜曾跟从旭烈兀西征，并在那里任事十余年，后来作为旭烈兀使团成员，从伊利汗国来到元朝，被忽必烈看中，留在自己身边，成为忽必烈的亲近大臣。忽必烈准备最后灭宋，首先想到伯颜，准备把最后灭宋的大任交给他。

　　至元十一年（1274年）三月，忽必烈为了加强灭宋的统一领导，将荆湖和淮西两个行枢密院改为两个行中书省，以伯颜、史天泽、阿术、阿里海牙和吕文焕行省荆湖，以合答、刘整、塔出、董文炳行省淮西。后来，史天泽向忽必烈建议说："今大师方兴，荆湖、淮西各置行省，势位既不相下，号令必不能一，后当败事。"忽必烈采纳了史天泽的意见，为了号令统一，又把淮西行中书省改为行枢密院，把灭宋大权集中到伯颜手中。

　　忽必烈做好攻宋准备以后，六月，下令大举攻宋，他诏谕行中书省及蒙古汉军万户千户军士说："爰自太祖皇帝以来，与宋使介交通。宪宗之世，朕以藩职奉命南伐，彼贾似道复遣宋京诣我，请罢兵息民。朕即位之后，追忆是言，命郝经等奉书往聘，盖为生灵计也，而乃执之，以致师出连年，死伤相藉，系累相属，皆彼宋自祸其民也。襄阳既降之后，冀宋悔祸，或起令图，而乃执迷，罔有悛心，所以问罪之师，有不能已者。今遣汝等，水陆并进，布告遐迩，使咸知之。无辜之民，初无预焉，将士毋得妄加杀掠。有去逆效顺，别立奇功者，验等第迁赏。其或固拒不从及逆敌者，俘戮何疑。"

忽必烈又抓住宋朝拘留使者之过，鼓励将士奋勇杀敌，一时军情激奋，个个摩拳擦掌，发誓要灭亡宋朝。

忽必烈发布诏谕以后，伯颜前来辞行，忽必烈语重心长地对伯颜说："昔曹彬以不嗜杀平江南，汝其体朕心，为吾曹彬可也。"从前，忽必烈率军平大理时，姚枢劝他以曹彬为榜样，不嗜杀人，忽必烈深以为然。如今，忽必烈也以曹彬灭南唐市不易肆的故事，劝伯颜不嗜杀人，足见忽必烈已经有了仁民爱物之心。

九月，伯颜督率诸军，兵分两路大举灭宋，伯颜本人与阿术统领右军主力，以南宋降将吕文焕为先锋，由襄阳入汉水，过长江；左军由合答统领，以南宋降将刘整为先锋，出淮西取道扬州而进，又令董文炳率领一路大军自淮西正阳南逼安庆，以为呼应。各路大军都受伯颜节制。伯颜一声令下，元军个个奋勇争先，对南宋发起了最后的攻势。

襄阳炮（模型）

这时，宋度宗已病死，贾似道拥立全后的幼子赵㬎即位，是为宋恭宗。南宋的总兵力约有七十余万，从军队数量上来说，不少于元军。但贾似道当权，政治腐败，军队分崩离析，没有战斗力。正如南宋京湖制置使汪立信所说："今天下之势十去八九，而君臣宴安不以为虞"，整天"酣歌深宫，啸傲湖山，玩岁日，缓急倒施"，要想打退元军进攻，"不亦难乎！"他心中非常焦急，向贾似道献上三项抗元的策略，上策是在全部七十万大军之中，选出英勇善战者五十余万充实江上，沿江百里设屯，"屯有守将，十屯为府，府有总督，其尤要害处，辄参倍其兵。无事则泛舟长淮，往来游徼，有事则东西齐奋，战守并用。刁斗相闻，馈饷不绝，互相应援，以为联络之固"；中策是"久拘聘使，无益于我，徒使敌得以为辞，请礼而归之，许输岁币以缓师期，不二三年，边遽稍休，藩垣稍固，生兵日增，可战可守"；下策则是等候投降。汪立信的分析不为不确，所献上策和中策不失为妙法良策，然而，贾似道不但不予采纳，反而以汪立信眼睛不好，大骂："瞎贼狂言敢尔"，立即罢了汪立信的官。贾似道拒谏饰非，弄得人心惶惶，朝野一片混乱。不久，在南宋首都临安（今杭州）等地就流传出一首"江南若破，百雁来过"的歌谣，以"百雁"为"伯颜"的谐音，暗示元朝丞相伯颜所率大军即将灭亡南宋了。

伯颜率领右路主力会师襄阳，派遣唆都由枣阳进司空山；翟文彬由老鸦山出荆南，以分散宋军对汉水流域的防守；伯颜本人统帅中军沿汉水直逼郢州（今湖北钟祥）。

郢州在汉水北岸，以石砌城，高如大山，矢石也打不进去。宋军又在汉水南岸修筑一座新郢城，在江中央插了很多木桩，拦截船只的往来，还用铁绳把数十条战船连接起来，配以强弩，挡住元军的进路。南宋大将张世杰率领十余万精兵和一千多艘战船守卫在这里。离郢州不远的黄家湾堡也有宋军防守。伯颜见状，不敢贸然进攻。他派遣吕文焕观察了郢州宋军的防御设旋，发现黄家湾堡西边的沟渠深阔数丈，南通藤湖，可达汉江。阿术所俘获的老百姓也提供了这一线索。于是，伯颜派名将李庭、刘国杰攻下黄家湾堡，由藤湖入汉江。当时。许多将领向伯颜说："郢城，我之喉襟，不取，恐为后患。"伯颜说："用兵缓急，我则知之。攻城，下策

也，大军之出，岂为此一城哉。"坚持绕过郢州，渡过了汉水。结果，驻在郢州的宋军沉不住气了，在副都统赵文义率领下，出城追击元军，伯颜闻讯，亲率大军回返，将宋军杀得大败。

伯颜通过郢州，顺流破沙洋、新城，来到汉口，当时，南宋淮西制置使夏贵、都统高文明等以战船万艘阻拦元军的进攻。南宋都统王达以重兵驻守阳逻堡。阳逻堡是南宋江防要塞，历来是兵家必争之地，阳逻堡若失，江防要城鄂州必不可保。伯颜摆出进攻汉口的架式以吸引宋军，然后由沙芜入长江，全力进攻阳逻堡。宋军坚守，奋勇抵抗。伯颜攻了三天，也没有攻下来。有位相士对伯颜说："天道南行，金木相犯，若二星交过，则江可渡。"伯颜不相信相士的胡言乱语，派阿术率三千骑兵夜袭长江南岸，以为捣虚之计，然后南北夹攻，大败宋军，夏贵仅率少数战船逃走。鄂州知州张晏然、都统程鹏飞听说阳逻堡失守，心惊胆战，以城投降。

占领鄂州以后，伯颜分兵留阿里海牙经略荆湖，自领水陆大军，以吕文焕为前锋，顺流而东。宋朝沿江诸帅多为吕文焕旧部，皆不战而降。至元十二年（1275年）正月，伯颜与董文炳等会师于安庆，二月，进入池州（今安徽贵池）。

鄂州等地相继失守，南宋朝野震动，群臣纷纷上疏，要求贾似道亲自出兵抗元。贾似道被迫无奈，只好勉强出兵。但他畏元如虎，没有出战，就故伎重演，又派遣宋京使元，企图用奉币称臣的办法，再次同蒙古议和，被伯颜严辞拒绝。没有办法，贾似道只好装腔作势，布置起军队来。他令泰州观察使孙虎臣以精兵七万驻在池州附近的丁家洲，令淮西制置使夏贵以战船两千五百艘停在长江拦阻元军，自己则带一部分军队驻在芜湖以南的的鲁港。明令建立都督府，号称雄兵百万。表面上威力十足，实际上宋军内部矛盾重重。夏贵因在阳逻堡被元军打败，害怕别的将领打胜仗治他的罪，又担心孙虎臣抢功，所以没有斗志。而元军乘胜而来，士气旺盛。伯颜令元军造大船十余艘，船上放满干柴禾，扬言要烧宋人战船，以威吓宋军，然后率军猛攻丁家洲。阿术和孙虎臣对阵激战，用炮火猛轰宋军，宋军顿时大乱。战未多时，宋朝大将夏贵先逃，贾似道仓惶失措，急忙鸣金收兵，元军乘势冲杀过去，宋朝十三万大军倾刻溃散，主力全部瓦解。

元军乘胜追击，三月，攻下建康（今江苏南京）。伯颜以行中书省驻建康，阿塔海、董文炳以行枢密院驻于镇江，巩固了长江防线，为元军最后灭宋奠定了基础。

伯颜在建康，有人告诉他宋朝大臣汪立信曾向贾似道献过上、中、下三策，如今自杀而死。伯颜听后，非常惊讶地说："宋有是人，有是言哉！使果用，我安得至此。"宋朝不是没有人才，而是以贾似道为首的统治集团太腐朽了。

伯颜率军打响灭宋战役以后，忽必烈一直关心战事的发展，当他听到前线不断传来捷报，心情无比激动和喜悦，仍然像往常一样，对战事的发展不断做出布置和指示。但他由于未能亲入宋境，不知道宋朝腐朽的速度会那么快，以为宋朝还有一定势力，再加上西北诸王在北边不断骚扰，忽必烈对伯颜进军如此神速有些担心，曾几次以"士卒不习水土，遣使令缓师"，"以北边未靖"，命令"勿轻入敌境"等。至元十二年（1275年）五月，又因为西北诸王骚扰，将伯颜从南方前线召回上都（今内蒙古正蓝旗东闪电河北岸），特意商议是否继续进攻南宋的问题。

伯颜攻宋，连连获胜，正欲率军直取临安，忽接回都命令，遂打马飞行，很快赶回上都。这时，西北诸王海都等人乘元军攻宋之机，对忽必烈发动了新的攻势，忽必烈有意暂时停止攻宋，令伯颜北上平定海都叛乱。伯颜向忽必烈详细汇报了攻宋情况，并说，宋朝现在十分腐朽，正是灭宋

的大好时机，建议继续进兵，一举灭宋。忽必烈听了伯颜的话，对宋廷的腐朽有了新的了解，当即批准了伯颜的请求，令其领兵迅速攻克临安，灭亡宋朝。同时，为了不让西北诸王占到便宜，忽必烈又令右丞相安童行中书省、枢密院事，辅佐皇子那木罕率大军北征海都。

诸事安排妥当以后，南北两支大军同时向对手发动了进攻。

伯颜昼夜兼程，迅速赶回建康。十一月，伯颜从建康、镇江一线分兵三路直攻临安，以行省参政阿剌罕等为右军，从建康出四安攻余杭县西北的独松关；以董文炳、张弘范等为左军，自江阴取海道经澉浦、华亭攻入临安；伯颜与行省右丞阿塔海为中军，从建康出发经常州进攻临安。一声令下，三路大军水陆并进，气势汹汹地杀向临安。

这时，临安城内，慌作一团。贾似道因为丁家洲战役不战而逃，以及鄂州城下私订和约和扣留郝经等事暴露，群情激愤，被贬往循州，途中被押送人员郑虎臣杀死。贾似道虽然被杀，但他把宋朝搞得混乱不堪，流毒甚广，已经无法挽回了。朝中大小官员，听说元军三路来攻，纷纷离职逃走；外地守臣，也纷纷丢印弃城而去。辅佐幼帝的谢太后急得像热锅上的蚂蚁，急忙写了一张诏令，贴到朝堂上，全文曰：

"我国家三百年，待士大夫不薄。吾与嗣君，遭家多难，尔小大臣不能出一策以救时艰，内则畔（叛）官离次，外则委印弃城，避难偷生，尚何人为？亦何以见先帝于地下乎？天命未改，国法尚存。凡在官守者，尚书省即与转一资，负国逃者，御史觉察以闻。"

虽然谢太后苦苦哀求，既有对未逃者晋升一级的奖赏，又有对逃者进行惩罚的恫吓，仍然无济于事，弃官而逃者不见其少，日见其多。

这期间，谢太后知道形势危急，没有办法，只好下了一道哀痛诏，令各地赶快起兵勤王。谢太后在这道哀痛诏里，承认"田里有愁叹之声，而莫之省忧；介胄有饥寒之色，而莫之抚慰"，要求"文经武纬之臣，忠肝义胆之士"大起义兵，来挽救垂死的宋王朝，并答应将来"不吝爵赏"，重重酬报。

诏书发到各地，那些平时"食宋君之禄"的大小官员和将领连理都不理，只想逃跑或投降元朝，去食新主子的俸禄了。只有赣州（今江西赣州）知州文天祥和郢州守将张世杰率兵入卫临安。文天祥是吉州庐陵（今江西吉安）人，宝祐四年（1256年）考中状元，后被任为赣州知州。他接到谢太后勤王诏书，不顾一切，拿出家财召募一支军队星夜赶往临安保卫王室，却遭到宰相陈宜中的拒绝，派他到平江（今江苏苏州）去作知府，又让他去守余杭附近的独松关，然而，还未等文天祥去上任，两地均已失守，陈宜中只好同意文天祥去临安。这时，宋朝大势已去，无可挽回。

陈宜中和谢太后没有办法，只好派出使者向忽必烈摇尾乞怜，请求退兵修好，表示可以称侄纳币，称侄不许，可以称侄孙，最后愿意称臣，求封为小国。然而，事到如今，再摇尾乞怜也没有用，毫无疑问，每次都遭到了拒绝。不过，伯颜受忽必烈之命，并不拒绝宋使前来谈判，他怕把宋人逼急了，宋人或战或逃，使临安的公私财富在战火混乱中焚毁散失，因此，利用宋人委曲求全的心理，假意谈判，缓缓进兵。

和议不成，文天祥主张让谢太后、全太后（宋度宗后）、宋恭宗入海，留下自己背城一战。陈宜中不许，但又拿不出任何办法，后来干脆撒手不管，逃到温州去了。

伯颜三路大军进展顺利，至元十三年（1276年）年初会师临安。谢、全两太后手足无措，只好任命文天祥为右丞相兼枢密使，派他去元营谈判。文天祥到达元营，不顾伯颜的威胁利诱，始终坚持先撤军后谈判的立场。伯颜见文天祥临危不惧，知为难得人才，遂打破元军从不扣留使者的惯例，将其拘留营中，意欲使其投降。

文天祥被留，谢太后、全太后、宋恭宗无可奈何，只好捧着传国玺和

降表向伯颜投降。伯颜接受降表，入临安巡视，观潮于浙江，而后驻于湖州。接着，伯颜在临安设立两浙大都督府，命忙兀台、范文虎管令大都督府事宜。又命张惠、阿剌罕、董文炳等人入城点核仓廪及军民钱谷簿册，收缴百官诰命官印等。又命人收取御用器物、符玺、宫中图籍和珍宝等。

董文炳等人入城后，罢去南宋职官，解散南宋军队，封存府库，收集礼乐器皿及图籍等。又向翰林学士李槃建议说：“国可灭，史不可没。宋朝十六主，有天下三百余年，其太史所记具在史馆，宜悉收以备典礼。”遂收集宋史及诸注纪五千余册，保存起来，后送归国史院，保存了大量典籍，为后来修撰《宋史》奠定了基础。

由于伯颜牢记忽必烈“以曹彬为榜样，不嗜杀人”的教诲，“奉扬宽大，抚戢吏民”，致使“宋民不知易主”，“九衢之市肆不移，一代之繁华如故”，这些措施很快使临安市民安定下来。

至元十三年（1276年）三月，伯颜留下董文炳、阿剌罕等人经略浙闽未下州郡，令阿塔海等人进入宋宫，向恭帝赵㬎及两太后宣布诏旨，免其系颈牵羊之礼，跟随大军北上。五月，宋恭宗等到达上都，忽必烈亲自召见，废其帝号，封为瀛国公。

元军能够迅速攻占南宋首都临安，完全是忽必烈运筹帷幄、不失时机发动灭宋战争的结果；是忽必烈用人得当、又善于听取刘整、伯颜等人建议的结果；是忽必烈整顿内政、发展经济、保证前线物资供应的结果；是忽必烈安抚百姓、不嗜杀人的结果；当然，也是南宋极端腐朽的结果。

就在伯颜进围临安、宋恭宗准备投降之际，宋度宗之子益王赵㬎焦、卫王赵昰等从临安出走，经婺州抵达温州，张世杰和陆秀夫等人后来也越城逃走，听说二王在温州，赶来相会，并辗转来到福州。

文天祥出使元营被扣留，元人押解北上，行至镇江，文天祥与随从人员设法逃出，历尽艰险，也来到福州，与张世杰、陆秀夫等人共同拥立

年仅九岁的赵昰即位，是为宋端宗。然后传檄远近，号召恢复，在江南西路、福建路和广南东路一带继续坚持抗元斗争。

至元十三年（1276年）十月，忽必烈命塔出、吕师夔等以江西行都元帅府兵自江西进入广东，阿剌罕、董文炳、唆都以行省兵出浙东进入福建，分道追击张世杰等。十一月，张世杰等人奉帝昰逃走泉州，结果，提举泉州市舶司官员蒲寿庚也投降了元朝，张世杰、陆秀夫只好护卫宋端宗逃往潮州。

这时，西北诸王海都等人的叛乱不但没有解决，相反，忽必烈派遣平叛的宗王蒙哥之子昔里吉等人又发动了叛乱，劫持皇子那木罕和丞相安童，分送至术赤后王忙哥帖木儿和海都处，并回师攻掠和林，形势顿时紧张起来。忽必烈统观全局，明确认识到当时的主要危险来自北方，遂将平南大军陆续抽调北上，江南新附之地守备顿时空虚。

文天祥抓住这一有利时机，积极进行恢复活动。

文天祥从镇江逃脱，来到福州以后，"使吕武招豪杰于江淮，杜浒募兵于温州"，很快又组织了一支抗元武装，转战于赣南、闽西、粤东一带，乘元朝大军北调之机，联络各路豪杰，相继收复梅州、广州、湖州、邵武、兴化等地，曾取得"雩都大捷"，攻克兴国，赣州所属各县全部恢复，元军只守住了赣州一城，吉州所属八县地也恢复了四县。各地闻讯，纷纷起兵响应，赣南、粤东的形势出现了转机。

从伯颜攻宋以来，元军到处如入无人之境，少数地方和少数军队虽曾进行过抵抗，给元军以严重打击，但范围多限于一城一地，性质也仅限于消极防守，从来没有进行过积极的反攻。文天祥这次大规模的军事恢复活动，在抗元斗争史上是少见的，不但鼓舞了各地抗元斗争的士气，也震动了元朝统治者。

消息传到上都，忽必烈十分震惊。他本以为宋都失陷，其余各地可

随手而拾，哪知又杀出来个文天祥，一时把元军打得落花流水。对于文天祥的胆识和勇气，忽必烈既佩服又愤怒。佩服的是，在首都陷落、皇帝被掳、大小官员纷纷投降的形势下，文天祥还能组织一支不小的军队，"驱群羊而搏猛虎"，坚持抗元斗争，这在腐朽的宋王朝当中，简直是个奇迹；愤怒的是，忽必烈这时正忙于平定西北诸王的叛乱，弄得焦头烂额，偏偏在这个时候，文天祥把他的江南部署打乱了。

然而，忽必烈毕竟是一位杰出的政治家和军事家，他在形势极度复杂的情况下，仍然镇定自若，统观全局，进行新的部署。他仍然将主力放在北方，令伯颜、阿术等率军北征海都、昔里吉等人的叛乱；同时，加强了南方的军事部署，特设江西行省，以塔出、麦术丁、彻里帖木儿、张荣实、李恒、也的迷失、失里门、程鹏飞、蒲寿庚等人行江西行中书省事，分水陆两路进攻闽广；后来，又命张弘范、李恒为蒙古汉军都元帅，水陆并进，扫荡残宋势力；又命塔出、吕师夔、贾居贞行中书省事于赣州，兼辖江西、福建、广州诸道，既要保证当地的稳定，又要保证前线的后勤供应。

忽必烈部署已定，各支大军遵命而行。

这时，小皇帝赵昰在元军的追击下，东躲西藏，受尽了惊吓，一时得病死了。张世杰、陆秀夫等人又立八岁的赵昺为帝，然后逃到崖山（今广东新会海中），坚持抗元。

在元军的进击下，文天祥连连失败，就连自己的妻子欧阳夫人、女儿柳小娘等也落入元军手中。至元十五年（1278年）十二月，文天祥撤出潮阳，转移海丰，准备进入南岭山中，结营固守。行至海丰以北的五坡岭时，文天祥估计元军一时追不上来，便停下来埋锅做饭。哪知陈懿投降了元军，为其担任向导，带领轻装骑兵，兼程追袭，很快就追到了五坡岭。

这时，文天祥和幕僚们正在岭上吃饭，毫无准备，仓促应战，很快就败下阵来，文天祥等人全都成了元军的俘虏。

当文天祥被押至张弘范面前时，张弘范劝他投降，文天祥严辞拒绝。张弘范没有办法，只好把文天祥押在军中，与李恒合兵进攻南宋的最后据点崖山。当文天祥随军经过珠江口外的零丁洋（今广东中山南）时，想起当年在赣水皇恐滩应诏起兵勤王的情景，感慨万千，面对零丁洋，抱定必死的决心，写下了悲壮的千古绝唱《过零丁洋》：

> 辛苦遭逢起一经，干戈寥落四周星。
>
> 山河破碎风抛絮，身世飘摇雨打萍。
>
> 皇恐滩头说皇恐，零丁洋里叹零丁。
>
> 人生自古谁无死，留取丹心照汗青。

至元十六年（1279年）二月，张弘范率军到达崖山，要求文天祥写信劝张世杰投降，文天祥说："吾不能捍父母，乃教人叛父母，可乎？"坚决不答应。后来，张弘范强迫文天祥写信劝降，文天祥大义凛然，写出他的《过零丁洋》一诗作为回答。

张弘范看着没有办法，只好下令军中，向崖山猛攻。

张世杰把一千条大船结成一字阵，阵中的船与外面的船用绳索联结起来，四周加筑楼栅战栅，看上去像城墙一般。

张弘范见宋军把大船联在一起，便用轻舟满载茅草，浇上油，乘着风势，点上火，向宋军的船队漂去，希望收到赤壁火烧战船的功效。哪知张世杰早有准备，在战船上涂了厚厚的一层泥，使火不容易烧着。船上又备有长杆，一见火船逼近，便伸出长杆，顶住来船。张弘范的火船到了宋军船队面前，近不得前，只好停在那里，白白地烧掉了。

张弘范见火攻失败，遂调来大炮，利用炮石、火箭作掩护，南北夹

击，突破宋朝水军阵角，跳上宋船，与宋军短兵相接。宋军虽然顽强抵抗，怎奈寡不敌众，哪里招架得住，眼看全军就要覆灭，陆秀夫抱起年仅九岁的小皇帝赵昺投海而死。张世杰力战突围而出，后遇风涛覆舟而死。南宋彻底灭亡。

张弘范攻破崖山，非常高兴，于军中置酒大会，大肆庆祝。席间，张弘范对文天祥说："国亡，丞相忠孝尽矣，能改心以事宋者事皇上，将不失为宰相也。"文天祥丝毫不为所动，回答道："国亡不能救，为人臣者死有余罪，况敢逃其死而二其心乎"，请求以死报国。张弘范又说："先生意欲留取丹心照汗青，今'国亡矣，即死，谁复书之。'"文天祥回答说："商亡，而夷齐不食周粟，亦自尽其心耳，岂论书与不书。"张弘范见文天祥死不投降，没有办法，只好遣使请示忽必烈如何处理。

元军攻占临安，宋人纷纷投降，忽必烈曾经召见宋朝降将，问道："汝等降何容易？"那些降将回答道："贾似道专国，每优礼文士而轻武臣。臣等久积不平，故望风送款。"忽必烈听了这话，觉得这些降将没有骨气，心里一阵恶心，轻蔑地说："似道实轻尔曹，特似道一人之过，汝主何负焉。正如尔言，则似道轻尔也固宜。"忽必烈本想在南人中选拔一些才能之士，帮助他治理国家，结果在他所见到的降人当中，尽是些无耻之徒，他以为南宋不会有像样的人才了，大失所望。

就在忽必烈为南宋人才匮乏而愁叹、婉惜之际，张弘范所遣使者来到大都，向他报告了文天祥誓死不投降的情况，忽必烈听说南宋还有这样的人才，惊讶不己，"既壮其节，又惜其才"，令张弘范将文天祥护送京师，不准随意杀死。忽必烈决心劝降文天祥，以为其用。

至元十六年（1279年）十月，文天祥被押到大都，忽必烈吩咐大臣，想方设法劝降。于是，劝降使者一个个接踵而至。降元的留梦炎、王积翁先后来劝，文天祥痛骂叛徒，严辞拒绝。伯颜手下的大将唆都也

来劝降说："丞相在大宋为状元宰相，今为大元宰相无疑。丞相常说国存与存，国亡与亡，这是男子心。天子一统，做大元宰相，是甚次第。国亡与亡四个字休道"，仍然想用高官厚禄来劝诱文天祥投降，文天祥丝毫不为所动。

多次劝降不成，丞相孛罗亲自出马，文天祥说："自古有兴有废，帝王将相灭亡诛戮，何代无之，尽忠于宋，所以至此。今日不过死耳，有何言。"孛罗问："自古常有宰相以宗庙城郭与人，又遁逃去者否？"文天祥回答说："为宰相而奉国以与人者。卖国之臣也。卖国者必不去，去者必非卖国之臣。"孛罗又问："汝立二王，竟成何事？"文天祥回答说："立君以存宗社，臣子之责，若夫成功，则天也。"孛罗又说："既知其不可，何必为？"文天祥说："父母有疾，虽不可为，无不用医药之理，不用医药者，非人子也。天祥今日至此，惟有死，不在多言。"孛罗气得发疯，只好禀告忽必烈。忽必烈更加重视其气节，下令将文天祥关押起来，想用时间消磨他的意志。

后来，元军把文天祥的妻子欧阳夫人和两个女儿都押到大都，表示，只要文天祥一屈膝，家人立可团聚。文天祥确实想念妻子儿女，但他更重气节，宁可不见亲人，也不屈膝。

忽必烈听说文天祥誓死不屈，更加重视其骨气和为人，更想引为己用，于是亲自召见文天祥说："汝以事宋者事我，即以汝为中书宰相。"文天祥回答说："天祥为宋状元宰相，宋亡，惟可死，不可生。"忽必烈又说："汝不为宰相，则为枢密。"文天祥说："一死之外，无可为者。"

忽必烈亲自劝降不成，仍然不想杀害，有意释放，可谓爱才切切，这在古代帝王之中，实在少有。

就在这时，有位僧人说："土星犯帝坐，疑有变。"中山地区又有人

自称"宋主"，有兵千人，扬言"欲取文丞相"。大都亦有匿名书，"言某日烧蘘城苇，率两翼兵为乱，丞相可无忧者"。元人怀疑丞相即指文天祥，他们害怕释放文天祥以后，文天祥"复号召江南"，因此，建议处死文天祥。忽必烈虽然觉得有些可惜，但考虑到元朝江山的稳固，还是含泪下达了杀死文天祥的命令。

至元二十年十二月九日（1283年1月9日）文天祥在大都柴市（今北京东四大街府学胡同；一说在宣武门外菜市口）从容就义，当时他只有47岁。

忽必烈灭亡南宋，摆酒庆贺，论功行赏，那个高兴劲儿，用语言是没有办法形容的。

是的，忽必烈灭亡南宋，建立了历史上任何一个朝代都不能比拟的大统一王朝，他怎能不高兴呢？

中国自唐朝末年以来就进入了五代十国的纷争时期，战乱频繁，人心惶惶，苦不堪言。后来出现了宋太祖和宋太宗两位英主，南征北讨，终于统一了中原和南方，但北方仍有辽、西夏政权的并立，西方和西南方又有未能直接管辖的吐蕃和大理等。到了南宋时期，虽然金人兴起，灭了辽朝，但这种民族政权对立的格局并没有打破。成吉思汗兴起于蒙古草原，虽然灭掉了西辽和西夏，但未能灭掉金和南宋，仍然带着深深的遗憾离开了人世。窝阔台继承了成吉思汗的遗志，终于灭掉了他们以前认为天上人统治的金王朝，但对于历史悠久的南宋王朝仍是无能为力。只有到了忽必烈时期，才迅速灭掉了吐蕃、大理和南宋王朝，真正实现了全国的大统一。这个大统一，比起人们啧啧称赞的汉唐王朝来，有过之而无不及。汉朝的统一，可谓大矣，但北方的匈奴、东北的挹娄等地区，他无论如何也没有办法直接控制。唐朝的统一虽然有所发展，然北方的突厥、契丹和蒙古等民族的向心力还差一截。只有到了忽必烈的统一，这些地区才和内地

一样，浑然成为一个整体，再也没有办法分割了，基本上保证了我国元明清以来的大统一，再也没有出现分裂割据的现象。《元史·地理志序》说忽必烈统一南宋以后的领土是"北逾阴山，西极流沙，东尽辽左，南越海表"，大体上与清朝乾隆全盛时期的疆域相等，奠定了我国统一的多民族国家的疆域基础，功不可没。

汉人最愿意讲正统，认为只有汉人建立的政权才是正统王朝，少数民族建立的政权不是正统王朝，是僭越。忽必烈有时也觉得少数民族总是受汉人直接或间接管辖，有些自卑。后来，蒙古的铁骑踏碎了汉人的河山以后，他又有些洋洋自得了，以为汉人也不过是那么回事，也不见得比自己高明多少。特别是契丹和女真人进入中原以后，他们开始改变汉人的正统观念，提出了谁入中原谁就是正统的思想。忽必烈觉得这种正统思想很适合自己，因而也拿来作为对付汉人的武器。在这种思想指导下，忽必烈以为，不应该总由汉人来管我们少数民族，其实，少数民族中的杰出人物出来管汉人也不是不应该的。有了这种思想，忽必烈不再自卑了，不但为其一统天下而高兴，也觉得心安理得了。

有时，忽必烈也想，不管你汉人怎么认为，自己总以为大统一还是比分裂好。大统一的局面，可以为人们提供一个比较安定的生产和生活环境，有利于经济的发展，也有利于南北经济文化的交流。首先，对我们蒙古族等少数民族来说，要获取我们喜爱的丝绸、瓷器和粮食等，就十分方便了。其次，对他们汉人来说，也不是一点好处也没有，他们要想得到我们少数民族的牛羊肉、皮革制品、弓箭、马鞍等，不也是非常方便吗？在大统一的条件下，各族都把自己的优秀产品拿来交换，不但可以互通有无，还可以推广先进技术，对发展经济和文化只有好处，没有坏处。当然，忽必烈进行武力统一，并不是想给各族人民办多少好事，而是为了自己更多地索取，但客观上确实起到了促进经济发展和南北经济文化交流的作用。

　　忽必烈一统天下，对于国内民族融合也起到了促进作用。随着蒙古大军南下，一大批蒙古人和色目人涌入内地，他们有的因为当官而择地卜居，有的因为镇戍而定居营家，有的则因为经商、侨寓、罪徙或充工匠、奴仆等而随处与汉人混杂而居。在天下一统的形势下，也有一大批汉人来到边疆少数民族地区。各族人民杂居相处，互相学习生产和生活经验、互相了解、互相帮助、互相通婚，既增进了民族间的感情，也逐步融合到一起。早先进入中原的契丹人、渤海人和女真人，这时已与汉族区别不大，他们当中不少人都改称了汉姓，人们已经把他们称为汉人了。特别是一批批信奉伊斯兰教的中亚、波斯和阿拉伯人来到中原定居，与维吾尔人、汉人通婚，学习汉族的语言文字等，逐步形成了回回民族，为中华民族大家庭增添了新的血液，做出了新的贡献。

　　这些，都是在忽必烈一统天下的条件下实现的。所以，忽必烈统一全国的客观作用不应该低估。

革故鼎新

第五章

勤俭治国

忽必烈的个人生活十分节俭，这也许是来自草原匮乏财物的游牧民在生活方面都极其节俭的缘故。柏朗嘉宾在谈到蒙古习俗时说："蒙古人用肉汤洗刷碗、勺和其它器皿，洗完后仍将汤倒回锅内，接着再喝，从不用水洗。在吸尽骨髓之前，他们绝不会把骨头抛给狗，对他们来说，浪费是一大罪孽。"

王恽介绍忽必烈时说："临御以来，躬行俭素，思复淳风，如轻纻衣而贵纴缯，去金饰而朴鞍履。"衣服等物装饰华贵的东西之类，一切禁止。王恽的话应该是可信的，他追随忽必烈多年，曾担任御史台的第一任监察御史。

忽必烈的节俭有时候也表现在他对亲人的严格要求上。一次，他的儿子真金有病，忽必烈前去看望，发现铺的竟是织金卧褥。忽必烈十分生气，责备他亲自选定的儿媳妇阔阔真："我总认为你贤淑，为什么这么奢华呢？"阔阔真赶忙跪下分辩道："平时不敢用，只是太子病了，恐有湿气，才铺了它。"说完，马上撤下。另有一次，他最宠爱的皇后察必从太府监支取缯帛表里各一，忽必烈批评妻子："这是军需品，是属于国库的，不是私人的，你怎能随意支取？"因此，察必以后非常勤俭，常常亲率宫人利用旧弓弦缉兰由成衣，将废置的羊臑皮缝成地毯。

最为有趣的是忽必烈在大都的新宫中，从草原移种了一片思俭草，常

常自警、警人，教育子孙要勤俭为家持国，不要忘了祖宗创业的艰难，更不要背离祖宗的淳朴作风。

这种几乎天真的做法也许令人们掩口偷笑，一方面豪奢无度，另一方面又节俭到吝啬的程度，这就是忽必烈的矛盾性格。

读历史常常使人感叹万千，中国的繁华似乎总给人以过眼烟云般的感觉。杜牧笔下秦始皇的阿房宫，其壮观那么震撼人心，项羽一把火烧掉了，咸阳城数不清死了多少人；而贞观、开宝年间，世界的大都会长安经过安史之乱与唐末的战火，凋蔽得令人不堪忍受，重读唐诗中的繁华尤如剜心般的疼痛；宋代士大夫的乐园，八方辐凑、万商云集的汴京，经过靖康之难，其富庶蒸腾，也荡然无存；燕京，金国的首都，成吉思汗将它变成了杀人的战场。1213年，在居庸关外，"杀的人如烂木般堆着。"到忽必烈进入燕京时，燕京的破败犹如古城墙外的鬼市，但见"野花述辇路，落叶满宫沟"，已无复旧观。

烧了再建、毁了重修，中国的黎民将精力都用在了重建家园上。每一次改朝换代都将是京城的劫难之时，从没有人敢居于亡国者的豪华宫殿里。

具有讽刺意味的是，蒙古人屠了城后，却又不得不由其后人重建并寻找百姓。历史将忽必烈推到这矛盾的涡流，而忽必烈只好以矛盾的态度去处置，营建开平与重筑燕京便充分揭示了忽必烈的矛盾心理。

为了给自己找一个栖身的高枝，忽必烈曾煞费苦心。

营建开平时忽必烈还没有做大汗。忽必烈的人生重大转变，基本上都是在开平完成的。开平北枕龙岗，南濒滦水，四山拱卫，地处一片水草丰美的草地上，当时在联络和林与燕京上，起到了极其重要的作用。但作为都城却显得底气不足，一为新筑之城，百姓无几，二为一块草地也供养不了急剧增加的各色人等。此外随着统治重心的南移，开平也有许多不便之处。

和林始建于窝阔台，完成于蒙哥。十分有趣，他们二位一面残破行将并入自己版图的异人国度，一面却又依照被摧毁的异域建筑样式兴建自己的国都。但经过忽必烈与阿里不哥的数番争夺，和林已呈破败之势，而且它太靠近敌人海都的领地，实际上已地处前线，成为草原诸王争夺之地，因其远离汉地促使忽必烈放弃定都和林的想法。

只有燕京勉强被忽必烈接受，但燕京却有一个十分明显的缺点：无法满足忽必烈的草原口味。不过，从政治上考虑，燕京的确有它独具的魅力。忽必烈的家臣曾向他建议："幽燕之地，龙蟠虎踞，形势雄伟，南控江潍，北连朔漠。且天子必居中以受四方朝觐，大王果欲经营天下，驻跸之所，非燕不可。"自古以来燕京就是中原通往辽东和漠北的枢纽，也是中原王朝抗御北方游牧民族南牧的军事重镇。在争位战争中，忽必烈就是依托燕京，借汉地丰厚人力、财力而取胜的。忽必烈随版图的南移与扩大、巩固，统治中心也势必要着眼于加强农业城廓地区的控制，李璮之乱也加速了他的选择。1264年二月，忽必烈开始修复琼华岛，揭开营建都城的序幕。同年，因去年升开平为上都而改燕京为中都。1272年二月改中都为大都（今北京）。

为弥补燕京的遗憾，忽必烈一方面准备辟城外的农田为牧场，另一方面一年中仍留一半的时间在上都。这与蒙古诸汗逐水草季节迁徙的习惯相吻合，两都制逐渐形成。

深究起来，两都制的内涵不仅仅为忽必烈照顾自己的情绪，更重要的是和林废置以后，上都便成为忽必烈笼络诸王、抵御海都势力东窥的基地，照顾草原诸王的情绪尤为重要。实际上，忽必烈正是倚上都驾驭漠北，行使大汗的权力；凭大都君临漠南汉地，以皇帝的名义向中原腹地发号施令。这也是忽必烈调和矛盾的极妙手法之一。

　　1266年十二月，忽必烈开始大规模同时营建开平和燕京。他之所以急于修筑超越古今的两都，还带有炫耀国力、张扬声名以威震四方的政治目的。这是中原王朝历代开国皇帝的惯用伎俩，忽必烈的拿来主义的确已臻上乘。

　　不论蒙古帝国的内部分歧如何，在西欧的教皇及其它外国人眼里，忽必烈是蒙古汗国的大汗。这个帝国横跨欧亚，疆域之辽阔在忽必烈逐步确立大汗权威的进程中，他本人也自豪地认为大业甫定、国势方张，都城宫室，非巨丽宏伟，不足以雄视八荒。因此在这一年开始修筑两都具有特定的政治含义。

　　此外，蒙古旧俗，也促使着忽必烈去营建新城。蒙古人对废弃的古城极为嫌恶，直接名之为"马兀"（坏或恶的意思）。而对斡耳朵曾经驻营的地方，凡是有任何烧过火的地方，蒙古人从不再扎帐，甚至连从旧迹上走过都被视为不祥的征兆。自然，金国残破的宫殿，忽必烈无论如何是不会去触忌犯讳的。早在新城营建之前，忽必烈驻身燕京，就下榻在琼华岛上的广寒殿，而不是屈身于金人的废宫。

　　忽必烈的堪舆专家刘秉忠选定以琼华岛为中心的湖区及其周围旷地作为新址，规划好城池、宫阙后，由张宏略、段天祐等负责工程的具体指挥和组织。筑建工程以惊人的速度进展。1272年三月宫城峻工，1274年正月宫阙告成，忽必烈十分激动，在御正殿接受朝贺。

　　到1287年工程浩大的大都新城全部告峻，它以崭新的面貌屹立于世界的东方，其气势之磅礴，当年成吉思汗不敢仰视的金中都城简直无法比拟。

　　大都城坐北朝南、呈方形、南北较长。周围总计28600米，共计11个门。比明清时的北京城大，同样它也带有忽必烈的浑雄气魄。都城内套皇城、皇城中又置宫城。皇城、宫城是忽必烈的活动区域，皇城以外的城区

襄阳城遗址

整齐划一，共分五个坊，是百姓的聚居地。

与历代中原王朝的都城相较，其特色显而易见：第一，城、殿布局一仍汉制。体现了《周礼·考工记》的"九经九纬，左祖右社，面朝后市"原则，建筑风格、形制一效汉制，城门、坊名均从《易经》中命名。因此从总体上它是一座汉城。第二，城内由于水源充足，绿化方面显然带有蒙古草地方面的特色。各城墙间种植有大量树木，甚至还辟有草场，饲养鹿、麝等动物。第三，皇宫内部布置基本上照搬蒙古斡耳朵里的旧制。在正殿大明殿内，忽必烈与皇后座位并设，左右排列诸王、贵族和张薛官的坐床，前方备有巨大酒瓮，桌上摆放着各种传统乐器。因此，从一定意义上它又是一座汉蒙糅合的、体现了忽必烈性格的城市。

忽必烈在大都的生活区间，主要集中在皇宫内的两个部分：一是以大明殿为中心，这是忽必烈处理全国政务的地方；二是以延春阁为主体的另一组建筑，是忽必烈居住、日常生活的地方。

马可·波罗在大都生活了十几年，对"人烟百万"的大都他在回忆录中作了动人的描绘。他几乎将人类创造的美好词句诸如雄伟奇观、登峰造极、壮丽富赡、气势轩昂等等都倾泻到了大都城上。如果人们怀疑这是马可·波罗的信口开河，但随后的鄂多立克和伊本白图泰对大都却表示了同样的惊羡，大都作为13世纪城中雄杰，看来并不真是马可·波罗的信口雌

黄了。

我们再随历史的记载去领略一下13世纪末的上都。

上都的建筑分两部分。一部分是刘秉忠所建的汉式城邑，也是由外城、皇城、宫城组成；另一部分是蒙古式的宫帐，驻营在一个方圆20多公里的御花园上。

与大都相比，上都给了忽必烈体味真正草原生活的乐趣。在御花园内，沟渠纵横、草地丰美，许多品种的鹿和山羊在这里游食，与它们为伍的还有成千上万色白如雪的牡马和北马，以及200多种飞禽。忽必烈对这些动物禽类异常珍爱，任何侵犯它们自由的人都将被震怒的忽必烈处以死刑。对忽必烈来说，飞禽走兽比人更可爱。

每年的六、七、八三个月忽必烈驻跸在气候温和的上都。每周他都去巡游这座天然的御花园，他骑马驰骋在这片草地上，带着鹰及数头小豹，行猎取乐。当他高兴时，忽必烈放出小豹，观赏豹捕鹿羊的雄姿。

忽必烈另一项娱乐活动，也必不可少，即：饶有兴致地观赏术士表演法术、魔术。忽必烈最感兴趣的节目有两个：一个是乌云密布，倾盆大雨即将来临，但术士们登上宫顶，一阵妖法完毕，天空却渐渐云开雾散，由雾转晴。另一个节目则更不可想象，当忽必烈坐在御膳殿就餐时，不用忽必烈以及侍卫们动手，术士们就能将酒或饮料注入杯中，然后杯子在空中飞越十数步，直接到达忽必烈手中。当忽必烈饮完后，杯子又会自动飞回原处。忽必烈曾不无得意地问基督徒："你们会这样的法术吗？假如能，我就改信你们的宗教。"

跟随忽必烈到上都的还有中央机关的首脑们，在这里忽必烈也处理政事。另外，更重要的工作是举行蒙古传统的祭天仪式，除蒙古人外其他族人均不得参加。如果忽必烈的兴致高些，还会屡屡举行草原诸王大宴会，宣颂成吉思汗的札撒，并让每个与会者都说一段必力格（箴言）。

两都制将忽必烈一分为二，在上都他尽情表演蒙古旧俗以取悦诸王，放纵他爱好自然的天性；在大都他尽量装出一副勤政爱民的皇帝样子，批阅成堆的枯燥奏章，倾听腐儒们啰嗦的说教。忽必烈留3个月给上都，一面避暑，一面游玩；留6个月给大都，一面过冬，一面处理全帝国的政务；另3个月忽必烈要去海滨或大草原行猎取乐。

每当春暖花开，草青地茂，忽必烈便带领数万人的各色随从投入大自然的怀抱，进行游猎大旅行。

每年春季，忽必烈便率领他的后妃、诸王、医生、星占学家、鹰师和各类官吏、服务人员浩浩荡荡地从大都出发，向东北方向前进。因为忽必烈早在中年时就患风湿病，他的坐骑不是马而是从安南等地进贡的大象。四头大象共载一个木制亭子，这个亭子忽必烈称之为"宝盆"，其高度可想而知，这简直是一座移动的宫殿，亭子精雕细琢，里面衬着金线织的布座垫，外面则挂着狮子皮。忽必烈的举足一动都带有他的个性，其胸襟之开阔由此亦可见一斑。

忽必烈坐在宝盆里，两旁有12名最宠幸的侍卫、官员站在他的身旁，携带着12只帝国最凶猛的大隼。在4只大象的两旁是骑马的随从，当骑马的卫士观察到鹤或其它鸟类飞近时，便马上禀报忽必烈，忽必烈拉开宝盆门帘，看到猎物后，便命令放出大隼，而他则躺在宝盆的睡椅上，观赏空中鹰攫猎物的搏斗。

随从忽必烈的还有多达一万人的鹰师和两万人的猛犬看管者。狩猎不同的动物忽必烈豢养有不同的猎具：他用豹和山猫，追逐野鹿；用狮子袭取野猪、野牛、驴、熊、鹿、獐等；用鹰专门训练捕狼；用隼搏击飞禽。他养的许多狮子，皮毛光泽，颜色美丽，将它们关在笼内用车运至狩猎地；他养的鹰体大有力，犀利凶猛；他还养有最少5000头猛犬和猎狗。忽必烈十分喜欢观赏狮子追逐野兽，狮子凶猛的气势和捕获猎物的敏捷灵

活，给忽必烈带去许多乐趣和启示。但给他带去启示最多的是围猎的壮观景象。

忽必烈将数万人的狩猎队伍分成许多小分队，从左右两个方向突进，犹如撒开大网，然后合围，将所携的猛犬、狮子、豹、鹰一齐放出，而忽必烈则安然地坐在他的高大宝盆上，置身于围场中央，欣赏围场内从四面八方扑来的猎人们的奋勇搏击、鹰犬的迅猛追逐，其震憾人心的盛况，恐怕连忽必烈本人也难以用语言描述。由此，我们想到忽必烈的灭亡南宋，其场景与这围猎有着惊人的相似，只是猎物由猛兽换成弱宋的臣民、江山而已。

忽必烈的一切似乎都是气势非凡的代名词。大行猎的宫帐其大而豪奢也令人难以置信。这顶帐幕宽敞异常，据马可·波罗说，一万名士兵能在里面排列成阵，而且还留有高级官员和草原贵族们的坐席地。帐幕的入口处朝南，东边另有一帐幕与它相通，构成一个宽敞的厅堂。它的后面是一间华丽漂亮的大房间——忽必烈的卧室。每间厅堂或卧室，用三根雕花并镏金的柱子支撑，帐幕外面用白、黑、红条纹相间的狮皮覆盖，缝结紧密，既不进风，又不透雨，里面则衬以贵重的貂皮和黑貂皮。这是忽必烈的寝宫，也是召见官员、议事、处理紧急政务的地方。如果将它比之为移动的宫殿简直是恰如其分。

整个春天，忽必烈就消磨在令现代人无法想象的游猎生活里。然后，他去上都避暑。

如果人们觉得忽必烈在大都的生活过于沉闷，那么，忽必烈用大朝宴和万寿节、白节弥补了它。

白节（指蒙古族的新年）这一天是新年伊始，所有在京的官员及各类公务人员都齐聚在皇宫的殿前向忽必烈磕头拜年。之后，忽必烈一除中原皇帝的小家子气，他不是检阅军队而是检阅由5000头大象组成的象队。全部大象都披上用金银线绣成鸟兽图案的富丽堂皇的象衣，每头大象的背上都放着两个匣子，里面满装着宫廷用的金属杯盘和其它器具。象队后面紧跟着庞大的骆驼队，同样也驮装着各种生活器具。整个队伍排好后，列队从忽必烈前走过，接受忽必烈的检阅。

九月二十八日，是忽必烈的诞辰。这是仅次于元旦节的另一个隆重而盛大的节日。所有的佛教徒、基督教徒、穆斯林、道士及各色人等，都必须分别虔诚地祷告他们的神主，祈求保佑忽必烈万寿无疆。其势之盛，无法形容。

在白节、万寿节或其它值得庆贺的节日忽必烈还举行大朝宴。参宴的人员常达万人，只有少数人能够入座，大部分官员乃至草原贵族都必须坐在大殿的地毯上进餐。珍馐佳肴的丰盛，超乎一切的常规。宴罢后，忽必烈开始欣赏喜剧演员的各种俏皮术和术士、魔术师们的各种戏法。

当我们撩开忽必烈神秘生活的面纱，你是不是会觉得那一小片思俭草是那么的柔弱无力、弱不禁风，以致它在忽必烈的生活里显得可笑、可怜。

这就是忽必烈的生活与性格，荒诞而又合理。

痛除奸臣

在中国的史书里，每个朝代、每个帝国必有奸臣。奸臣似乎没有国界、民族之分，蒙古大汗、大元皇帝忽必烈身边的第一位奸臣是中亚花刺

子模费纳喀忒人阿合马。

　　将阿合马列入《奸臣传》本不需要争论，但假如忽必烈的在天之灵拜读了宋濂的《元史·奸臣传》，他会觉得有欠公允。如果让忽必烈去写阿合马传，他一定会从汉法派和"富国"理财派的长期斗争角度来理解阿合马一生的功劳。忽必烈站在自己的立场上去俯瞰不同族属的矛盾，可以肯定，他要比宋濂理解得透彻。

　　忽必烈是崇尚实际的政治家，他附会汉法自实效始，疏远汉人也自实效始。中统建元前后，忽必烈采用了儒家治术中的积极部分，也就是治国实践部分。义、利在忽必烈的初期政治生活中都具有重要的意义，尽管他身边的汉人儒士操术各不相同，但总体来说，姚枢、窦默、许衡儒学义理之流与王文统法家言利之辈均能为忽必烈所接受。

　　李璮之乱搅乱了忽必烈的用人施政思想。不仅言义的儒流，言利的王文统者辈也迅速为忽必烈摒弃，但精明的忽必烈并未因此而中断汲取汉法中的治国精华，所以他依然沿着附会汉法的道路去实现建立国家机器、国家政权的目的。直到改国号大元的1271年，忽必烈一直在这条道上蹒跚其步。

　　如果我们头脑清醒些的话，应该品味到无论是忽必烈还是汉儒都满噙着辛酸。忽必烈一旦被触爆了其猜忌的弹药库，浓烈的刺鼻硝烟味便不可能马上弥散，紧随其后的附会汉法也便拴在了忽必烈的兴致和急需上。对于迫切需要建立的中央、地方政权机构忽必烈还抱着热心的态度，而那些对蒙古帝国可有可无的汉制忽必烈一如对待汉儒般颇显冷淡。对汉人猜疑自然也捎带了汉法，忽必烈有一种信仰被玷辱的感觉，痛苦地接纳着不得已而为之的汉制。因此忽必烈附会汉法，便呈退退进进的犹豫态势。

　　满腔热情去再造蒙古大汗的汉儒们也被兜头泼上一盆冷水。理想幻灭和在被怀疑、被牵制的氛围里忙忙碌碌的汉儒，也痛苦地品味着现实。

1264年左右，忽必烈还没有从猜忌中喘过气来，致使中统年间"忝处朝端，谋王体而断国论"的汉儒群的一员王恽发牢骚说：皇上"今则曰：彼无所用，不足以有为也，是岂智于中统之初，愚于至元之后哉？"骂完忽必烈的愚，王恽承认，儒士已处于"用与不用之间"。

政治摇摆的恶果是蒙古旧制过多地积淀到新政权中，如分封采邑制，遍及各生产领域的驱奴制、手工业中的官工匠制、商业领域中的斡脱制、朝会庆典的滥赐横赏制、贵族世袭的选官制、后宫中的斡耳朵制、怯薛制、贵勋投下制、遍布全国的达鲁花赤命官制以及各项民族歧视的法令，都被原封不动或稍加改造后搬到忽必烈的新政权的各个角落。中原王朝本来就有不少的奴隶制沉淀。中国的奴隶制发展不充分，因此造成秦汉以来的封建政权很容易就接承夏商周的奴隶制观念，直到19世纪徽州还有奴隶制的生产关系，由此对中国封建制开端的热烈讨论，我们也可以给予理解了。现在突然又涌进大量蒙古游牧民族的奴隶制度，忽必烈的施政思想就不得不引起汉儒的不满了。

令人遗憾的是中国封建社会的强心针不是更先进的雇佣工资的资本主义制度，而是逆流而施的更落后的奴隶制，中国文明后期的发育迟缓便可想而知了。推究中国封建社会为什么延续那么长和为什么17世纪后的中国反而大大落后于后起的西方文明，请不要忘了忽必烈，也不要忘了中国封建社会原本就是一个大杂烩。

元·缂丝八仙拱寿图轴

谁也不会否认忽必烈的伟大，但也别忽视忽必烈大汗前后的蒙古贵族给中国文明注射的落后毒液，其余毒甚至到了20世纪初还能使中国文明感到阵痛。

忽必烈摇摆政治的另一恶果是以盘剥为能事的西域商人登上帝国的历史舞台。王文统之流的言利要员退出新政权后，高谈阔论的汉儒鄙薄理财，因此也无力肩负起筹划帝国庞大开支的重任。他们理想中的仁政与忽必烈的急需相去甚远，这样便出现一个讲求实效、忽必烈认为能够富国裕民官僚集团的空档。忽必烈除了利用汉儒去建造文职官僚系统外，就必须寻找能给他带来财富的第三支官吏集团，并用这支势力去牵制已使自己不放心的汉人集团。自然，善于理财、经营的，以回回人为主体的色目人便成为忽必烈填空的最佳选择。因为蒙古骑兵虽然在攻城掠地、杀人、强暴掠夺上都很在行，但对经商和治理国家却稍逊一筹。

于是，在忽必烈的支持下，以阿合马为首的色目官僚集团粉墨登场，势力迅速膨胀。

阿合马势力的崛起与骤衰，基本上反映了忽必烈时代1282年前的政局走向。20年间以1271年左右为分水岭，又可分为前后两个时期。前期阿合马悄然崛起，后期阿合马独擅朝政。

阿合马的背景材料极少，他不是靠显赫的家族和卓著的战功晋升的。在中统二年他还是个默默无闻的小人物。据中外史籍的零星记载，阿合马很可能原是中亚费纳喀忒（今乌兹别克塔什干西南锡尔河右岸）的商胡，在蒙古西征时被弘吉剌部按陈掳为家奴。十分机灵的阿合马在察必还是个姑娘时就获得了她的欢心，所以察必在出嫁忽必烈时作为陪嫁的媵人而进入忽必烈的生活，供职于察必的斡耳朵。

也许就是因为察必的缘故，忽必烈才觉得阿合马是可倚重的心腹。中统元年，阿合马被忽必烈任命为上都开平同知兼太仓使。次年五月派他到

燕京去检点万亿库的货物。阿合马以忽必烈的财政管家身份到达燕京后，提议立和籴所，充填仓廪，颇具成绩，其理财才能从而被忽必烈赏识。1262年十月，李璮、王文统之变后，阿合马借东风，乘忌雨，被忽必烈倚任为中书左右部的长官，并兼诸路都转运使，从此掌握了财赋大权。在此任上，阿合马干得十分出色，他主要干了三件事：一是将铡冶之利笼为国有，由官府兴煽铁冶，然后卖农具给百姓，使忽必烈的国库迅速充实。二是整顿盐法，使官盐的销售在帝国弥久不衰，获利甚丰。三是整治策划了有关财赋方面的规章制度。阿合马一系列充盈国库的措施无疑使急需大量军用物资、粮饷的忽必烈极为高兴，比起汉儒的满嘴仁义道德，阿合马的实政自然使忽必烈更为欢心。

1264年，忽必烈撤中书左右部并入中书省，改任阿合马为中书省平章政事。中书令是真金并不理事，平章政事上是左、右丞相。在短短的4年间，阿合马以奴仆的身分被忽必烈升迁到宰相的高位，其速度之快令同僚望尘莫及。

1266年正月，忽必烈立制国用使司，阿合马以宰相位兼领使职。1270年忽必烈为筹措进攻南宋的军需，撤销制国用使司，特别成立尚书省，综理天下财用，原属中书省的六部及天下行省都归隶尚书省。尚书省的权力膨胀至中书省根本无法抗衡的程度，中书省虽然存在，但仅是备员而已。而忽必烈任命的尚书省长官就是阿合马。

阿合马在忽必烈的支持下，在中央迅速达到炙手可热的地步，至阿合马领尚书省事，其权势被推向高峰。

实际上，忽必烈的每一次改组中书省等中央机构，都为阿合马铺垫了一块权力的基石。1264年阿合马进阶宰相位后，首先排挤了与他同级的廉希宪、商挺。接着次年忽必烈罢免了中书省的所有宰相，包括汉人张文谦和汉化较深的线真、耶律、赛典赤铸等。任命木华黎曾孙安童为中书右

丞相、伯颜为中书左丞相。在此之前的中书右丞相线真、史天泽根本无法
与阿合马的能言善辩抗衡。在忽必烈面前，阿合马常常显露自己的生花妙
舌，将史、线二人驳得无言以对、讷讷不语，忽必烈更加"奇其才"。
1270年的建尚书省与1272年正月的并尚书省于中书省，为阿合马的气焰再
添柴薪。

以汉人儒士和汉化较深的少数族人组成的汉法派和以阿合马为首的、
有忽必烈撑腰的理财派在这一时期进行了多次较量。

阿合马任职中书左右时，忽必烈对待汉人的态度已颇显冷漠了，此
时阿合马的势力已令中书省官员忌惮。因为权力与赃物的分配不均，阿合
马党徒间发生内讧、互相攻击，忽必烈"命中书推覆，众畏其权，莫敢
问"。处处学习魏徵的"廉孟子"挺身而出，"穷治其事"，将所查结果
如实上报忽必烈，忽必烈下令杖责阿合马，罢左右部。这是阿合马第一次
败阵于汉法派。

但阿合马因祸得福，忽必烈已离不开这位财神爷，不久反而超拜阿
合马为宰相，随后又专门为阿合马立制国用使司。在阿合马任制国用使
时，1268年汉法派与理财派再次交锋。在一群汉法派的建言下，忽必烈决
定完善政权机构，在中央设御史台，于各道设提刑按察司。对于弹劾监察
百官的机构设置自然对阿合马是一种限制，对这种威慑专总财利的阿合马
立即提出反对说："庶务责成诸路，钱谷付之转运，如今再设御史台及下
属机构，绳治其上，怎么干事？"廉希宪力争抗辩道："立台察内则弹劾
奸邪，外则察视非常，访求民疾，自古如此。如果撤去，促使上下专恣贪
暴，事情就好办了？"阿合马瞠目结舌，无言以对。

在此之前，18岁的安童任相前后，对附会汉法忽必烈已心怀动摇。
安童少有大志，13岁时就是忽必烈的四怯薛长，出语惊人，尤让忽必烈亲
重。安童深肖曾祖木华黎，与许衡、姚枢等汉儒关系密切，对实行汉法持

积极态度，可算是汉法派的重要人物。安童入相后，上书建言十事，但却引起忽必烈的大怒。理财派阿合马之流又趁机构陷中书省行事"大坏"，忽必烈怒从天降，准备惩治中书省的宰相们，汉法派惶惧异常。姚枢冒险奏谏忽必烈说："中统以来，附会汉法、承继祖制已取得重大成就，本应继续光大，比美先王，臻于至治。以陛下的才略，达此宽绰有余。但近来臣下却听说陛下圣听日烦，朝廷政令日改月异。树刚栽下，溉拔移别处，屋刚建成，就复拆毁。远近臣民，不胜战惧。臣恐大本一废，远业难成，实为陛下忧虑。"忽必烈认真咀嚼了一番这忠恳之言，怒气渐息。姚枢的"大本"说穿了就是汉法，在理财派的节节挺进下，看来汉法确有废置之虞了。

阿合马排挤安童没能得逞，接着因围困襄阳，急需筹备军需，1268年廷臣议设尚书省总理财政，以阿合马平章尚书省事。阿合马企图架空安童，向忽必烈建议宜升安童为三公。忽必烈还真当回事，交诸儒议拟意见。汉法派商挺倡言道："安童是国家的柱石，如为三公，是崇以虚名而实夺之权，决不可行。"忽必烈还不想在南宋未下就将汉法派摒弃，只好作罢，而且两年后才设立了尚书省。

阿合马的理财能力在帝国群臣中的确是出群拔萃的，连汉法派对阿合马的个人才能也没有提出过异议。蒙古人有一个特殊的爱好，他们非常重视口才的培养，每次聚会每人都要说一段箴言妙语。忽必烈也十分推崇能言善辩的人，阿合马便具有口才天赋，而且他还足智多谋。"急于富国"的忽必烈大惊其圩，"授以政柄，言无不从"，将进攻南宋的一切军需调度大权全部委拜给阿合马。

借军事行动几乎全揽了帝国中枢权力的阿合马，骄横刚愎，决策行事从不咨文中书省。尚书省设置后，阿合马根本不依铨选旧例，擅将亲信党徒、子侄亲戚充委其间，导致中书省形同虚设，从而激起了中书省长官安

童及顾问许衡等汉法派的强烈反对。

安童向忽必烈一再诉苦：阿合马的尚书省事中书省一概不知；阿合马擢用私人，不由部拟，也不咨会中书省；阿合马分管各路民政和财赋，还插手刑事案件。阿合马的种种骄纵，连忽必烈都为之惊诧，感到此人有点过分，抚慰已被架空的安童说："汝所言是。岂阿合马以朕颇信用，敢如是耶？其不与卿议非是。"但阿合马将忽必烈的话置若罔闻，甚至反驳道："事无大小，皆委之臣，所用之人，臣宜自择。"这句话使我们坚信，忽必烈一定有事无巨细全部委托阿合马的意思，不然，机巧到眼睛毛都会吹口哨的阿合马是不敢忤逆主子的。安童无可奈何，只好向忽必烈请求："自今以后，唯重囚犯和任命上都总管两件事，交移臣理，其他全部委付阿合马。"忽必烈马上满口答应。

耿直、古板但极有学问的许衡屡次被阿合马排挤出朝。许衡虽迂阔，但敢直谏，说心里话，不怕死。1270年许衡得知阿合马任命其子忽辛为枢密院金书，主掌兵权，激辞进谏忽必烈："国家事权，兵、民、财三者而已，今其父典民与财，子又典兵，不可。"忽必烈大为不满，反问许衡："卿虑其反邪？"许衡毫不怯弱道："彼虽不反，此反道也。"阿合马火冒三丈，反诬许衡避辞利禄，是"欲得人心，非反而何？"

阿合马多次伺机报复，举荐许衡出任中书左丞，以便借事倾陷，许衡力辞不就。后来许衡听从朋友劝告，为避免夜间"卒有横逆"，向忽必烈力请告老还乡。

以阿合马为首的回回人势力异军突起，其前10年阿合马先掌财赋大权，进而控制了朝廷中枢政权。在阿合马的幕后，实际上的操纵者是忽必烈，阿合马势力的消长，基本上反映了忽必烈对待汉法的态度。1270年以前，忽必烈之所以没有令阿合马嚣张到为所欲为的程度，是因为他还需要建立适应汉地的封建专制官僚系统。而修补"文治多缺"又不是阿合马集

团所能力任的，因此，对历代典章制度烂熟于心的许衡之流虽一再辞呈还乡，或一再被罢相，但过一段时间忽必烈仍不得不再安车召回。但帝国的政权建设一旦大体草就，许衡之流实质上已陷入飞鸟尽、良弓藏的境地了。所以，在下一个阶段的两派斗争中，汉法派迅速败下阵来。

1271年忽必烈改国号为大元后，阿合马的擅权进入新的历史阶段，直至1282年阿合马被杀。

后10年的朝廷政局与忽必烈时代前期相比，出现实质性的根本逆转。后十年阿合马只栽过三次跟头，一次是尚书省被撤，一次是真金殿打了他，另一次是阿合马被王著用铜锤砸碎脑袋，除此之外他一直春风得意。相比之下，汉法派凋零得连忽必烈都不堪回首。

1272年，在中书省的一派牢骚声中，忽必烈也觉得中书、尚书两省并置，职掌不清，冗员太滥，他还没有见过如此臃肿的宰相集团，因此决定将两省合而为一。阿合马揣摸到忽必烈的心意，雷厉风行，奏请以安童为太师，企图借此撤中书省而尽揽政权。阿合马担心适逢入京参议其事的山东东西道提刑按察使陈祐提出异议，私许陈祐任尚书省参知政事，条件是附声附和。但颇有汉人良知的陈祐在讨论两省合并的会上却力言中书省乃国家政本不可废黜，并批驳阿合马议立太师之位是使之徒具虚名。汉法派群也力言痛谏，忽必烈于是撤尚书省并入中书省，但阿合马仍任平章政事。安童乘此疾风，向忽必烈控告："阿合马、张惠挟宰相为商贾，以网罗天下大利，荼毒黎民、困无所诉。"并揭露其党羽劣迹，忽必烈仍采取安抚手法，说："若此者，徵毕当显黜之。"但这只是说说而已，阿合马的宰相之位仍无动摇。

这是以安童为首的汉法派最后一次垂死般的回击。自此，汉法派的命运便直转逆下，一发不可收拾。

改组后的中书省宰相，伯颜、史天泽主持南宋战事，许衡辞职，廉希

宪和耶律楚材子耶律铸被罢，实际上主持中书省工作的是右丞相安童，左丞相忽都察仅是虚名而已，剩下的恰伯、张惠等都是阿合马的同党，汉人中只有张易和赵璧，赵璧此时已老病缠身，拜平章政事后竟毫无作为，而张易则"视权臣（指阿合马）奸欺，结舌其傍"，虽有不满，但只潜沉心底，表面上则唯唯诺诺。1275年，安童终于被排挤出中书省，忽必烈命他陪北平王那木牢去出镇阿力麻里，名为重边，实为罢相。1276年，赵璧病死。二人走后，中书省却没有作相应人事调整，中书省右丞相虚悬至1281年，中书省的权力实际上已落入平章政事阿合马的囊中。

在朝廷中还能走动的旧日幕僚，仅剩下张文谦、张易、赵良弼三人而已。其余的一大批金莲川幕僚，大多亡故，刘秉忠、史天泽于1274年、1275年相继去世，接踵其后的是姚枢、许衡、窦默、董文炳、廉希宪、王恂、李德辉等人。硕果仅存的三位，结舌其傍以谋自保的张易抛开暂不管他，赵良弼先是忙于出使日本，返国后签书枢密院事，在蒙古人一手垄断的枢密院工作，实际上毫无施展能力的机会。我们不知道什么原因，"良弼屡以疾辞"；张文谦为人"刚明简重"，"数忤权倖"，遭到阿合马的猛烈轰击。阿合马再次奏请撤诸道梅察司，这实际上是剥夺御史中丞张文谦的饭碗，同时也摆脱台谏机关的牵制，张文谦力争，恶陈利害，才在忽必烈的游移不决中保下监察机构。他也为自身的生命担忧，"力求去"。至此，汉法派已一败涂地。同样虚弱的忽必烈终于感觉到耳边清净了许多，只剩下阿合马动听的谗言了。

思索一下汉法派覆亡的原因，对蒙古人、汉人来说，都意味深长。

首先是汉化问题。

游牧人入主农耕定居的汉地，如果企图保持长久统治，就势必要采取驾驭农耕文明的权术，而积累了上千年权术势、霸王道经验的一整套统治术则是现成的。凡是从北方和西北俯冲到中原的少数民族无一不是涉及到这个问题，所不同的只是如何取舍汉法。但游牧民族和汉人相比人数很少，进入汉地，采行汉法很容易消失到汉人的汪洋大海里。如何保留本民族的个性、统治和特权，又不被汉人同化，这个度则很难把握。

忽必烈头脑十分清醒，全面改行汉法便意味着全面汉化。全面汉化的命运将同辽、金一样。对汉化，忽必烈十分警惕，他处处以金世宗为楷模，既采用汉法中的治术，但又倡导国俗，遏制汉化的速度。两都制和大游猎本身就带有这种性质。尽管忽必烈做了许多努力，而实际上进入中原的蒙古人，草原的落后习俗与汉文明的腐朽消极成分已经拥抱，特权的庇护温床已垂下帷幕，结合的后裔是蒙古草原的淳朴、强悍和蓬勃向上的进取精神向奢侈、腐化、懦弱和惰怠转化。

而汉化是汉儒们挟带而来的，忽然排斥、猜忌、疏远与打击汉儒，在一旦确立了国家政体之后，便不难理解了。

其次是汉儒本身问题。

忽必烈崇喇嘛教而薄禅宗，徒单公履投其所好，1271年建议实行科举制时譬喻说："儒亦有是（佛），科举类教（喇嘛教），道学类禅。"忽必烈闻之震怒，召姚枢、许衡与耶律铸廷辩。恰巧董文忠从门外过，忽必烈发泄道："汝日诵《四书》，亦道学也。"忽必烈还说过："汉人惟务课赋吟诗，将何用焉！"对汉人不务实用的风气，忽必烈的鄙薄之情溢于言表。

对"廉孟子"希宪忽必烈也发过怒。因廉希宪拘泥于诏书，释京师重囚匿赞马丁，忽必烈大怒道："汝等号称读书，监事乃尔，该当何罪？"廉希宪被罢相后，忽必烈得知廉希宪整日在家读书，不满地说道："读书固朕所教，然读之而不肯用，多读何为？"

许衡、姚枢也有许多迂腐滥调，根本无法解决帝国关乎国计民生的实际问题。对忽必烈来说，空谈等于犯罪。忽必烈对汉儒的疏远不能不说，

汉儒本身也有不可推诿的责任。

第三，元廷费用浩繁问题。

忽必烈的帝国不是处于只有只牛拉辇车的开国时期，它是以豪奢巨赏而著名世界的蒙古帝国的继续。因为忽必烈继位的不合法性，他的岁赐例赏便更殷勤。维系贵族的奢侈需要银两；大兴土木，修建两京需要银两；而连绵不断的战争更需要银两的资助。各项支出让国家财政更加空虚。

忽必烈只能保证百姓不致饿死，但他不能仁慈到攻打南宋的军队不向百姓搜粮刮税的地步。时值灭亡南宋的前后，压倒一切的是增强军力，保证财用。腐儒无力担起重任，忽必烈只有依赖经营策划有方的理财派。

阿合马通过兴铁冶、铸农器官卖、增盐课、括户口、增税、推行钞法、滥发交钞、清核诸官府、追征逋欠等手段使帝国财政得以应付，为忽必烈解决了许许多多的难题，忽必烈自然会喜欢、倚重这个财神爷。忽必烈就曾这样评论、称道他的宰相："夫宰相者，明天道，察地理，尽人事，兼此三者，乃为称职。阿里海牙、麦术了等，亦未可为相，回回人中，阿合马才任宰相。"

言外之意，除此而外，再无堪任宰相之臣了。实际上中书省的权力也正是掌握在回回人手中。因此，尽管汉法派一再抗议、揭露阿合马，但忽必烈丝毫不为所动。甚至在汉法派凋零后，忽必烈还帮助阿合马打击异己。

总结众多的因素，就不难理解汉法派的灭亡了。

从1272年阿合马以平章政事入主中书省，直到1282年，阿合马除了向忽必烈的国库输满天下财货、博得忽必烈的赏识，天下良田、美女和银钞也源源不断流向他本人的库府，这也许是忽必烈不愿听到的。

气焰薰天的阿合马在忽必烈的卵窠里，其不可一世的表演主要集中在：援引奸党，将郝祯、耿仁举荐到中书省，阴谋交通，专事蒙蔽主子忽必烈；在帝国权力各要津处，安插寻佂，他的二十几个儿子遍布帝国权要之处，甚至连他的家奴也长期掌握着大都的兵权；广占良田，"民有附郭美田，辄取为己有"；渔猎各式美女，只要是他看上的漂亮女人，不管是少女还是少妇，都逃不出他的魔掌，他最文明的伎俩是许封美女父亲显爵，而最缺乏人道的是将部臣的母亲、妻子、女儿全部凌辱、蹂躏和奸污；倾陷忠良，党同伐异，只要对他稍不恭敬，那么，此人最起码会身陷囹圄；大量收纳贿赂，甚至截留献给忽必烈的贡品。

阿合马横行霸道使帝国的臣民怨声载道，对他深恶痛绝，愤恨至极；忽必烈也觉得其权力的无边无际，有失自己的面子。

忽必烈觉察到阿合马虽然能给自己带来财富，但也可能招致巨祸。于是决定裁剪阿合马的专权，将皇太子真金推到阿合马的面前。真金的思想是地地道道的儒术的翻版，他对阿合马的横征暴敛、骄恣枉法早怀厌恶，只是碍于父面，未敢发作。当接到父汗令他参决朝政的诏命后，他做的第一件事就是用弓敲打阿合马，当阿合马满脸伤痕跑到忽必烈跟前时，忽必烈问："你的脸怎么了？"阿合马嗫嚅而改口道："被马踢了。"真金当场揭穿他："你说得真无耻，这是真金打的。"真金感觉到父汗没有发怒的意思，接着干第二件事：当着忽必烈的面，狠狠将阿合马殴打多时。从此之后，阿合马见了真金像猫一般温顺，或者像老鼠一般溜掉。

被逼退到绝崖边上的汉臣终于颖出两位勇士，一位是具有古士侠风、嫉恶如仇的益都千户王著，一位是王著的朋友僧人高和尚。王著冒着杀头危险偷铸了一个大铜锤，发誓要为民除害，为国除奸；高和尚则诈称身怀绝技，能役鬼助战、遥控敌人，取得枢密副使张易的信任。

1282年三月，忽必烈带着真金等家眷、鹰师及其他随从例行前往上都。大都只有阿合马留守，处理政务。王著、高和尚决意趁机行事。经过

周密部署，十七日，王著矫传皇太子真金令，命中书省备办斋品供物，称真金要回都作佛事。中午，王著又遣崔总管通知张易发兵，于当夜会聚东宫。同时，王著本人亲自驰告阿合马率中书省留守官员到东宫等候真金；又分遣一部分敢死队前往居庸关控守；另一部分敢死队则簇拥皇太子的仪仗，浩浩荡荡，向健德门进发。

阿合马觉得事出蹊跷，但又慑于真金的雄威，仍如期赶往东宫，不过，他还是不放心，就派中书右司郎中脱欢察儿带数骑前去觇伺。脱欢察儿出健德门10里，碰到王著假扮的皇太子大队人马，尽被王著所杀。

入夜二更时，王著的伪太子大队人马在烛光旗影中抵东宫西门。守卫东宫的高鹗与尚书忙兀儿、张九思、张易均集兵东宫，准备迎候，高、张二人有些疑惑，派人询问。王著等见西门不成，转趋南门。至东宫南门，阿合马和中书省官员正在恭候。假真金传令阿合马率省官上前，责备了阿合马几句，王著立即将阿合马拽到一旁，袖出铜锤，砸碎其头。一代奸妄，顿时毙命。

接着又传呼中书省左丞郝祯，郝祯也莫名其妙地被杀。右丞张惠比较幸运，仅被传来囚禁一旁。

枢密院、御史台、留守司的官员们遥望着前面烛光下影影绰绰晃动的身影，忙忙碌碌，似乎飘荡了杀气，一个个敛声屏息。众人正迷迷瞪瞪之际，从西门跑到南门的张九思从宫中大喊一声："叛贼！"留守司达鲁花赤博敦闻声彻悟，持梃飞身上前，将马背上的假真金击坠，转身命令卫兵弩箭齐射。王著的部众四散奔逃，而王著本人则挺身请缚。次日清晨参与谋乱的人大多被处决。高和尚逃到高梁河，也被捕。

正驻帐察罕脑儿的忽必烈，听到因自己放纵宠幸而与阿合马一道暖孵的帝国炸雷后，惊愕了半天，但他随即便从震怒中清醒，立即回銮大都，同时派李罗、礼霍孙等箭驰大都镇压乱党。二十二日，王著、高和尚被诛于市，张易也被处以极刑。王著临刑，凛然自若，大呼："王著为天下除害，今死矣，异日必有为我书其事者！"

大都暴动在忽必烈内心掀起了狂澜巨浪，汹涌的大潮拍打着他的一个个问号。阿合马为什么被杀？王著等人不惜抛颅洒血意味着什么？张易的神秘表演为什么没被戳穿真相？张易的幕后是否还有他人？层层谜团让忽必烈如坠云里雾里。

人骑图

忽必烈冷静之后，收拾一下丛聚的疑点，再次施展他杰出的政治天才。他不断地想：阿合马虽然激起了绝大多数汉人的愤怒，但他显然是自己的替罪羊。如果自己也在大都宫中，后果简直不堪设想。对阿合马应该厚葬，借以抚慰回回以致整个色目人的惊悸，以防掌握着帝国各处权柄的色目人因恐惧而四溅愤怒和报复，汉人的暴乱已使帝国群情激昂，决不能让叛乱也蔓延到色目人中。因此，花费巨额金钱、派遣达官贵人去隆重埋葬阿合马是值得的。王著、高和尚死有余辜，但张易则更令人心寒，幕后策划人显然是张易，不然王、高无法调动那么多军队。王、高本人之所以能在宫廷走动也多得张易的引荐，而且最直接的理由的是张易不仅率右卫指挥使颜义的军队前往东宫，还知道，最起码是在高梢的一再追问下说过"皇太子来诛阿合马"的话。由此推断张易知悉王著的密谋，不能算冤枉张易。很可能是掌握着帝国一部分军权，而且对大都、宫城、皇城都非常熟悉的张易为王、高策划了具体的暴乱计划。不处张易极刑不能泄自己的心头之恨，也不足以平色目人之忿，但更重要的是

要敲山震虎，威慑汉人官僚不要再想入非非。对王、高、张最好是将他们的肉做成肉酱，分发给汉人官僚及其他有疑问的人，这不亚于剑架肉脖的威吓。心理战是现在最合适的办法。看来这次暴乱非常有组织，除首恶外，多达上千人，甚至能将东宫的仪仗、印信都调拨出来，其中有不少的是汉人总管、千户，所以能顺利穿过大都城门、宫城门而进入太子宫。真金会不会真的与这次谋乱有关？因为他是最讨厌阿合马的。不，不，儿子是自己的骨肉，他怎么会干这种傻事呢？除了儿子，在帝国内还能信任谁呢？肯定张易的背后还有更大的人物，张易的老同学、过往甚密的张文谦就值得怀疑。这一次比王文统案更复杂、也更危险，再次庆幸，自己没有在大都。

勤农兴业

元朝初创时期，就比较重视农业的发展。

1260年，忽必烈即位不久，就设立了十路宣抚司，命令十路宣抚司注意农业的丰歉，并挑选通晓农业生产知识的人当劝农官，掌握旱涝虫情，领导督促农业生产。

1261年，忽必烈又设立了劝农司，令汉人姚枢为大司农，以陈邃、崔斌等八人为劝农使，分头到各地去考察农业的生产情况，招集流民散勇，返回家乡，从事农桑。

1270年十二月，忽必烈下诏改劝农司为大司农司，增加官员，到全国各地去巡视慰问经过战争灾难的地区。命御史中丞孛罗兼大司农卿。丞相安童认为，孛罗是朝内重臣，兼大司农卿，有些大材小用。就上书给忽必烈，让调换个人，认为孛罗不合适。

忽必烈看了安童的奏折后，说："管理农桑水利，这事非同小可！国家以人民为本，人民以衣食为本，衣食以农桑为本。我深感农业丰歉对治国安邦至关重要。只有派重臣管理，才能引起朝野上下的重视，不致于轻农桑、缀耕织，造成国穷民困！我是经过仔细考虑，才决定让孛罗总领大司农司的！"安童听了，心悦诚服。

大司农司主要管理农桑水利事宜，并考察地方官的勤惰，申报提升在农业管理上有成绩的地方官，处治那些荒废农桑的官吏。

大司农司成立后，为了促进农业的发展，推广先进的耕作技术，忽必烈下诏书，专门组织人力，编写了一部适合当时农业生产的书籍《农桑辑要》。这部书成于1273年，是从古代农书中选择有实用价值的东西，再加上当时一些有成效的农桑种植经验编纂而成的。这本书对指导当时农业的生产，起了很重要的作用。

由于农业生产的需要，水利建设也就引起了忽必烈的重视。

1261年，忽必烈就命令怀孟路广济渠提举王允中、大使杨瑞，招募民工，督领开渠治河，从太行山下沁口古迹处开凿分水渠口，引沁水东流，经古朱沟流入黄河。这条大水渠可灌溉济源、河内（今河南沁阳）、河阳（今河南孟县）、温县、武陟等五县土地三千多顷。因收益比较广，所以就叫广济渠。

1281年，忽必烈为了解决运输灌溉问题，下令修通隋炀帝时开凿的大运河。首先开通了从泗水到汶水一段。接着，又修通了自东昌路须城县的安山，经过寿张到临清进入御河的一段，这段叫通会河。

1292年，都水监郭守敬建议开通大运河的最后工程。就是从昌平县白

浮村开始，穿过大都，东至通州，与白河沟通。郭守敬还画出了详尽的施工图。

忽必烈看后，异常高兴地说："好，马上动工！"在动工前一天，忽必烈命令满朝文武，自丞相以下，无论大小官员，都到工地劳动，挖土打坝。

1293年，这段工程竣工。至此，纵贯南北的大运河又沟通了。

一天，忽必烈从大都往上都去。经过积水潭，见运河中大小船只来往不断，运输繁忙，非常高兴，就把这段运河叫通惠渠。

郭守敬是河北省邢台人。他的祖父郭荣是位精通数学和水利的人，对少年时代的郭守敬影响很大。郭守敬十几岁时，就跟他爷爷的好朋友刘秉忠学习。

刘秉忠通晓天文地理，精于术数，是当时很有名的学者。他与张文谦都很受忽必烈的重用。

1262年，忽必烈急切需要懂水利的专家，张文谦就向忽必烈推荐了郭守敬。这时，郭守敬已经三十二岁。

忽必烈召见了郭守敬，询问水利方面的问题。郭守敬提出了兴修水利当时应急待解决的六件事，很得忽必烈的赏识，马上被任用，命他提举诸路河渠。后来，又加授银符、任命为副河渠使。

1264年，郭守敬随张文谦到西夏（今甘肃宁夏县）视察水利，修复了唐来渠和汉延渠。

第二年，忽必烈就任命他为都水少监，使他专心致力于水利建设。

早在元朝统一全国之前，刘秉忠就认为，祖冲之的《大明历》，自辽金以来沿用了二百多年，误差越来越大，很不适用，提出要修改历法。可是，还没等实施，刘秉忠就死了。

1276年六月，忽必烈诏命王恂和郭守敬主持修改《大明历》的工作。

元·青工化釉里红开光镂花盖罐

忽必烈在修改《大明历》的诏书中说：如今天下大定，全国统一。从南到北一万多里，气候和时间有差别；东边到西边，同一天，日出和日落便不一样。我们自从取得中原以后，至今仍沿用《大明历》，从南北朝到现在已七百余年。旧历错讹较多，时令计算不准，耽误农桑稼穑。放牧掌握不住气候变化，航海辨不准方向。现在极需要测天候、量地极、观星象、计算时数。所以，特命郭守敬等测天量地、定准方位、校正时间，制定新历。

忽必烈又特地召见郭守敬，对他说："国师刘秉忠一生有志于修改旧历，不幸早逝，临终时仍念念不忘这件事。你是国师的门生，理应担负此重任，完成他未竟的大业。"

郭守敬说："陛下，臣定万劳不辞，呕心沥血，编制新历。请陛下放心！"并建议说，"编制历法要靠实地测验。测验靠仪器，而我们现在的仪器都很简陋。像司天浑仪，是二百多年前宋仁宗皇祐年间，在汴京（今开封）制造的，与当今大都灵台（即天文台）的天度不相符合。测算南北极，大约误差四度。这些仪表古老陈旧，不可靠，需要重新制造。"

忽必烈同意了郭守敬的意见。并命张文谦与枢密张易、左臣许衡等，帮助郭守敬和王恂办好这件事情。

郭守敬自己动手，重新制造和改制天文仪器。他针对浑仪的缺点，制造了一种新的仪器——简仪。

元以前的浑仪很复杂。用它测量天体的赤道坐标、黄道坐标和地平线坐标的读数，每个系统都要有一个专门的圆环。这样，就有八九个大大小小的圆环相套，不但移动不方便，而且也妨碍观察。郭守敬大胆改造，精

简了黄道坐标，而把赤道坐标和地平坐标分制成两个独立的装制：一个是赤道装置，一个是地平装置。这两个装置构造既简单，使用又方便。

另外，郭守敬还制造了日食仪、月食仪、候极仪、日晷定时仪、日出永短图、量天尺（现完好地保存在河南登封郜城观星台）以及玲珑仪、灵台水浑等二十多种观测天象和表演天象的仪器。

一天，郭守敬把制成的仪器（包括量天尺模型。量天尺是大型天文仪器建筑，不能搬移）一件件都摆在宫内，请忽必烈过目。忽必烈很有兴致地看着，不时地问着。郭守敬详细地介绍每种仪器的原理和作用。忽必烈听得津津有味，简直入了迷。他不知疲倦地看了整整一天。

第二天，忽必烈在太和殿召集文武大臣，盛赞郭守敬学问渊博，制作精巧，有创造精神。

郭守敬奏道："唐代天文学家一行法师，在开元年间，叫南宫说测量日影。从书中的记载看，当时在全国设有十三个观测点。现在，我们的疆域比唐代大多了。假若不设更远更多一些的观测点，则全国各处日月交食的时间不同，白天黑夜长短不一样，各地与日月星辰的距离远近不等，这就测验不准。要想测准确，需在全国建造二十七个观测站，派人日夜守候。"

忽必烈非常支持他的意见，马上任命了十四名监候官，到各地观测点去，建站进行工作。郭守敬就以河南登封观星台为中心台站，东到高丽（今朝鲜），西去滇池（今云南晋宁县东），南过朱崖（今广东琼山东南），北至铁勒（在北极圈附近，相当于今俄罗斯图拉河到黑海一带），纵横四海，跋山涉水，踏烂铁鞋，风餐露宿，在全国范围内，展开了规模宏大的测验活动。

郭守敬不辞劳苦，奔波于全国各地的观察站，收集第一手资料，日日夜夜守候在观测仪旁。经过四年的辛勤劳动，终于在1280年编成了新历，

忽必烈亲赐名为《授时历》。

1281年，《授时历》正式颁行全国。《授时历》推算出：一年为365日5小时49分12秒，它比今天我们测量出来的地球绕太阳一周的时间只差26秒，这是世界历法史上的第一次准测。《授时历》比国际上通行的格利哥里历早三百年！

弘扬文化

忽必烈虽然出身于文化发展较晚的蒙古民族，但他一进入中原，接触到中原地区先进的文化和科技，就被那些迷幻般的成就所吸引，开始认识到弘扬文化和发展科技的重要性。因此，他即位以后，积极采取措施，大力发展科技和文化，取得了举世瞩目的成就，在中国科技文化史上占有极其重要的地位。

八思巴是土蕃（藏族）萨斯迦人，生于佛教世家，七岁时就能诵读数十万字的佛经，国人称他为"圣童"，因此取名为"八思巴"（"圣者"的意思）。

窝阔台汗时期，蒙古军进入西藏，八思巴的伯父萨斯迦·班弥怛·功嘉监藏代表西藏各僧俗首领向蒙古表示归顺，从这以后，他们进一步与蒙哥汗和忽必烈联系起来。1253年，忽必烈亲征大理，胜利凯旋，八思巴在六盘山谒见忽必烈，对答如流，深受忽必烈喜爱。后来，忽必烈让他管理天下佛教和西藏地区政务。

　　蒙古初兴之时，没有文字，据《蒙鞑备录》、《黑鞑事略》等书记载，那时，凡发命令，遣使往来，皆用口传或刻木记事，很不方便。成吉思汗攻灭乃蛮，掳获了乃蛮的掌印官塔塔统阿。塔塔统阿精通畏兀儿（维吾尔）文字，成吉思汗就让他创制蒙古文字。塔塔统阿受任之后，以畏兀儿字母书写蒙古语言，用来教育成吉思汗的子侄等，正式创立了畏兀儿字体的蒙古文字，后世称为回鹘式蒙古文。但这种文字简略，表情达意不能尽如人意，用起来不算太方便。后来，成吉思汗又用金国降臣帮助他用汉字书写对金对宋公文，在其他少数民族中仍然使用本民族文字，如契丹文、女真文、畏兀儿文以及波斯文等。这种情况，不利于突出蒙古人的特殊地位，不利于民族文化的发展，也不利于大蒙古国的统治。

　　忽必烈即位以后，充分意识到这一问题，他说："我国家肇基朔方，俗尚简古，未遑制作，凡施用文字，因用汉楷及畏吾字，以达本朝之言。考诸辽、金，以及遐方诸国，例各有字，今文治寝兴，而字书有缺，于一代制度，实为未备"。因此，特任命八思巴重新创制蒙古文字，以便能够"译写一切文字，期于顺言达事"。

　　八思巴受任之后，遍阅藏文、畏兀儿文和汉文字书，仿照藏文字母创造了蒙古新字字母41个（后来又增加2个字母），行款仿照畏兀儿文字，以音节为单位自上向下拼写，行序从左到右。八思巴创制的蒙古新字是一种拼音文字，这些拼音字母按相关字母组合成新字的，叫韵关之法；以二合、三合、四合组成新字的，叫语韵之法。41个字母按不同的方式组合，可以组成新字1000多个。用这种蒙古新字拼写蒙古语，比原来的畏兀儿字准确得多。比如，畏兀儿体蒙古文，一个读s音的字母，又可以读作sh、ds、c、z、zh，一字六音，太容易混淆。而在八思巴创制的蒙古新字中，这六个音是用六个字母表示的，分得很清楚。用这种蒙古新字来拼写汉语，就当时的水平来说，也是比较精确的。

八思巴创制蒙古新字以后，上奏忽必烈，忽必烈见了新字，非常喜欢，当即定名为"蒙古新字"。至元六年（1269年），忽必烈下诏以新制蒙古字颁行天下，规定，"自今以往，凡有玺书颁降者，并用蒙古新字，仍备以其国字副之"。后来又下诏，禁止把这种蒙古字称作"新字"，只称"蒙古字"，目的是要确立这种蒙古新字唯一的合法地位。八思巴所创制的这种蒙古新字，后人习惯上称为"八思巴字"。

八思巴字是中国历史上第一个拼音方案，其字母表的设计，特别是它的整个文字系统的建立，都是中国文字史上的一个创举，在中国民族文字史上占有重要地位。

八思巴文字是由忽必烈亲自提出，并在他的直接关怀下创制成功的，是忽必烈以武力平天下转向以文治国的措施之一。八思巴字创制以后，他大力推广，至元六年（1269年）七月，在诸路设置蒙古字学，第二年设蒙古字学教授。至元八年（1271年）又立京师蒙古国子学，以八思巴字教习诸生，于随朝蒙古、汉人百官及怯薛官员的子弟中选拔学员，用八思巴文译写《通鉴节要》，作为教本等。忽必烈在推行八思巴字的同时，并不禁止蒙古等其他少数民族人员学习汉文，当时，许多蒙古人对汉文都很精通。

忽必烈任用八思巴创制蒙古新字，方便了蒙古族的政治、经济、文化交往和经验传播，促进了民族教育的发展，特别是为蒙古族经济、文化的发展做出了重要贡献。

元曲与唐诗、宋词齐名，共同成为我国文学史上的瑰宝，名扬古今中外。

一般认为，元曲的发展分为前后两个时期，前期格调清新，最为兴盛活跃，后期则远远不及。即是说，元曲的最高成就在元代前期。元曲前期的主要代表人物是关汉卿、王实甫、白朴、马致远四大家，其中，关汉卿死于1300年，比忽必烈晚死6年，毫无疑问，与忽必烈是同时代人；王实甫虽然生卒年不详，但从零星史料分析，可知他是由金入元之人，主要活动在忽必烈时期；白朴大约死在1306年，在忽必烈死后又活了12年，其元曲创作的辉煌时期亦当在忽必烈时期；唯有马致远死的晚一些，大约在1321年左右，比忽必烈晚死了27年，但他在忽必烈统治时期正值10～45岁风华正茂的时期，其主要成就恐怕也在这一时期。因此，我们可以毫不夸张地说，元曲发展的最高峰是在忽必烈统治时期。尤其是关汉卿，他基本上与忽必烈同时代，所取得的主要成就都在忽必烈时期，可以确信无疑。

关汉卿是大都人，终生从事杂剧创作，被誉为"梨园领袖""编修帅首""杂剧班头"。他才高风流，能吟诗写画，会弹琴吹箫，也能歌唱舞蹈，有时心血来潮，亲自登场演出，是一个能编、能导、能演的大戏剧家。他一生写了60多种剧本，现存10多种，其中，《窦娥冤》是他最出色的代表作。

《窦娥冤》的思想性和艺术性都极高，受到各国人民的喜爱，早在1838年就被泽成法文传播到欧洲各地，后来又有日译本，原苏联还演出过全剧。关汉卿本人也被列为世界文化名人而载入世界史册。

王实甫、白朴、马致远的成就也很高，名扬海外。

忽必烈时期，元曲为什么会取得如此伟大的成就，固然是关汉卿等剧

秋郊饮马图

作家努力的结果，但与忽必烈的统治政策也不无关系。

由于忽必烈实行了一系列发展经济的措施，使元初的农业、手工业，特别是城镇经济有了一定程度的发展，这就为元曲的繁荣准备了充裕的物质条件。为适应统治阶级欣赏宴乐和广大人民的文化要求，南北各大城市都出现了大批的伎艺人和集中演出的勾栏瓦肆，特别是大都和杭州最为兴盛。同时，农村也经常开展戏曲活动，节日、庙会等成为农村的演出日，一些著名演员也经常到各地作场。元曲的这种繁荣只有在天下安定、经济发展的形势下才会出现。这种天下安定、经济发展的形势与忽必烈精心治国是分不开的。

忽必烈建立的元朝，疆域辽阔，民族众多。忽必烈虽然把人分成四等，但不反对民族间的交往、学习、通婚和融合。正是在民族不断交往的形势下，汉族、女真族、蒙古族等各民族的乐曲逐渐融汇，才出现了元曲这一新兴的文学艺术形式。据专家研究，元曲虽是在唐诗宋词的基础上发展而来，但吸收了许多契丹人、女真人、蒙古族的乐曲和文学精华，到了忽必烈建立元朝，正好为这种民族文化融汇提供了前所未有的社会条件，促使元曲迅速走向繁荣。

特别是忽必烈实行各种思想兼容并蓄的政策，允许各种思想自由发展，对元曲繁荣起到了极大的推动作用。当时，蒙元刚刚灭夏、灭金、灭宋，民族矛盾非常尖锐，亡国之人对蒙古统治者的敌对情绪十分强烈。忽必烈对这种敌对思想和情绪只是因势利导，决不随意挞伐，就是有人表示反对政府，或在戏曲等作品中鞭挞社会黑暗和统治阶级的腐朽，他也不兴文字狱迫害文人，随便文人随意嘻笑怒骂、嘲风弄月。忽必烈所实行的这种宽松政策，是当时元曲繁荣的主要原因。因此，我们可以毫不夸张地说，元曲的繁荣也有忽必烈的一份功劳。

忽必烈对各种思想兼容并蓄，实行各种文化自由发展政策，有力地促

进了文化的发展，书法和绘画也随之繁荣起来。

忽必烈时期的书法绘画成就很多，其中，赵孟頫的作品影响最大，他是在忽必烈的直接笼络下发展起来的。

赵孟頫，字子昂，号松雪道人，是宋太祖赵匡胤嫡传十一世孙。史书说他天资聪颖，读书过目成诵，为文操笔立就，而且学习十分刻苦，有强烈的"学以致用"思想，愿意为国家兴旺发达贡献力量。但是，还未等到他施展才华，南宋就被元军灭亡了。赵孟頫作为宋朝宗室后裔，只好闲居家中。

忽必烈即位以后，为了治理国家，大力搜集笼络人才，颇有求贤若渴的味道。至元二十三年（1286年），他又派遣行台侍御史程钜夫到江南搜访贤才和有声望的人物。程钜夫到达江南，听说赵孟頫很有才气，便劝他北上帮助元世祖忽必烈。赵孟頫经过一番思考以后，决心应召北上。

神采秀异的赵孟頫随着忽必烈的求贤大臣程钜夫来到大都，忽必烈见他才气英迈，神采焕发，有如神仙中人，非常喜欢，特让他坐在右丞叶李之上，并想重用他。可有一些人说赵孟頫是"故宋宗室"，不让忽必烈留在身边。忽必烈不听，先后授予赵孟頫兵部郎中、集贤直学士等职，并想让赵孟頫与闻中书政事，特旨令其出入宫门无禁。赵孟頫受到了忽必烈的特殊优遇。

赵孟頫越受优待，越有人以为他是"故宋宗室"，说三道四。赵孟頫见自己继续留在京师，不但对自己不利，也给忽必烈增添了许多麻烦，遂力请外出。忽必烈虽经百般挽留仍然留不住，只好出其为知济南路总管府事。

赵孟頫看到自己壮志难酬，便把主要精力放到了书法和作诗写画方面。

在作诗方面，赵孟頫提倡学习李白和杜甫，作文主张师法韩愈和柳宗

元，一扫宋末靡丽纤弱的诗文风气。他在《岳鄂王墓》诗中写道：

> 鄂王坟上草离离，秋日荒凉石兽危。
> 南渡君臣轻社稷，中原父老望旌旗。
> 英雄已死嗟何及，天下中分遂不支。
> 莫向西湖歌此曲，水光山色不胜悲。

这首诗在众多的歌吟岳飞的诗中，别具一番风采，长期为人们所传诵。

绘画方面，赵孟頫的成就很大。他擅长山水、花木、竹石、人物、马牛、禽鸟等。他学习绘画特别注意博采众长之后自成一格。他学阎立本的人物画，学南唐董源的山水画，学宋人李公麟的马和人物画，学花光长老以墨晕作梅花，学赵孟坚用笔轻拂他石。每得到一张纸，总是画了又画，才肯丢掉。经过刻苦学习，他的绘画终于取得了重要成就。他画的马形神兼得，栩栩如生。有一天，他的挚友戴表元看他画马，当即题诗说：

> 赵子奇才似天马，顷刻飞龙生笔下。
> 画成抚卷复长歌，坐客喧喧不停写。
> 蹄势轻鞭秋跌荡，鬃毛出跳风萧洒。
> 似嫌文绣减天真，尽脱鞍鞯辔轻把。

赵孟頫的绘画一扫南宋院体，开一代绘画新风，成为元代初期画坛领袖，对元代后期以至明清绘画都有很大影响。

赵孟頫的书法，更是别具一格。他自幼苦练写字，临摹各家书帖，仅陈朝智永的《千字文》就写了500多张纸。经过长期临摹，他能做到临摹谁就像谁。有一次，他与朋友谈论书法后，当即临写唐人颜真卿、柳公权、

徐浩、李邕四家法帖，件件与真迹相差无几。又有一次，他用唐人褚遂良的笔法写了一卷《千字文》，他的朋友从市面上买到了那件作品，以为是唐人真品，拿给赵孟頫看并请他写跋语，方知出自赵孟頫之手。

赵孟頫不但注重学习历代书法家的书法，而且注重融汇贯通。经过努力，终于形成了自己的风格。他的篆、隶、楷、行、草书"无不冠绝古今"，用笔圆转流美，骨力秀劲，世有"赵体"之称，对后世影响很大。

赵孟頫认为书法和绘画方法相同，他曾作诗说：

石如飞白木如籀，写竹还应八法通。

若也有人能会此，须知书画本来同。

赵孟頫经过多年实践，悟出了书法和绘画的真谛，把两种艺术紧密地结合在一起，推陈出新，取得了举世瞩目的成就，号称"双绝"，名扬天下。当时，四方万里，以至日本、印度人士，都以珍藏他的作品为贵。《元史·赵孟頫传》记载说："天竺有僧，数万里来求其书归，国中宝之。"

忽必烈时期的书画等文化成就，与忽必烈鼓励发展文化是分不开的。

强势外交

第六章

封国治理

　　自从成吉思汗建立大蒙古帝国以来，他们就把驰骋疆场、掠夺人口和税赋、扩大统治范围看成是一种光荣而高尚的事业，因此，成吉思汗及其子孙们曾先后三次发动大规模西征，建立了钦察、察合台、窝阔台和伊利四大汗国。忽必烈夺取政权以后，虽然没有继续发动西征，但窝阔台汗国的海都纠集察合台汗国势力与忽必烈急夺汗位的斗争一直没有停止，钦察汗国和伊利汗国则想乘机走上独立发展的道路。忽必烈为了取得对阿里不哥及窝阔台汗国和察合台汗国斗争的胜利，相继承认了钦察汗国和伊利汗国对该地区的统治权，但规定他们必须承认元朝的宗主国地位，汗位继承必须取得元朝大汗许可，并分遣子弟入侍及朝聘往来等，于是，钦察和伊利汗国发展成为元朝的宗藩之国。至于窝阔台汗国和察合台汗国，忽必烈自始至终没有允许他们走上独立发展的道路，名义上仍为元朝直接统治范围，所以，忽必烈同窝阔台、察合台后裔诸王的斗争，是忽必烈巩固汗位和巩固国家统一的斗争，不是对外侵略战争。

　　忽必烈虽然没有发动西征，但他继承了成吉思汗的事业，仍然把扩大统治范围看成大汗应有的光荣和高尚的事业，在灭宋期间及其以后的一段时间内，相继对日本、安南、缅国、爪哇等国发动了战争。在对外战争及交往中，忽必烈能征者征，能抚者抚、征抚结合，交往频繁。特别是同欧洲一些国家，采取了和平交往的形式，加强了双方的政治、经济和文化交

流。这种征抚结合、弹性外交的政策，成为忽必烈外交的一大特色。

成吉思汗划分四子封地时，长子术赤的封地在额尔齐斯河以西、花剌子模以北，直到蒙古军马蹄所到之处。1235年—1242年，窝阔台派遣术赤第二子拔都率军进行第二次西征，占领了乌拉尔河以西伏尔加河流域钦察、不里阿耳等部族，并征服了斡罗思（即俄罗斯）等地。1242年夏，拔都接到窝阔台汗去世的消息，班师回国。1243年初，拔都到达伏尔加河下游，以萨莱城（今阿斯特拉罕附近）为首都，正式建立了东起额尔齐斯河、西至多瑙河、南辖克里木半岛和北高加索的钦察汗国。由于拔都所驻的穹帐使用金顶，故钦察汗国也称"金帐汗国"。在钦察汗国境内生活着花剌子模人、不里阿耳人、莫尔多瓦人、阿速人、希腊人、俄罗斯人、钦察人、康里人、蒙古人等各族人。

在忽必烈与阿里不哥争夺汗位期间，钦察汗国已经进入别儿哥（拔都之弟）统治时期，别儿哥表面上表示拥护阿里不哥，但实际上对阿里不哥与忽必烈的汗位之争并不介入，只是向双方派出使者进行劝和。接着，钦察汗国与伊利汗国为了争夺高加索地区而发生了战争，因为伊利汗国是忽必烈同母弟旭烈兀建立的，所以不能不影响钦察汗国与元朝的关系，钦察汗国开始对忽必烈有所戒备。

忽必烈为了取得对阿里不哥及西北诸王斗争的胜利，表示承认钦察汗对其地区的统治权。至元三年（1266年），别儿哥去世，拔都之孙忙哥帖木儿即位，正式得到忽必烈册封。海都叛乱，忽必烈为了联合钦察汗国共同打击海都，曾先后四次派遣铁连出使钦察汗国。铁连是乃蛮人，曾任过拔都王傅，为术赤系家臣。《元史·铁连传》说铁连"魁伟寡言，有谋略"，且善于"雄辩"。铁连到达钦察汗国，告以海都叛乱之事，请求忙哥帖木儿出兵夹击，忙哥帖木儿当即表示，"祖宗有训，叛者人得诛之。如通好不从，举师以行天罚，我即外应掩袭，剿绝不难矣。"后来，忙哥

帖木儿虽曾一度出兵，但不久即与海都和好，曾与海都联合攻打察合台后王八剌，既而，与海都、八剌在答剌速河畔举行大聚会，划分了各自在中亚地区的势力范围，并支持八剌进攻伊利汗国。至元十三年（1276年），皇子那木罕和丞相安童率兵抵御海都，由于蒙哥之子昔里吉叛乱，皇子那木罕被劫送到与海都联盟的钦察汗国，一拘留就是八年，直到至元二十一年（1284年）脱脱蒙哥即位时，才将那木罕遣送还朝。同时，脱脱蒙哥致书忽必烈，表示臣服。从此，钦察汗国与元廷的关系才走上正常发展轨道。

忽必烈时期，虽然与钦察汗国的关系一波三折，但并未影响双方的政治、经济、文化交流。

这一时期，钦察汗国的主要政治、经济制度和组织，都是仿照大汗之廷规制的。在元朝通行的驿传制度开始在钦察汗国生了根，忽必烈发行的纸钞也开始在钦察汗国的大地上出现，火药和火器也传入钦察汗国，俄罗斯等武士均从蒙古人那里学会了铁火罐等使用火药引起燃烧和爆炸的新式火器。不少元朝工匠被迁至钦察汗国，在那里从事武器制造、铜镜制造等工作。俄罗斯等贵族开始采用东方服饰，也穿起了皮靴、长衫，戴上了圆帽，扎起了腰带，配上了桦皮弓和蒙古弯刀等。钦察汗国的人们也普遍形成了饮茶的习惯等等。内地的经济和文化对钦察汗国的影响实在不小。

钦察汗国的文化对元朝影响也很大。钦察、阿速、俄罗斯等族将士和工匠大量入居元朝，忽必烈时期，曾有大量钦察人跟随忽必烈征伐大理和南宋，忽必烈曾将钦察人单独组建一军，并列入宿卫军，至元二十三年（1286年），特立钦察卫，有行军千户19所，屯田3所，又曾调集1512名卫士在清州等地屯田等。忽必烈也曾将阿速人组建的军队列为宿卫军，至元九年（1272年），正式设立阿速拔都达鲁花赤，招集阿速正军3000多人，又选阿速揭只揭了温怯薛丹军700人，随从忽必烈车驾，宿卫

京城等。

忽必烈时期，服务于元廷的、属于钦察汗国地区的著名将领和大臣、科学家也很多，其中影响最大的有土土哈和不忽木等人。

土土哈（1237年—1297年）是钦察人，班都察之子。拔都西征时，班都察投降蒙古，后来转到忽必烈帐下，跟从忽必烈征伐大理和南宋。中统元年（1260年），土土哈其父随从忽必烈征讨阿里不哥，并立了功，因而承袭父职为循卫哈剌赤长。至元十四年（1277年），海都叛乱时，土土哈率钦察军千人从伯颜北征，在追击脱脱木儿及昔里吉时，立有战功，得到大量赏赐。后来，被提升为枢密副使兼钦察亲军卫都指挥使，得到自任族人为官属的特权。又在平定乃颜、哈丹叛乱和抵御海都等西北诸王叛乱斗争中立下汗马功劳，受到忽必烈赞扬。

不忽木（1255年—1300年）出身于西域康里贵族家庭。"康里，即汉高车国也"。高车，也称丁零，魏晋以后称敕勒、铁勒等，南北朝时为突厥所并，隋时发展为回纥，在反抗突厥的斗争中不断发展壮大起来。唐德宗时改称为回鹘，元朝时大部分发展为畏兀儿，其中一部为康里。据陈垣先生考证，康里在畏兀儿西北，为成吉思汗长子术赤所封之地，即属于钦察汗国之人。不忽木的祖父海蓝伯和父亲燕真均为成吉思汗所俘，燕真被赐给庄圣皇后（即忽必烈母唆鲁禾帖尼）抚养，后来送给忽必烈为侍从。因此，不忽木得以留在忽必烈身边，并给事太子真金之东宫，从学于大儒王恂、许衡等，成为儒家思想的忠实信徒。忽必烈晚年提拔为中书平章政事，为忽必烈晚年的政治稳定作出了重要贡献。

钦察汗国地处欧亚北路交通要冲，欧洲商人和使节大多取道钦察汗国来元朝，他们走这条路虽然比较艰难，但很安全；元人前往欧洲，也有不少人通过钦察汗国。也有的商人先将货物运到钦察汗国，再转运到元朝；元朝商人也将货物运到钦察汗国，再转运到欧洲等地。因此，钦察汗国的

首都萨莱成为沟通东西的国际性都市,输入产品极多,且成为东西方交往的中转站。钦察汗国在沟通欧亚交通,促进欧亚政治、经济和文化交流方面,作出了重要贡献。

伊利汗国是忽必烈的三弟旭烈兀建立的。1252年,蒙哥汗派遣旭烈兀率军进行第三次西征,旭烈兀在成吉思汗和窝阔台汗时期占领波斯大部分领土的基础上,攻陷报达(今伊拉克巴格达),灭掉黑衣大食(阿拉伯帝国阿拔斯王朝),又分兵攻入叙利亚等地。蒙哥死后,忽必烈与阿里不哥开始争夺汗位,忽必烈为了取得旭烈兀等人的支持,派人告知旭烈兀道:"各地区有叛乱,从质浑河(阿母河)岸到密昔儿(埃及)的大门,蒙古军队和大食人地区。应由你旭烈兀掌管,你要好好防守,以博取我们祖先的美名"。正式答应将阿母河以西直至埃及边境的波斯地区的蒙古、大食等军民划归旭烈兀统治,建立了伊利汗国。伊利是突厥语"从属"之意,旭烈兀以"伊利"为汗国名称,表示他愿意从属于大汗忽必烈。确实,在所有的宗藩之国中,伊利汗国与元朝的关系最为密切,在忽必烈与阿里不哥、北方诸王斗争中,伊利汗都站在忽必烈一边。

旭烈兀以后,伊利汗国的汗王即位,都必须接受元朝册命方为生效。《史集》记载,旭烈兀以后,诸王和大臣们一致拥护旭烈兀的长子阿八哈继承汗位,阿八哈说:"忽必烈汗是长房,怎能不经他的诏赐就登临汗位呢?"后在诸王和大臣们的强烈拥戴下,阿八哈表示同意继承汗位,但要权摄国政,同时遣使向忽必烈报丧,请求忽必烈册命他为汗。"在忽必烈合罕陛下的急使送来以他合罕名义颁发的玺书前,他端坐在椅子上治理国家",始终不坐大汗之宝位。直到至元七年(1270年),忽必烈派来使者"带来了赐给阿八哈汗的诏旨、王冠、礼物,让他继承自己的父亲成为伊利地区的汗,沿着父祖的道路前进",才"第二次登上汗位",正式举行即位大典,"照例举行了欢庆仪式"。此后,伊利汗接受元朝大汗册命,

正式形成为制度。

忽必烈在册命伊利汗即位同时，颁授给伊利汗印玺作为权力的象征，忽必烈先后赐给伊利汗的印玺有"辅国安民之宝"和"王府定国理民之宝"等。现存1279年阿八哈汗颁发的一张敕令上，盖有汉字"辅国安民之宝"方印，就是忽必烈颁赐给阿八哈的汗印。当时规定，在伊利汗颁发的诏敕、国书中，都必须把元朝大汗列在他的前面，如至元二十六年（1289年），伊利汗国阿鲁浑汗给法国国王腓力四世的国书中，开头便写"长生天气力里，大汗福荫里，阿鲁浑谕法朗国国王"。伊利汗的铸币上，也把元朝大汗之名列在旭烈兀之前，其上阿拉伯文曰："最大可汗、伊儿汗大旭烈兀"。这一切，都充分说明元朝与伊利汗国的关系是一种宗藩关系。

元朝与伊利汗国的关系始终十分密切，官吏任用也常常互相交换。比如，阿八哈汗曾经派遣伯颜入元廷奏事，忽必烈见伯颜体貌雄伟，奏事清楚机敏，非常喜欢，便留在自己的身边，后来任为灭宋统帅及丞相、枢密院长官等，成为忽必烈一朝最为显赫的人物之一。忽必烈也曾派遣撒儿塔与奥都剌合蛮等出使伊利汗国，钩考他在伊利汗国的属民与分户应缴的财物。至元二十年（1283年），忽必烈又派遣丞相孛罗和拂林人爱薛出使伊利汗国，爱薛充当翻译。两人到达伊利汗国，见到阿鲁浑汗，深受阿鲁浑汗器重，阿鲁浑汗于是奏请忽必烈，把孛罗留下作为自己的丞相。从此，孛罗丞相定居伊利汗国，相继辅佐阿鲁浑、亦邻真朵儿只（海合都）、拜都、合赞、合儿班答（完者都）等人治国，为伊利汗国的发展作出了重要贡献。

忽必烈与伊利汗国交往频繁，促进了双方政治、经济和文化的交往与发展。据周良霄等人研究，元朝的政治、经济和文化制度对伊利汗国影响很大。其汗廷的组织与制度，几乎完全同于蒙古汗廷；选汗的忽里台制度、汗的即位仪式等都沿袭蒙古制度，与元朝一模一样；伊利汗国定都桃

忽必烈

里寺城（今伊朗东阿塞拜疆省大不里士城），以蔑剌哈为陪都，亦仿效忽必烈实行冬夏两都巡幸制度。此外，陵墓的禁地设置、后妃的守宫继位、宗王出镇与分封制度、四怯薛制度、达鲁花赤制度、驿传牌符制度、崇信佛教及对各种思想兼容并蓄政策、军户的份地采邑制度、斡脱制度以及风俗方面的妻后母、兄死妻嫂、饮金屑酒宣誓、萨满占卜等，都几乎与忽必烈

元·青花八棱罐

时期的元朝一模一样。伊利汗国还将忽必烈所行钞法搬移过来，也采用雕版印刷纸钞，发行全国。伊利汗国发行的纸钞完全仿照元朝至元钞，长方形，上面也有汉文"钞"字，四周纹饰照样刻印，不过多了阿拉伯文的颁发年份而已。钞面价值从半个迪尔汉到十个第纳尔不等。这是在辽宋金元以外的世界上第一次发行纸钞，具有重要意义。

忽必烈在将元朝政治、经济和文化传播到伊利汗国的同时，也大量吸收了伊利汗国的科技和文化。早在忽必烈出兵灭宋时，就曾遣使向阿八哈汗征用炮匠，阿八哈汗即遣回回炮手阿老瓦丁、亦思马因等赴元朝应命，将回回炮技术传入元朝。伊利汗国的天文学有一定的成就，忽必烈让来自叙利亚西部操阿拉伯语的拂林人爱薛掌管西域星历和医药二司，开始将回回天文历算介绍到元朝。接着，西域天文学家札马鲁丁根据回回天文学撰成《万年历》进献忽必烈。后来，郭守敬创制《授时历》时，大量吸收伊利汗国的天文学知识。忽必烈在恒星观测方面开始编制星表，主要是学习撒马尔罕和马拉格天文台的经验而后才实行的。郭守敬改革和设计的十三架天文仪器，在数量上与马拉格天文台相仿，功用也大体相同，其中简仪尤其有名，实际上是在学习马拉格天文台的黄赤道转换仪而后制成的，由

于青出于蓝而胜于蓝，故称简仪。伊利汗国的医药学也颇为有名，当时大量传入元朝，为元朝医药学的发展输入了新鲜血液。

总之，在忽必烈时期，有大量的伊利汗国境内的波斯、阿拉伯等各族人入元做官、经商、行医和从事各种手工业等，也有不少汉族官员、文人、工匠和商人等留居伊利汗国，双方往来如同一家，经济文化交流发展到前所未有的程度，对促进双方政治、经济和文化的发展做出了重要贡献。

此外，伊利汗国地当欧亚南路交通要冲，通过伊利汗国境内的传统的"丝绸之路"以及从波斯湾到泉州、广州的海路都十分活跃。忽必烈曾经派遣扎木呵押失寒、崔杓持金十万两，通过伊利汗阿八哈市药于狮子国（今斯里兰卡）。又曾经颁给列班·扫马和马忽思二人铺马圣旨，允许他们赴耶路撒冷朝圣。列班·扫马通过伊利汗国出使罗马教廷和英法等国，加强了中国和西方各国的往来。忽必烈通过伊利汗国，确实为中西方的发展及其政治、经济和文化交流作出了不可磨灭的贡献。

高丽臣服

高丽是918年由王建建立的政权，都城开京（今朝鲜开城）。高丽政权建立以后，先后灭掉新罗和百济，统一了朝鲜半岛。当蒙古军队进入中原灭金取宋时，高丽处于宋高宗统治时期（1214年—1259年）。

元太祖十年（1215年），成吉思汗攻占了金朝首都中都（今北京），十一年，一部分反蒙契丹武装逃至高丽，攻取江东城而据之。元太祖十三

年（1218年），成吉思汗为了消灭这支反蒙武装，派遣哈只吉、札剌等率领军队进入高丽，哈只吉请求高丽出粮出兵援助，于是，蒙古和高丽联合镇压了这支契丹武装。事后，哈只吉曾表示，愿意和高丽结为兄弟之邦。

但成吉思汗不愿意高丽与他们平起平坐，令高丽为臣下之国，并派遣使者催督高丽向蒙古缴纳岁贡，因此，引起蒙古和高丽的连年战争。

当时的高丽哪里是蒙古的对手，高丽国王王暾只好将世子（即王储，相当于汉人的太子）王倎派到蒙古作人质，以换取暂时的和平。

中统元年（1260年）年，忽必烈即位，正值高丽国王王暾亡。陕西宣抚使廉希宪向忽必烈建议说，高丽国王曾遣其世子王倎入觐以为人质，如今已经三年了。现在王已死，如果乘机礼送王倎归国，帮助他继承王位，王倎"必怀德于我，是不烦兵而得一国也"。忽必烈听了，觉得很有道理，于是决定改变以前对高丽的征讨政策，实行挟植驯顺国王的招抚政策。忽必烈盛礼款待王倎，派兵护送归国，帮助王倎继承了高丽国王之位，是为高丽元宗。

忽必烈扶植王倎（后改名王禃）即位以后，发布诏书，表示"解仇释憾，布德施恩"，答应王禃可以恢复高丽往日疆土，保证王氏家族安全等，但高丽必须"永为东藩"。王禃都高兴地答应了。从此，蒙古和高丽结束了几十年的战争，两国进入宗主和藩邦的和平相处时期。

王禃当上高丽国王以后，除自己亲自向忽必烈朝觐以外，还遣世子王愖（又名王贝春，后改名王昛）等人入元朝觐。中统元年（1260年）六月，王倎遣世子王愖以自己更名王禃之事奉表告知忽必烈，这是王愖第一次使元。至元六年（1269年）四月，王愖又一次入元朝觐。六月，高丽权臣林衍由于不满意王禃附元，起兵逼迫王禃退位，改立王禃弟弟安庆公王淐为国王。林衍害怕元朝不满意，谎称王禃病危，不得不传位给王淐，并上书元朝，企图骗取忽必烈批准。这时，王愖已离开元朝首都（今北京）

强势外交

返国,当王愖走到婆娑府(今辽宁丹东一带)时,听说国内发生政变,并了解到实情,立即返回元朝首都向忽必烈报告。忽必烈听后,大怒,立即派遣斡朵思不花、李谔等赴高丽了解情况,接着,敕令王愖率兵三千,与大将蒙哥都等人前往征讨高丽,解决高丽政变问题。同时,忽必烈又派遣中宪大夫、兵部侍郎黑的等人持诏前往高丽,令王禃、王淐、林衍同时入朝"面陈情实,听其是非",又遣头辇哥国王等率领大兵压境,如果三人不按时来朝,即用武力解决。林衍心虚,不敢来朝,不得不废弃王淐,重新拥立王禃复位。林衍不久病死,其子惟和同党不是被处死,就是被流放,政变者受到了应有的惩罚。接着,忽必烈令忻都、史枢为凤州(黄海凤山道)等处经略使,领军五千屯田于金州;又令洪茶丘领民二千屯田,而以阿剌帖木儿为副经略司,总辖之,从政治、军事方面加强对高丽的控制。

忽必烈帮助王禃恢复了王位,王禃感激涕零,至元七年(1270年)初,亲赴大都(今北京)拜见忽必烈,表示感谢,同时上书中书省为世子王愖请婚,恳请忽必烈把公主嫁给自己的儿子。忽必烈见高丽王请求和亲,也有意通过这种政治联姻将高丽对元朝的依附关系进一步巩固下来,因此,他没有拒绝,只是说通婚是件大事,不能因为来京办其他事而顺便求婚,显得很不郑重,如果确实想联姻的话,就请国王回国后再派使者专程前来求婚。

至元八年(1271年)正月,王禃再次遣使向元朝上表请婚。七月,王禃又派王愖等28人入侍元朝。由于高丽一再请婚,忽必烈终于答应了这桩婚事。这样,入侍元朝的高丽世子王愖就成了元王朝的未来附马。王愖为了讨取忽必烈的欢心,主动改穿蒙古服装,学习蒙古族的一些风俗习惯等等。王愖在元朝居住接近一年,至元九年(1272年)初返回高丽。十二月,王愖再次入元。到至元十一年(1274年)五月,忽必烈把自己的女儿

忽都鲁揭里迷失（为阿速真妃子所生）嫁给王惴。两国通过和亲，关系更加密切了。

至元十一年（1274年）六月，王惴在大都完婚不到一个月，王惴的父亲王禃就病死了。王禃在遗嘱中明确指出由王惴继位，在给元朝上奏的遗表中也说王惴"孝谨，可付后事"，请求元朝尽快批准王惴为高丽国王。七月，忽必烈下诏，正式册封王惴为高丽国王。八月，王惴回到高丽，举行盛大典礼，正式即位，成为高丽史上的忠烈王。

忽必烈从以兵卫送王禃回国即位到将附马王惴扶上高丽王的宝座，把元朝和高丽的关系推向一个新的阶段，可以说，忽必烈时期，是元朝和高丽两国最为友好时期。

然而，忽必烈时期的两国友好却是不平等的，一个是宗主国，一个是臣下的藩国，忽必烈绝不允许一个藩国的国王与他平起平坐，因此，在政治制度以及风俗习惯等方面都做了不同规定。高丽国王过去模仿中国帝王，自称曰"朕"，对下面的指示命令裓"宣旨"，国王宣布的减罪免罪令称"赦"，百官向国王的报告和建议也称"奏"。忽必烈认为高丽国王作为藩王不应该使用这些字眼，令其改正。高丽国王只好唯命是从，把自称的"朕"改为"孤"，把对下的命令"宣旨"改为"王旨"，把减免罪行的"赦"改为"宥"，把百官向国王报告和建议的"奏"改为"呈"。在政治制度方面，忽必烈虽然允许高丽保留原有的政权机构和制度，但"遣使谕旨，凡省、院、台、部官名爵号，与朝廷相类者改正之"，高丽于是将政府官称改为金议府、密直司、监察司等。元朝又在高丽首都及其重要地区派驻达鲁花赤，以监视高丽国王和各级官吏，干涉高丽军国大事。后来，忽必烈为了进行远征日本的准备和军事部署，特设征东行中书省，以高丽国王为丞相，高丽成为元朝的一个特殊行省。忽必烈还规定，高丽必须向元朝送纳质子，赞助军役，输送粮饷，定期向元朝朝贡等等，

为此，忽必烈将驿站制度推广到高丽，大大方便了交通。忽必烈还规定，高丽必须使用元朝历法，每年都向高丽颁赐国历。由于高丽为臣下之国，所以，高丽国王在接见元朝诏使或达鲁花赤时，都是东西相对而坐，也就是通常所说的"分庭抗礼"。高丽国王与元朝大臣分庭抗礼，说明高丽国王已经降到与元朝大臣相等的地位。后来，由于忠烈王王愖成了天子忽必烈的驸马，身价倍增，接见元朝诏使和达鲁花赤时，王湛坐北向南，元朝诏使和达鲁花赤则分列东西相向而坐，虽然改变了以前高丽国王的屈辱地位，但仍然不能和元朝皇帝等同。

忽必烈时期，元朝和高丽两国地位虽然不平等，但双方建立了十分亲密和友好的关系，双方人员往来十分频繁，不少高丽人到元朝学习并在元朝做官，元朝也有不少人到高丽做官。高丽使节频繁入元朝觐，特别是尚公主的忠烈王王愖，先后十一次入元朝觐，并且引经据典地说，"朝觐，诸侯享上之仪；归宁，女子事，亲之礼"，要求与公主一起入元。这些使节入元朝觐，规模都相当大，比如，至元二十一年（1284年），王湛和公主一起入元，扈从臣僚竟达一千三百多人，一般使节朝觐每次也不少于数百人。这些使节入元时都带去大批礼物，凡是高丽有特点的产品以及金银财宝等，都应有尽有。元朝更是以天朝大国自居，不占小国便宜，每次都给予来使大量回赐。实际上，每次使节往来都是一次重要的经济文化往来。这样，元朝与高丽的经济文化交流便呈现出空前繁荣的景象。

由于双方往来密切，思想文化日益接近。两国虽然语言不通，但汉字在高丽普遍通行，政府设有各级各类学校，以《资治通鉴》为课本，学习唐宋经验，实行科举，以儒学取士。元朝至元十七年（1280年），高丽国王曾下令，"今之儒士，唯习科举之文，未有精通经史者。其令通一经一史以上者，教育国子"，在全国全面推行儒学教育。在高丽王王愖的倡导下，蒙古族的一些风俗习惯也在高丽渐渐流行。同时，元人从高丽人身上

也学到了不少东西，如高丽的音乐舞蹈，对元人影响很大。火熊皮、香樟木、金漆、蜃楼脂（鲸鱼油）等物品的输入，也丰富了元人的物质文化生活。

忽必烈改变了原来对高丽的征伐政策，开始在高丽寻求忠实的代理人，并与之和亲，无疑是一种明智之举。这种和平友好政策比起原来的杀伐政策来，应该是进步的。特别是忽必烈与高丽和亲，对后世影响很大。忽必烈以后，元朝皇帝多次把公主下嫁给高丽国王为妃，而蒙古亲王乃至元朝皇帝，也有多人娶高丽女子为妃，到了元朝后期，甚至有二位高丽女子成了元朝皇帝的皇后。忽必烈以后的两国关系，就是按照这种"甥舅之好"或"表兄弟之好"的姻亲关系向前发展着，成为元朝与高丽友好发展史上的一个奇迹。但也勿庸讳言，忽必烈与高丽的交往是不平等的，对高丽人民的剥削和蹂躏极其严重，这是由忽必烈剥削阶级的本质所决定的，应该予以揭露和批判。

东征日本

回溯历史，中华大地上每一次战争纷起、皇朝更迭时，其余波总会震撼到高丽。高丽如同中华的连体儿一般，岁岁年年地默默承受着这种震撼。

视天下四海为己有的忽必烈也不例外。在中统元年（1260年）三月，立足未稳的忽必烈就有了征服高丽的雄心，他曾对高丽的信使道："普天

之下，惟有你国与南宋仍不臣服。"高丽自然不敢与大蒙古的铁骑较量，只能一次较一次更为加倍地献贡于忽必烈。忽必烈把自己的女儿嫁给高丽国王后，算是给了高丽一段平静安宁的时光。

但忽必烈既然视"太阳能照射到的地方均为吾土"，怎会对日升之国没有一点征服的欲望呢？既然日本国拥有无数的黄金、珠宝、钻石、玉器，怎能不把它掌握在自己的手中呢？当忽必烈如雄鹰一般，在高丽的天空上飞舞时，他那双敏锐而又饥渴的眼睛，已紧紧地盯上了东瀛。

自至元二年（1265年）起，忽必烈就开始了他征服东瀛的序曲。

他先是三番五次地派信使到东瀛，修书内容多是欲与毗邻结好之词，最多也不过是在信尾附上一句"若不与吾修好，吾将视汝为敌"之类略带威胁的话。

可日本国是深受中华儒家理念熏陶的国度，面对蒙古人篡夺了华夏皇权已是视之为"僭越"，视之为"野蛮践踏了文明"，又怎肯与茹毛饮血、在荒原中放牧的蒙古人修好？面对忽必烈信使接踵而至，日本天皇开始还以礼相待，继而便拒之不见，后来索性将信使扣押数月，方才放还。

忽必烈龙颜大怒，下令龙广天书为元帅，率二万五千名大军东去征服日本。龙广天书及其属下均是旱地征战的好手，却从未有过水战的经验，在渡海侵袭了对马、歧两岛后，遇到大风，元军船舰尽毁。龙广天书只能携余部返回了大元朝，承受了他生平第一次战败的苦恼。

接下来，由于忽必烈忙于征服安南、爪哇的同时，还要时刻警惕西北防线，便暂缓了征东的举动。但忽必烈从未忘记东海那边肥沃与桀傲不驯的东瀛，现在，忽必烈觉得时机来了。

首先是近两年风调雨顺，国库丰盈，再有就是自己年事已高，须加紧完成一统天下的宏志。当然还有两个极为重要的原因就是降俘的宋军及塔儿浑部族这两个问题。自南宋灭后，大元朝俘虏了宋军兵卒二十余万，这

些降俘兵卒被化整为零，分到了大元军营的各个地方。这些兵卒中颇有些"念旧"，时不时会惹起几宗小型的反叛之举。忽必烈看在眼里，记在心上，此番远征东瀛，他指明了由这些降虏打头阵。塔儿浑虽然已经在他面前尽表了一片忠心，但他的部族向来以骁勇好战闻名于草原，又居住在上都与和林之腹地，忽必烈心中颇有忌惮。此次东征，塔儿浑部亦是一支绝对的主力。

忽必烈早已筹划周密了，他不但命塔儿浑为东征元帅，而且大胆地任命宋降将范文虎为都元帅，二人在叩谢皇恩之时，又怎能体察到老谋深算的忽必烈会别有用意呢？而且，出征之前，陛下还要大祭祖先，以求保佑他的东征之师。

此时，日本的一位使臣名叫杜秀的，来到了大都。为了对东瀛展示大元帝国的威风，忽必烈命人把日本使臣叫到校场。使臣走近忽必烈，忽必烈问："扶桑之主，现在何人？"

使臣回答："北条时宗。"

忽必烈听后，似乎例行仪式之样，向南方看了一下，并不说话。怯薛牵来一匹马，忽必烈翻身上马，轻轻一拍鞍鞒，两脚一扣，箭也似地飞走了。

忽必烈那娴熟的换乘骑技，就像喜鹊跳在马背之间。

使臣杜秀一点也不相信忽必烈已是年近八十的老人，他决定回到东瀛，要向天皇陛下好好说一说忽必烈的文治武功，说说这大元朝是多么的危险与可怕。

忽必烈的骑技赢得了众人的掌声，当他掉头归来，左三刀，右三刀，砍断了六棵木桩之后，"镫里藏身"把刀插在地上，再掉转马头过来，"海底捞月"把刀拾了起来，然后才"鹞子翻身"，甩镫跳下马来。

骑士和怯薛们蜂拥而至，把忽必烈抬了起来，举呀，举向天空。

日本使臣告辞了。

忽必烈汗开始着手训练攻打东瀛之军。备战是严肃的，有水战，有攻城的云梯、砂囊的使用法及攻城的掩护法，还有军士接近敌人时用的大盾制作法和使用法。忽必烈汗让塔儿浑挂帅东征日本，一直把队伍训练到都能顺从忽必烈意愿为止。军士们一个个都练得"镫皮为之抻长，铁镫为之磨热"，似紫焰中锤打出来的铁钻子，各图门之间，似赛马一样的争先恐后，像摔跤似的互不相让，骁勇的军士都能以一当十，无所畏惧。每每蓝天为被，马背为床，忽必烈要强化训练准备东征日本的军士，立志要把一年的里程缩为一个月，把一个月的路程缩为一天，把一天的里程缩为一辰，把一辰的路程缩为一瞬。忽必烈最不赞成的：早上说的，晚上改了；晚上说的，早上改了。忽必烈的士兵常常宣传"枪刺扎来不眨眼，羽箭飞来不低头"的尚武精神。

有时，忽必烈不顾年迈之躯，还钻进普通的帐幕，枕着衣袖，铺着鞍垫与士兵共宿；有时，他跳上普通坐骑，张弓搭箭，挥舞刀剑与士兵同练。他也常常宣传"以流涎解渴，以牙肉充饥"的艰苦作风。士兵们开始食以粗茶淡饭，受尽清贫之苦，以备适应战时。近一个月，每个图门只设一次便宴，嗜酒者略饮涓滴，只好以歌舞助兴。

到第二天熹微之时，各个图门包括千户、百户及十户，到这时已经变成了步调一致的一个人。士兵到了这个地步：流言飞语消歇了，懦怯心理消释了，厌战情绪消弭了，恋爱思想消失了。众星捧着月亮，江河归向大海；元军四十万铁骑的将领，对忽必烈的情感由敬慕发展到敬爱、敬仰；把自己生的欲望、死的怀念，全寄托在忽必烈陛下的宏图远略里，誓死随他同涉冰川、共度关山，甚至置身于血海之中而面无惧色。百川汇海，天下归心，忽必烈陛下的宏图，正向四面八方扩展着。

忽必烈的二百位使者，像一片巨网似地撒在日本国内，他们有计划地完成着关于东瀛的情报任务，其中最受推崇的是忽必烈陛下的女婿孛秃。那是龙儿年斡里扎河之役之后，在一次比箭中选定的。

孛秃是网上的大纲，东瀛之情报须汇总到他的手上，才能向忽必烈陈报。

忽必烈在盼着孛秃的到来。

"怎么？遇到了什么不测之事了吧？"正当忽必烈与南必皇后（元世祖忽必烈的第二任皇后，继察必皇后守正宫）焦急地翘首期待之时，孛秃，这个神秘的大探，风尘仆仆地回来了。

孛秃身着东瀛和服，峨冠博带，腰佩一柄镶金嵌银的宝刀，俨然一派中原将相之风。忽必烈见此情况，虎眉倒竖："我的孛秃，快去把衣服换过再来，虽说彼此别离多日，怀念之情殷切，但穿着异国之装，总不得体吧。"

孛秃在忽必烈身边也有十五年了，并先后娶了两位带有黄金家族血统的妻子，此时，他太了解忽必烈了。于是，孛秃默默不语，急转身跑出金殿，换了一身蒙古式的袍靴，前来拜见。富丽堂皇的金殿里，堆满了不少东瀛的梨花银枪、青龙月刀、方天画戟、七星宝剑，明光熠熠，青锋森森。

忽必烈以严厉的目光，搜索着每一件兵器，然后，他淡淡地笑了，对孛秃说："明天，你看看咱们的兵库，再到校练场上看看吧！"

阔别大都已久的孛秃，在第二天来到金殿前广场上。在林立的兵器库内，见到了种类繁多的新式锋刀利剑、钢枪铁镞，不禁内心为之一震，双眼发呆。真是巧夺天工之妙。一支名叫"飞锁"的羽箭，在南国和金国很难见到，一张弓可以同时搭上十五、六支箭，瞄准之后，扫开飞锁，利箭脱弦飞去，射中目标后，箭镞便轰然起火。

这种妙箭，乃汉人到东瀛之后所造，是孛秃又把图纸送回大都仿造

的。但是，此次字秃腹内却装着忽必烈所不知的更奥秘的治国经纶、安邦韬略；装着东瀛的通都大邑、险关要隘；装着东瀛国的意向、村野民心；乃至于东瀛的人口和粮秣来源。

又是一个牧草滴翠、马膘流油的季节，忽必烈汗命箭臣使者字秃率四十万大军，以塔儿浑为帅。

塔儿浑在征东前，忽必烈和南必皇后带着他的黄金家族包括他的母亲氏族以及妻室氏族的人，来到祭祖台前。忽必烈解下腰间佩带，搭在肩上，摘下金盔，捧在手里，与众人向着太阳，向着不儿罕山，向着祭祖台，行了九叩礼。

如果说大都是一个天大的棋盘，那么以四百个图门组成的方阵，就像围棋的棋子一样，摆在其间。每个方阵，百户长列于五面军鼓之前，手握腰刀，犹如欲飞的猎鹰，就要扑向东海。

往日，金帐前的广场上，林立的兵器帐内，满是种类繁多的新式钢刀利剑、钢枪铁镞，今天已经背挎在士兵的身上。每个百户方阵，均有一张可搭十支箭的巨弓，"飞锁"火箭驮在军马背上，真是兵器壮胆，好不威风。

南必皇后扶着忽必烈走上阅兵台。台下是忽必烈最高统帅的大型四轮帐车，车上架着一座能容纳百八十人的白毡帐幕。此时，拴吊在一旁的二十一匹白骟马，尚未驾靷。九足白旄纛在右，九足黑旄纛在左，汗车前插着擦拭一新的苏鲁锭。

至此，士气已如翻滚的江河、奔腾的万马，然而，只有忽必烈本人知道，他这次命四十万大军东征日本，并不是轻而易举就能成功的，元军远离本土跨海东征，赌输了命运，大元朝将元气大伤。

但是，如果能一战而胜，那收获就不仅仅是东瀛的疆土与财富了，同时也会令一切心存反念的人不敢再起反叛的念头。而且说不定会让塔儿

浑的部族坚定了跟随大元帝国的信心，真是一举数得呀。忽必烈汗考虑到这些，于是，他把原部族的首领直到他的"图们"、千户以及兄弟、儿子、至亲、那可儿们，通通率领在身边，一起为大军祭祖祈福，留下的只是年幼或年老的人。到了这时，忽必烈对汉人的兵法已经趋于实备，如果说灭金宋等国用了穿凿法、火掠法，那么这一次跨海东征，他则想试一试扇形法的进军，以诈术法取胜，先着塔儿浑之父特儿亨到日本为使，以达到远涉大海后歇兵整备和以逸待劳的目地。在忽必烈汗年届古稀那一年的仲夏，忽必烈祭祖、祭族之后，率领黄金家族的人为塔儿浑元帅送行。范文虎、塔儿浑和龙广天书组成三个翼的庞大前锋，犹如三对坚硬而锋利的犄角，从东海之滨一直蜿蜒到起伏的金界壕，约有八百伯勒，大军爬山越岭，没有损失一兵一卒。每个骑士挂上一匹从马，无论箭囊、盾牌，还是革囊里的阴阳刺轮圈、套马索，均成了投掷兵器，还有肉干和少许的鲜乳以及夜宿的毡褥等，通通在马背上携带。此时，仿佛天在动，好似地在走，四十万大军占据着庞大的海面，像一座大山在海面上移动。

东征军登上东瀛之后，以席卷之势，扫清了驻守在大水泺的东瀛兵。

进而，元军触角般的三程望哨，已经插到东瀛的乌少土。乌少土地处东瀛西门，是马八年刚刚修筑起来的边门。乌少土竣工还不到三个月，就曾被字秃派游骑攻破，并将它砸个粉碎。

但是，就在字秃击破乌少土不久，那里不久却又像雨后的蘑菇一样，又修复起来，据说，那是东瀛的第一大城堡，像一只猛虎守在边门一旁。

那段边城，犹如一道铁链系在数十座险峰之巅。

边门前是乌少土西去的要隘，而后就可从这里渡海。门旁修复一个大堡，堡下有三十盘暗箭，只要有一人一马踏在翻板之上，只要在它的射程之内，定会遭到暗箭的射杀。

那时的东瀛正面临岛内和高丽及大元三面夹击的危机。

高丽王从南面派兵，东瀛内乱又在西方与乌内军队对峙，如神兵天降的元军再袭过来，东瀛已是首尾难顾。

乌少土虽然修复了，但东瀛天皇却依旧心神难安，对于蒙古兵的来犯，他惊恐万分。那个因擅生边隙的罪名被囚起来的使元使者杜秀，在投入监狱之后不久，又被天皇像宝石一样看重起来。

东瀛天皇不但将他释放出狱，而且派他率军驻守乌少土。在日本素有"天上乌少土，人间鬼门道。"不知何人大胆敢闯乌少土，除非是个九头魔王。原来，早在孛秃袭乌少土之时，这里还没有暗箭的装置。在俘虏的工匠中，有一人曾对孛秃说，乌少土的三十盘飞锁暗箭还没有安装的时候，你们就袭过来了。不然，这套暗箭的装置，孛秃怎么会知道？

当孛秃率领的前锋轻骑接近边门的时候，只见大门四开，无人把守。

孛秃举目望去，乌少土像一个巨大的海龟，趴卧在层峦叠嶂的边墙之上，没有一点生气。孛秃思索了一阵，脑子里浮现出那位工匠的影子。

孛秃看到这般情景，定是埋伏暗箭的迹象。于是，他当即传令前程望哨立刻勒缰下马。这时，穿行在烟尘里的兵马，戛然停下，个个都握弓搭箭，严阵以待。孛秃下了一道密令之后，只见一群卸下鞍鞯的从马，被赶到边门下。然后，一阵排箭射过去，屁股中箭的马群惊炸了，在狂啸之下直向边门奔了过去，果然，"叭叭叭"，"嗖嗖嗖"，暗箭齐发，雨点般射过来。

那些被孛秃下令冲出去的从马，在一阵悲鸣之后，像伐木倒下一样，横七竖八地摔在地上。以杜秀为首的东瀛督阵将领，立刻从乌少土的瞭望口里，传出了一阵狂笑。可是，不等东瀛之兵再次发箭，孛秃素有训练的精骑，飞箭般地冲了进去。

杜秀在元军精骑的突袭之下，中箭后掉头先逃。又一阵厮杀之后，除了抛下的具具死尸，其余的残兵败将都仓惶地撤退了。这样，塔儿浑的先头部队就在孛秃的带领下，跨过了东瀛边墙，全部开进东瀛。

已是八月天气，孛秃所率前锋兵马，穿过乌少土，连拔五座营，从此，得以长驱直入，不久，触角就已插到富士山脚下。东瀛天皇得知之后，火速调遣防御使川田秀吉。如果说乌少土是东瀛外墙，那么富士山则为东瀛内院，因此，东瀛天皇才遣川田秀吉屯兵富士山，据险结阵，整兵以待。

富士山有九大险峰、六大沟壑，雁飞到此，遇风辄落。

孛秃准备强攻富士山脚下的川田秀吉之部，他想借乌少土之战东瀛之军元气未复的良机，血战一场。

黄昏之后，孛秃令铁车军暗暗地开进富士山脚下，驾起车上的火炮，炮口对准几个军事目标。另一部埋伏东西两处，塔儿浑亲乘游骑，部署战阵：在几处修筑要塞，路旁埋伏精兵；在高阳崖岭上，安放流木礌石；在沿河峡谷中，设置横木障碍。布置就绪之后，他才通过七道宿卫，走进行帐。

塔儿浑自决心侍元以来，从来不懂得什么叫疲劳，更不懂得什么叫困倦。他走近大帐，令两个宿卫把沉重的大酒瓮移到帅帐之前，伸手将酒杯翻起，亲自斟满几大杯，对左右将士们说："自古战争，胜负有序，它绝对不是赌场上的狂势。来，你们都饮一杯！我们受忽必烈陛下之命而来，一定不要辜负了忽必烈陛下对我们的期望。"

孛秃饮过酒之后，突觉诗兴大发。他游历甚广，出口成章。

孛秃说："我要登上富士山，变成老虎多凶残。"

塔儿浑说："你若成为西山虎，我是猎人挽强弓。"

孛秃说："我就走上东山坡，变成一只大黄羊。"

塔儿浑说："你变黄羊无处逃，我拿利箭把你射。"

孛秃说："我要钻入草丛中，变成鹌鹑躲进窝。"

塔儿浑说："你变鹌鹑钻草丛，我变鹞鹰把你捉。"

二人边饮酒边说笑，滑稽而幽默的孛秃还扮作各种动物，着意模仿飞禽走兽的动作神态，栩栩如生。塔儿浑兴奋地又饮下一口酒，站起来对孛秃说："来，孛秃，你扮作野兔，我扮海青，玩一个《鹰兔之戏》如何？"

几位大将听塔儿浑如此一说，皆击掌称快，惟独塔儿浑带来的老族长者革力瞥了孛秃一眼，但"噗哧"一声又笑了，看来有些无奈，只好转身离去。

且说孛秃，蹲下两腿，蹦三蹦，跳三跳，不时地左顾右盼，形象动作逼真极了。随即，引来一片掌声。

这时，塔儿浑走下帅位，笑微微地解下佩带，拎在手里，另一手拎着五尺长袍，一抖，亮出猎鹰起飞的姿势，然后站定不动，又一阵鼓掌之后，这个"女鹰"才飞了出去。起初，野兔蹦三蹦，猎鹰盘三旋。然后，野兔窜进林里，翻身搂住微细的柳条，好似一张弯弓。当鹰儿俯冲过来时，野兔将变柳一松，犹如开弓一箭，鹰儿被打了回去。

也就是这样，塔儿浑拎着宽大的衣襟，在行帐里转了七、八圈，当帽子掉落在地上的时候，将臣们一片惊呼。最后，以"兔子蹬鹰"的神奇动作，为之收场。

当塔儿浑扎上佩带，重回帅位之时，者革力对他悄声说："元帅，明日将临一场血战，你何不与众将臣议些军事？再者，这一番"兔子蹬鹰"，不仅显得粗野，没有半点文雅之气，而且也显得不吉利。"

塔儿浑大笑，然后对者革力说："临阵者，安而不惧，方是常之剑；悦而不忧，方是制胜之弓。何谓粗野？何谓文雅？何谓吉利？我却通通不顾。我想的却是：心安义正。安则悦，惧则惊。我若有负于忽必烈陛下，天必厌之，安得不惧？今我顺乎忽必烈陛下之愿，收四方也，安得不悦？"

塔儿浑说完之后，挥手告示将士们离帐入寝。

然后，塔儿浑自己也走进寝帐，安然大睡，响起雷鸣般的鼾声。这一夜，者革力却没有合眼，他怕川田秀吉来袭。

塔儿浑得特儿亨真传，受训于《孙膑兵法》。兵法云：合军聚众，务在激气。临境强敌，务在厉气也！但塔儿浑还懂得：临阵者，安而不惧，悦而不忧，激励斗志，乃为攻战夺胜之妙法。

川田秀吉把军士安顿在富士山脚下的鸡毛沟，这一夜，川田秀吉却怎么也睡不着，在一片嘈杂之后，才举火煮饭。

防御使川田秀吉依仗地形、兵力的优势，也有与元军拼个雌雄之心。

自川田秀吉任防御使以来，统兵最多不过十个谋克，现在，他手里却握有四十万大军，犹如一柄千斤大剑，使他握不起来。

但是，他又知道"重马压阵、巨剑敌畏"之说，所以时而显得坦然，高傲居上，时而又显得恐惧，手足无措。

夜里，川田秀吉正在他的营帐里踱来踱去的时候，麾下有一将领叫作方天化吉的向他进谏。

方天化吉非常顺利地来到元军大营，然后通过几百箭筒士的营帐，才被引进塔儿浑帅帐。

元军的一切都显得安泰，也显得沉默，没有一点鏖战再即的感觉。这里的一切显得很乐观，更显得恬然，没有半点生死临头的滋味。方天化吉在这里受到了使臣级的厚待。塔儿浑元帅亲自为他斟酒，亲自为他夹肉。酒过三巡，方天化吉把要说的话全讲尽了，但塔儿浑却未说话。

塔儿浑犹如一尊佛像，沉默不语，更使人肃然起敬，更叫人难以揣测。这个静的凝重，就是动的开端，方天化吉在无奈的状况下，只好又先搬动口舌："尊贵的塔儿浑大元帅，您是受忽必烈陛下之命前来，与我东

瀛并无深仇大恨，该收步了。"

真是可恶，塔儿浑元帅还是一言不发。方天化吉接着说："退吧。"接着，他从南宋讲到西夏，从金国讲到西辽，从金字塔讲到交趾。

"你回去吧！使者。"塔儿浑在沉默之后，只讲了这么一句话。

方天化吉没有直接回话，只见他起身向塔儿浑行了三叩礼。但最后一叩，没有抬起头来，显然是等待着塔儿浑元帅的再次规劝。塔儿浑说："你若归去，我派人送你回去；你若留下，可任你大位子。"

方天化吉终于留了下来，他懂得战争的双方，犹如演戏，一方是喜剧，另一方则是悲剧，这一次，他很明智地知道自己是扮演悲剧中的丑角。因此，他不愿再这样演下去了。方天化吉还记得：他自小就有倾慕忽必烈陛下之心，现在上天给了他这个机会，他才觉得活在这个世上有些意义。

在天色大亮之前，鸡毛沟已陷入包抄之中，就像狐狸陷进围猎的圈子一样，看来，这场悲剧已到了尾声，但川田秀吉却还在等着方天化吉的到来。

方天化吉此时仍在元军的帅帐里，他在接受着塔儿浑的款待。塔儿浑想起忽必烈陛下曾说，梦幻者，常常不被军事家称道，原因就在这里。当川田秀吉还在梦幻之中，二十万先头元军在杜秀带领下，已经杀来。迅雷就是不及掩耳，四十万东瀛之军，如套中惊马，又似中箭之伤鹿，全部被元军堵截在深谷之中。那幽深的山谷，哪是能逃脱的。

天还未明，在昏暗中，二十万蒙古军精骑人不遗鞍，马无颠踬，沿六道深壑杀奔而来。此时，弓箭没有什么用处，只好挂在鞍边，腰刀和佩剑才是得心应手的东西。被围的东瀛之军，接仗的人自相杀戮，逃走的人自相践踏。几十里鸡毛沟不到几个时辰，已是积尸满谷，惨不忍睹。

川田秀吉单马脱逃，遁入川田家族内堡，元军则乘胜追击，直逼伊豆州。

　　伊豆拥有上万人口，统辖十二个州，尤其是制毡、制革、造车、兵器等手工作坊，最为发达。

　　李秃和三百密探，早已像蚊蝇般密集地附在伊豆周围。

　　自从破了乌少土，又攻鸡毛沟，现又直逼伊豆，节节取胜，川田秀吉也看到了元军的所向无敌，如今，他只是想用伊豆再与元军决一雌雄。

　　塔儿浑的帐车在摇晃着，就像孩提时荡在银摇篮里一样，但彼时可以睡，此时不可眠，因为伊豆岛已经依稀可见。嗒嗒嗒，一串清脆的蹄声传来，一个前程望哨来报："此地已近伊豆城池，前程望哨各乘马匹，惊叫者卧地不起，惊炸者难勒嚼环。经巡查，既没暗箭，又无伏兵，不知乘骑为何惊惧而失蹄？"

　　塔儿浑投奔忽必烈汗之前也是马背十余年，他不愧是一个望坐知兵马，嗅地知远近的军事家。他听过之后，如饮醍醐，甜甜地一笑说道："何以惊怪？川田秀吉从乌少土败阵下来，经鸡毛沟巡守此城，俗话说狡兔三窟，狡狐三迷，他定是习以为宝。川田秀吉是布置铁蒺藜，撒满要隘，快掉马回去，待查明来报。"

　　望哨领命而去。

　　风去风来，望哨又回报说："元帅，经查果然是布以铁蒺藜百余里，马匹确实难以动蹄，难怪阵阵惊炸。"

　　塔儿浑收回扇形法进军战策，开始施展分进合击的战术。

　　元军开始分路。

　　塔儿浑先率一支中军右翼以穿凿之法抵伊豆岛北岸，折向西北，又令一支左翼攻占滦堵等地，第三支是做前锋的一翼，再经鸡毛沟直指东京。因为塔儿浑知道其父特儿亨同扎八儿去往东京，准备与东瀛天皇密谈。富士山脚下，只剩下塔儿浑万人箭筒士和者革力所率领的一翼前锋，共有五万兵马。这五万兵马，尽是塔儿浑的族人，他们都是秃马惕人的精英，

尽是些紫焰中锤打出来的铁钻子，特别是那万人箭筒士，尽是些生铜煮的、熟铁锻的、钤没地方、扎没空隙的铜兵铁将，以鞭为刀，饮露骑风，以一当十。

兵书云，席卷天上、包举宇内、囊括四海的圣主，马背托天，四蹄动地。积有兵书万言也：丛草般行进，海子般列阵，凿子般攻取，大蛇般猛进。虽出偏师，亦必先发精骑，四散出走。登高眺望，探哨一二百里，以窜左右前后之虚实。如某道可取，某城可攻，某地可战，某处可营，均归探马负重。百骑环绕，可裹万众。

接下来，忽必烈以兵部侍郎黑的、礼部侍郎因弘为国信使、副国信使，配以虎符和金符，持国书出使日本。

忽必烈在给日本的国书中写道：

大蒙古国皇帝奉书日本国王。朕惟自与小国之君。境土相接，尚务讲信修睦。况我祖宗，受天明命，奄有区夏，遐方异域畏威怀德者，不可悉数。朕即位之初，以高丽无辜之民久瘁锋镝，即令罢兵还其疆域，反其旄倪。高丽君臣感戴来朝，义虽君臣，欢若父子。计王之君臣亦已故之。高丽，朕之东藩也。日本密迩高丽，开国以来君臣亦已知之。日本至于朕躬而无一乘之使以通和好。尚恐王国知之未审，故特遣使持书，布告朕志，冀自今以往，通问结好，以相亲睦。且圣人以四海为家，不相通好，岂一家之理哉。以至用兵，夫孰所好。王其图之。

忽必烈在国书中表示了与日本"通问结好"之意，虽然没有明令日本称臣，但以高丽为例，暗寓其意，并威胁日本，不来通好，"以至用兵"。至于他心中是如何想的，谁能不知。

黑的、因弘二人持忽必烈国书和扎八儿一起前往日本。三人一边走，一边议论着东征的一些事情。

黑的说："不如咱们先去高丽，会更好一些。再说，也好有个照顾。

忽必烈陛下似有意提及可先往高丽。"

"忽必烈陛下这样说了吗？"因弘说，"我没听到。"

"我听到了。"扎八儿说，"忽必烈陛下似乎有这个意图。"

"听到了什么？"黑的说，"这可是军国大事，我们马虎不得。"

"怎敢呢？"因弘说，"也许忽必烈陛下有意让咱们去高丽呢！"

"这不可能。"黑的说，"因弘，你说这不可能吧。"

"我也这么认为。"因弘说，"我一直都不认为忽必烈陛下会同意我们绕道高丽，你们想，那又何必呢？"

"怎么又不可能呢？"扎八儿说，"高丽国主也会助我们一臂之力。"

"什么一臂之力？"黑的问，"扎八儿，你这是何意？"

"我认为这是忽必烈陛下之意。"扎八儿说，"也许忽必烈陛下有让你我明修栈道，暗渡陈仓之意。"

"什么明修栈道？"黑的问，"修什么栈道？"

"你不懂吗？"扎八儿说，"陛下在修书中写得一清二楚。"

"我怎么看不到什么一清二楚之事？"因弘笑了笑。

"国书上说高丽无辜之民久瘁锋镝，即令罢兵还其疆域也。"扎八儿说，"其意即是让日本小国快识时务，像高丽那样，俯首称臣。"

"识时务？"因弘说，"日本人会识什么时务？我却不信。"

"日本人不会像高丽那样听命陛下。"黑的说，"他们有什么武士道之类的东西，挺可笑的。"

"什么可笑？"扎八儿说，"他们那是忠于天皇。"

"更是可笑。"黑的说，"不如找一下你的师祖特儿亨。"

"算了吧。"扎八儿说，"忽必烈陛下此次再遣使臣，摆明了是不相信特儿亨师祖。找他又有何用？"

"不需要找他。"因弘说，"咱们可去高丽找公主。"

"更没必要了。"扎八儿说，"忽必烈陛下又没明示让我们去高丽，现在去高丽已是冒天下之大不韪。"

"不要这样说，"因弘说，"忽必烈陛下在大都不了解战况，何必事事都向他奏个一清二楚呢？"

"因弘，你这话有理。要是塔儿浑元帅能像你这样想就好了。"扎八儿说，"我一直坚持将在外君命有所不受。"

"不受君命是不对的。"黑的说，"塔儿浑有苦难言。"

"他有什么苦？"扎八儿说，"那里有忽必烈陛下信任的一些重要将领，即使有过失，忽必烈陛下也会宽恕塔儿浑的。塔儿浑元帅前怕狼，后怕虎，难成大器。"

"扎八儿，算起来你也该称塔儿浑为师叔的，不要对他不敬，"因弘说，"塔儿浑人还是不错的。"

"我是这么认为，不过，他过于呆板了些，总是惟汗令是从，贻误了战机。"扎八儿叹了一口气。

"怎么可以这样说呢？"黑的说，"忽必烈陛下又遣我们去日本，难道不还是着意要对日本文武兼攻吗？"

"我总觉得忽必烈陛下此计甚妙。"因弘笑了笑说，"也许这才叫做明修栈道，暗渡陈仓之计。"

"话是这样说，就是不知有多少胜算。"扎八儿笑了笑，"我一直都不赞成这个计策。"

"那你是何意？"因弘说，"你总不会抗旨不遵。"

"那倒不会。"扎八儿说，"这个意思里面一定有南必皇后的见解，我这样想，又觉得有几分道理。"

"南必皇后？"黑的说，"真还没有想到呢。"

　　"我起初是并不信服南必皇后的。"扎八儿笑着说，"一个美貌的女子，有何计谋？"

　　"现在呢？"因弘说，"现在又如何信服南必皇后呢？"

　　"只是觉得南必皇后目光中有一种洞察世事的光芒，让人有几分敬畏。"扎八儿说，"真没想到。"

　　"没想到什么？"因弘说，"没想到南必皇后很聪慧？"

　　"嗯。"扎八儿点一下头，"确实有点没想到啊！"

　　"事实也是如此。"黑的说，"大元朝的命脉在她手上。"

　　"谁？命脉？"扎八儿说，"大元朝的命脉在谁手上？"

　　"南必皇后。"黑的说，"你难道不这样认为？"

　　"是的，事实上忽必烈陛下有些过于宠信南必皇后。"因弘说。

　　"这有什么不对吗？"黑的说，"南必皇后确实有治国之才。"

　　"比孛儿帖、比察必、比唆鲁禾帖尼她们如何？"扎八儿问道。

　　"她们？"黑的说，"我并不认为南必皇后比她们差。"

　　三个人正在行走之时，恰好日本浪人迷四郎赶来，问起缘由，迷四郎说："你们最好不要去高丽。"

　　"这是为何？"扎八儿问，"迷四郎，你为何要这样说？"

　　迷四郎笑了笑说："诸位，你们有所不知，我刚从高丽国回来，正有要事去禀忽必烈陛下。你们不知道，我是孛秃的箭的使者。这样说你们懂吗？"

　　"孛秃的人？"扎八儿说，"那不是专门搜集敌情之人？"

　　"正是。"迷四郎说，"我是为忽必烈陛下效命之人。"

　　"如何效命？"扎八儿说，"你一个日本浪人，有何能耐。"

　　"话不要这样说。"迷四郎说，"说穿了就不好了。"

　　"这是什么意思？我有些听不懂。"扎八儿笑了笑。

　　"听不懂吗？"迷四郎说，"听不懂，总会看得懂。"

　　迷四郎说着朝路边瞅了瞅，见一块牛头石，他把手掌搓了几搓，一掌插进去，那手掌竟插进牛头石里。

　　扎八儿嗤之以鼻。

　　黑的有些吃惊。

　　因弘惊呆了。

　　扎八儿说："这有什么了不起？真是雕虫小技。"

　　扎八儿放眼瞅了瞅，也没找到物什，他上前探了一步，拾起迷四郎抓过的那块牛头石，两掌搓了搓，内三合加外三合，六合劲到子午中冲功要害之时，大叫一声，竟把那块牛头石像揉细沙一样揉碎，稍顷，牛头石化为沙，"哗哗"一会儿就流完了。

　　迷四郎惊傻了。

　　扎八儿笑微微的，他拍一下黑的肩头说："黑的，这只是小技。"

　　因弘说："大技如何？"

　　扎八儿说："不要说叫我师祖特儿亨来了，就是叫我师妹东儿前来，即可把一柄钢刀揉成细沙。"

　　迷四郎瞠目结舌了许久，才恍然离去，临走之时，还不停地回望扎八儿，只是觉得扎八儿很平常。

　　至此，迷四郎才知道中原武功之奇，也明白了"真人不露相"之说。他想，以后还是少在人前丢人现眼。

　　见到忽必烈之后，迷四郎说明高丽国的情况，忽必烈惊问："怎么，高丽国在搞夺权之变？"

　　"是的。"迷四郎点一下头。

　　"这是为何？"忽必烈大惊失色，"怎么会发生这等事？"

　　南必皇后也愣住了。

忽必烈叹了一口气，他有些不忍心想下去，他甚至不相信高丽国政变这个事实。这是因为高丽国还有他一个女儿，他怎能舍弃他的女儿呢？

南必皇后也似察觉到忽必烈的心思，却又找不到话来安慰他。

扎八儿和黑的、因弘是不是还要去高丽呢？他们会不会误了大事？这都让忽必烈心乱如麻。

南必皇后问迷四郎："高丽国王禃要另立其弟？"

"对。"

"这又何必？"

"天知道是怎么回事，皇后。"迷四郎叹了一口气。

南必看一眼忽必烈说："陛下，王子的品行不好。"

忽必烈点一下头。

迷四郎说："听说国王之弟有意夺权，是挟天子以令诸侯。"

"这当如何是好？"南必皇后说，"陛下，派兵过去？"

忽必烈说："派谁去呢？眼下只有一些不善战者，派谁去呢？"

迷四郎说："陛下，要不然我去，怎么样？只是陛下要信得过我。"

"信得过你？"

"对。"

"这是何意？"

"陛下。"

"怎么？"

"我只是个日本浪人。"

"这又有何妨？"忽必烈纵声笑了起来，"四海之贤才尽为我所用。迷四郎，不要这样说。金人、西夏人、回回人、汉人、南人、交趾人、爪哇人、高丽人，马可·波罗都在扬州当了十六年的官，迷四郎，你懂吗？看起来你不懂。"

迷四郎点一下头。

"你和字秃为大元朝确实是立了大功。"忽必烈笑了笑说，"不过，你既为大元朝所用，就要一心想着大元朝。"

"陛下，我是想着大元朝。"迷四郎心里却在说，我想大元朝，大元朝能一心想着我吗？还是疑我不用。谁不知道你忽必烈将天下人等分了四等？

迷四郎敢怒不敢言，只是耐心地听着忽必烈的训斥，而忽必烈呢？也越说越来劲。

"不要对大元朝有所疑惑，大元朝是相信你的。你和字秃确实为大元朝立下奇功，这一次，你又传来高丽政变之讯，很及时。"忽必烈说。

"听陛下安排。"

"很好。"

"陛下，你说如何安排我回去，我一切都听您的。"

"先去高丽。"忽必烈说，"到高丽国之后，找金方和金亮兄弟，他们自然会接应你。"

"金方和金亮？"

"对。"

"二人是何等人物？"

"那金亮曾与武子君雄、杜文化郎通好，他出兵征日，自有妙计。"忽必烈说，"眼下只有此计了。"

迷四郎笑了。

忽必烈说："迷四郎，他们助你攻进东京，你就会立大功了。"

"谢陛下。"

迷四郎拿着忽必烈的诏书去了，他一路上都沉浸在登上日本岛立功加爵的喜悦之中。到了高丽，和金氏兄弟调一万五千兵马，大举进攻日本。

此时，塔儿浑已渡过对马海峡，正进攻日本马岛，正与金氏兄弟会合。

日本天皇北条时宗闻讯大惊，急调川田秀吉迎战。

元军与日本军相遇博多（今日本福冈），元军用火炮猛轰日军。

"用炮打，狠狠地打。"塔儿浑令兵车营用炮轰击。塔儿浑的侍卫突见三面拥过来无数日军，不禁大惊失色。塔儿浑看到宿卫惊慌的样子，忙问："何以惊慌？"

宿卫用手指了一下。

塔儿浑环顾一下，也惊得瞠目结舌，他大声叫道："快撤！"

"朝哪撤？"

塔儿浑说："下海。"

就在元军登上战舰后不久，龙卷风刮了起来。

忽必烈不懂海洋气候，塔儿浑更是不懂。飘荡在海面上的几千艘战船，在惊涛骇浪中，就像一叶小草般脆弱无助。一艘、十艘、无数艘战船在转眼之间就被巨浪打碎了，无数元兵哭天喊地，挣扎着。塔儿浑在海中挣扎着，他到死也没明白，为什么在自己占尽先机的境况下，一缕亡魂竟不能回归故里。

但令士兵们更加愤怒的是当风息浪静时，十多万士兵却找不到了他们的统帅。忻都、范文虎等高级统帅乘高丽的几艘坚船，可耻地抛下十多万军粮和武器丧失殆尽的士兵，逃回国内。

被遗弃在岛上的士兵，既无船可渡，又没有武器和粮食，其惨状可想而知。他们哀天动地之后，冷静下来，推举一位姓张的百户作主帅，率领大元帝国的弃儿，伐木造舟，制作木排，准备回国。

但镰仓幕府不允许他们生还，立即派出大军，前来进攻已失去抵抗能力的敌军。八月七日，日本劲旅开到，张百户率军肉搏，元军六七万人被屠，剩下的二三万人被驱至八角岛。八月九日，大元帝国的军队也尝到了蒙古铁骑分类屠戮敌人的滋味，日本将蒙古人、高丽人、北方汉人捡出，尽数杀掉，而日本镰仓幕府将南方汉人视为唐人，为表示对唐人的友好，他们知恩图报般将"唐人""不杀而奴"。

十余万大军只有三人乘舟生还国内。

忽必烈轰轰烈烈、大张旗鼓发动的第二次征日战争就这样以悲壮的结局，划上了句号。

忽必烈眼见征日失败，又决定遣礼部侍郎王文灿、乐部侍郎万东、计议官张峰和撒都鲁丁等出使日本，由高丽人郎将夫离集及捎工上佐等人为向导，先至长门津室，既而移至太宗府。

日本国王不但不接见元使，还下令杀了部分使节，并展首示众，几个回来的使臣向忽必烈禀明实情之后，忽必烈又遣几个使臣过去，也被日本人杀死。

忽必烈怒不可遏，立即召来大将忻都和共卫冬等人，让他们立即去攻打日本。刘宣等人劝了半天，忽必烈才稍稍息怒，并没有马上出兵。

忽必烈不甘心失败，又决意以阿塔海为征东行中书省丞相，发兵卫军二万人，准备第三次征战日本。

忽必烈责令江南各行省大造船只，地方官不管人民死活，按人头摊派造船数目和造船之料。

淮西尉宣使昂吉儿见状，上言民苦，请求暂停征战日本之役，征日之

元·任仁发·二马图

事暂告一段落。

忽必烈时期虽然发动了征伐日本的战争，一时激化了两国矛盾，但双方的经济文化往来却始终没有间断。

当时，双方的佛教往来不断，为两国的文化交流做出一定贡献。中统元年（1260年），兀庵普宁抵日，在日本作有《兀庵禅师语录》；至元六年（1269年），大休正念抵达日本，编有《佛源禅师语录》；至元十六年（1279年），旅日的无学祖元又给日本人留下了《佛光国师语录》等著作。这些佛教徒都兼通儒学，他们在传播佛学的同时，也将儒学传播到日本各地。日僧国尔辨园于宋端平二年（1235年）入宋，淳祐元年（1241年）以后返回日本，带回朱熹的《大学》《大学或问》《中庸或问》以及《论语精义》《孟子精义》《论语直解》《集注孟子》等大量儒学著作，（1257年）在最明殿寺为幕府执政北条时赖开讲《大明录》，至元十二年（1275年）又向龟山法皇介绍儒、佛、道三教旨趣，最后编定《三教典籍目录》，为传播汉文化作出了贡献。

其间，两国经济往来也接连不断。至元十四年（1277年）"日本遣商人持金来易铜钱"，忽必烈许之，允许日商来华贸易。至元十五年（1278年），又"诏谕沿海官司通日本国人市船"，鼓励人们同日本贸易。至元十六年（1279年），"日本商船四艘，篙师二千余人至庆元港口"，准备登岸贸易，哈剌歹查其商船非为间谍，上奏行省，允许其贸易，而后遣还。至元二十九年（1292年），又有"日本舟至四明，求互市"，忽必烈以其"舟中甲仗皆具，恐有异图，诏立都元帅府，令哈剌带将之，以防海道州船"。虽然接待日本商船如临大敌，但允许其往来贸易，对两国经济文化的发展还是有好处的。

忽必烈罢征日本以后，两国关系渐渐缓和，经济文化交流进一步发展起来。

友结邻邦

安南本为唐朝安南都护府辖地,五代后晋时独立,建国号为瞿越、大越等。北宋开宝八年(975年)封其王为交趾郡王,南宋隆兴二年(1164年)改封为安南国王,此后即称其国为安南,也称交趾,地处今越南北部。忽必烈即位前后,安南已进入陈氏统治时期。

宪宗三年(1253年),忽必烈就受任与大将兀良合台率军平定云南,云南平定以后,忽必烈率军北返,兀良合台留下征服其余未附者。宪宗七年(1257年),兀良合台率军准备进攻安南,先遣二位使者出使,令安南归降。安南不从,将使者用破开的竹子绑缚身体,深入皮肤,投入狱中。兀良合台不见使者回报,遂驱动大军,攻破王都,安南国王陈日烜逃窜海岛。兀良合台从狱中找到二位使者,解其缚,一人已死。兀良合台大怒,立誓要抓住陈日烜,灭亡安南。但由于天气炎热,蒙军难以适应安南的气候,遂残破王都而返。

宪宗八年(1258年),陈日烜将王位传于长子陈光昺,陈光昺慑于蒙古大军威力,遣使向兀良合台贡献方物,以求缓和关系。中统元年(1260年),忽必烈即位以后,派遣孟甲和李文俊等出使安南,令其称臣入贡。忽必烈在国书中写道:

"祖宗以武功创业,文化未修。朕缵承丕绪,鼎新革故,务一万方。适大理国守臣安抚聂只陌丁驰驲表闻,尔邦有向风慕义之诚。念卿昔在先

朝已尝臣服，远贡方物，故颁诏旨，谕尔国官僚士庶：凡衣冠典礼风俗一依本国旧制。已戒边将不得擅兴兵甲，侵尔疆场，乱尔人民。卿国官僚士庶，各宜安治如故"。

孟甲等人到达安南，说明忽必烈之意，陈光昺表示愿意称臣纳贡，派遣使者随孟甲等人来朝，请求三年一贡，忽必烈当即允准，遂册封陈光昺为安南国王。

中统三年（1262年），忽必烈命讷刺丁为安南国达鲁花赤，负责监控安南并往来于元朝和安南之间。至元四年（1267年），忽必烈又下诏安南，"谕以六事：一、君长亲朝；二、子弟入质；三、编民数；四、出军役；五、输纳税赋；六、仍置达鲁花赤统治之。"又诏封皇子忽哥赤为云南王，往镇大理、鄯阐、安南诸国，企图进一步控制安南。

陈光昺不愿意接受这些苛刻条件，"每受天子（指元朝皇帝）诏令，但拱立不拜，与使者相见或燕（宴）席，位加于使者之上"。又上书请求罢去元朝在安南国设置的达鲁花赤，接着又请免赴"中原拜献"等六事。忽必烈虽然不太高兴，但未马上用兵，仅仅派遣使者反复磋商而已。

至元十四年（1277年），陈光昺死亡，其子陈日烜没有请准元朝就自立为王。次年，忽必烈派遣礼部尚书柴椿等人由江陵经邕州直抵安南，谴责陈日烜不修六事及不请命而自立之罪，并要陈日烜入朝受命。陈日烜称，自己"生长深宫，不习乘骑，不谙风土，恐死于道路"，托故不朝，只遣使臣随同柴椿等赴元报命。至元十六（1279年），枢密院臣上奏说："日烜不朝，但遣使臣报命，饰辞托故，延引岁时，巧佞虽多，终违诏旨，可进兵境上，遣官问罪"，请求出兵迫使陈日烜来朝。这时，忽必烈比较沉着冷静，未允其请。复遣柴椿等人出使，再谕陈日烜来朝。陈日烜仍然推托有病不来朝觐，仅遣其叔陈遗爱入元觐见忽必烈。忽必烈十分生气，于至元十八年（1281年），设立安南宣慰司，以卜颜帖木儿为参知政

事、行宣慰使都元帅以控制安南。接着，忽必烈又"诏以光既殁，其子日煊不请命而自立，遣使往召，又以疾为辞，止令其叔遗爱入觐，故立遗爱代为安南国王"。忽必烈要废弃陈日煊，另立陈遗爱，两国关系开始紧张起来。

至元二十年（1283年），忽必烈准备远征占城（今越南中南部），遣使安南征兵征粮。陈日煊上表，谓安南自从其父"归顺天朝，三十年于兹，干戈示不复用，军卒毁为民丁"，已无兵员可供驱使；至于粮谷，也因国小民贫，"五谷所产不多"，"加以水旱，朝饱暮饥，食不暇给"，只能于钦洲界上永安州之地提供少量供应。

至元二十一年（1284年），忽必烈封皇子脱欢为镇南王，令其领兵往攻占城。脱欢与大将李恒率军出发，请求假道安南，并向安南征粮饷以助军食。陈日煊以其从兄兴道王陈峻领兵迎于境上，婉言拒绝元军假道。脱欢大怒，兵分六路大举进攻安南，于万劫江大败陈峻的部队，乘间绑缚木筏渡过富良江。

至元二十二年（1285年）初，陈日煊听说陈峻兵败，亲自率军十万来援，沿江布防兵船，树立木栅，见元军至岸，即发炮大呼求战。然安南军队多年不谙战事，很快又败下阵来，陈日煊慌忙率军退走，元军乘胜攻陷安南国都大罗城。陈日煊退守天长，再退长安。这时，元朝大将唆都和唐兀䚟率领征伐占城的军队北返，遂与脱欢的军队合为一处，军势大盛。于是，脱欢令李恒、乌马儿和宽彻、忙古䚟分别率领水、陆大军，分两路追击陈日煊。陈日煊不敌元军，屡次失败，最后退至安邦海口，丢弃舟楫甲仗，藏匿于山谷间，又遁入清化府。元军虽然屡次获胜，但长期征战，师老兵疲，又因暑雨疾病，战斗力减弱，再加上地形生疏，蒙古兵马无法施展骑兵长技，在安南军队不断集结的形势下，开始逐步失利。脱欢见形势不妙，只好放弃大罗城北撤。安南军队见元军撤退，乘机追袭。当元军撤

至册江搭浮桥准备渡江之际，林间伏兵四起，箭发如雨，元军被这突如其来的袭击弄得晕头转向，不知往哪儿躲避才好，死伤无数，李恒也中了毒箭身亡，脱欢在几位士兵的保护下，狼狈逃回恩明州。当时，唆都大军与脱欢大军的营地相去二百余里，不知道脱欢北撤的消息，后来听说脱欢兵败，也率军北撤，于北撤途中在乾满江被歼。忽必烈第一次征伐安南，以大败而宣告结束。

忽必烈听到征南大军失败的消息，恼羞成怒，下诏取消原定的第三次征伐日本的计划，专力讨伐安南。至元二十三年（1286年），忽必烈诏谕安南官吏百姓，历数陈日烜拒绝来朝、戕害叔父陈遗爱及不纳达鲁花赤不颜铁木儿等罪行，以陈益稷来投，特封为安南国王，赐给符印。陈日烜毫不理会，继续与元朝为敌。

至元二十四年（1287年），忽必烈诏发江淮、江西、湖广三省蒙古汉军七万人，船五百艘，云南兵六千人，黎族兵一万五千人，第二次大规模征伐安南。征南大军以皇子脱欢为总帅，兵分三路以进：脱欢与奥鲁赤率领东路军进攻女儿关等地；程鹏飞率领西路军进攻永平等地；乌马儿、樊楫由海路率舟师配合进攻，又以海道运粮万户张文虎等人运粮十七万石以供军食。元军气势汹汹杀向安南，初战连连告捷。安南军见元军来势凶猛，有计划退却，诱敌深入。元军顺利渡过富良江，进逼安南京师大罗城，陈日烜于至元二十五年（1288年）再次逃走入海。同时，安南人民有计划坚壁清野，藏粮逃遁，以困元师。这时，张文虎所率的运粮船在绿水洋受到安南军阻击，所运粮米全部被沉于海，只好退还琼州。元军长驱深入，粮饷得不到接济，再加上连日行军，疲劳过甚，天气转热，疾病发生，陷入了进退两难的境地。脱欢见处境险恶，士气低落，难于进兵，于是下令全师北撤。这时，安南军已做好截击元军北归的准备。当樊楫等由水道先行退到白藤江时遭到安南军队袭击，全军覆没。安南又在女儿关、

强势外交

丘急岭一线集结重兵三十万，连亘百余里，切断元军退路。脱欢率军且战且退，死伤惨重，脱欢本人也被毒箭伤了脚，勉强从单己县趋孟州，间道撤至思明州，历尽艰辛，返回云南。忽必烈第二次征伐安南又以失败而告终。

安南反击元朝虽然获胜，但毕竟是一个小国，惧怕元军，为了缓和和元朝的关系，战后，陈日烜即遣使入元，归还俘虏，并进献金人自代以赎罪。

忽必烈对两次征伐安南失败十分恼怒，责命皇子脱欢改镇扬州，终身不许入朝。

至元二十七年（1290年），安南王陈日烜死，其子陈日燇亦未得到元朝册命而即位，忽必烈又于至元三十年（1293年）命令刘国杰率领水路大军第三次征伐安南。战争刚刚开始，忽必烈就病死了。成宗铁穆耳即位以后，为了缓和朝野的不满情绪，下诏罢征安南。元朝和安南又走上了和平交往的道路。

占城地处今越南南部一带，当时在安南南方独立立国。

元军攻陷南宋首都临安以后，进军闽广，扫荡宋朝残余势力，至元十六年（1279年），最后灭亡宋朝。

元朝大将唆都在扫荡宋朝残余势力期间，于至元十五年（1278年）派遣使者进入占城，进行招抚工作。使者回来以后，说占城有归附之意。于是，忽必烈下诏颁给占城国王虎符，授以荣禄大夫，封为占城郡王。至元十七年（1289年），占城国王遣使奉表来元朝觐，正式向元朝称臣。

占城臣服以后，忽必烈命唆都在占城设立行省以加强统治。当时，占城国王摄于元朝威力，甘愿称臣，可占城王子补的不服，不愿意受治于元朝。就在占城国王正式向元朝称臣的那一年，元朝派遣何子志、皇甫杰出使暹国（泰国），派遣尤永贤、亚阑出使马八儿国，进行招抚。当元朝使

者之船经过占城时，均被占城王子补的所扣留。

忽必烈听说自己派出的使者被扣，大怒，立即发江浙、福建、湖广兵五千，海船百艘，战船二千五百艘，由唆都率领，自广州航海，大举征伐占城。忽必烈声称"老王无罪，逆命者乃其子与一蛮人耳。苟获此两人，当依曹彬故事，百姓不戮一人"。占城听说元朝大军来攻，"兵治木城，四面约二十余里，起楼棚，立回回三梢炮百余座"，严阵以待。占城国王也亲率大军屯于木城之西，以为应援。

至元二十年（1283年）正月，唆都指挥元朝大军三面进攻木城，占城兵虽然奋力抵抗，仍然不是元军对手，木城很快被攻破，占城国王退保大州西北的鸦候山，一面集结兵力，一面遣使诈降。前来诈降的宝脱秃花声称，"吾祖父、伯、叔，前皆为国王，至吾兄，今孛由补剌者吾（即占城国王）杀而夺其位。斩我左右二大指，我实怨之。愿禽（擒）孛由补剌者吾、补的父子，及大拔撒机儿（占城大臣）以献。请给大元服色"。元军信以为真。后来，居于占城的唐人曾延前来元营说，占城国王逃于大州西北的鸦候山，聚兵三千余，并招集他郡之兵，遣使安南、真腊、阇婆等国借兵，不日将与官军交战，害怕唐人泄漏其事，将尽杀之。因此，曾延等人才逃出来。元军不相信曾延等人的话，将其交于宝脱秃花，宝脱秃花诬蔑曾延为占城奸细。元军又相信不疑，并随宝脱秃花进讨占城国王，宝脱秃花并非真降元军，而是占城的奸细，他诱使元军深入大州城西林地，突然不见，元军方知上当受骗。这时，占城军兵蜂拥而出，截断元军归路，元军殊死战斗，方得突围而出，驻守待援。忽必烈又令皇子脱欢与李恒等率兵增援，并领导征伐占城之役。脱欢等假道安南，安南不允，于是，脱欢等变征伐占城为征伐安南。征伐占城的唆都以接济困难，领兵撤还，与脱欢会合共伐安南，结果为安南所败。

唆都撤离占城以后，江淮行省派遣的援军由忽都虎率领到达占城，

忽都虎见营舍烧尽，才知唆都大军已经撤回。至元二十一年（1284年）三月，忽都虎派遣百户陈奎招抚占城国王来降。占城军队虽然一度打败元军，但损失惨重，自知难与元军对抗，遂派遣王通事使元，表示愿意纳降。忽都虎见占城愿降，很高兴，但仍按忽必烈的旨意，令占城国王父子奉表进献，占城国王表示来年派遣嫡子入朝。不久，占城国王令其孙奉表归款。占城再次臣服于元朝。

后来，忽必烈曾想再次出兵征伐占城，但没有施行，双方一直保持和平相处的关系。

缅国，即今缅甸。在忽必烈即位前后，缅国势力逐步强盛起来，缅王联合建昌、金齿诸部，成为雄踞西南的一个比较强大的政权。

至元八年（1271年），忽必烈派遣使者出使缅国，诏谕蒲甘王朝那罗梯诃波王归附纳贡，没有结果。至元十四年（1277年），金齿千额总管阿禾归附元朝，缅王十分不满，遂提兵进攻，金齿千额阿禾见缅王派兵来攻，自知难敌，赶忙告急于元朝。

忽必烈得讯，即派遣大理路蒙古千户忽都和大理路总管信苴日出兵增援。忽都与信苴日昼夜兼行，很快与缅军相遇于一条河边。当时，缅军约有四五万人，战象八百，马万匹，而忽都和信苴日的军队则只有七百人，力量十分悬殊。缅军很快摆开阵势，乘马在前，接着是象队，最后是步兵。大象皆披铠甲，背负战楼，两旁夹大竹筒，竹筒内放置短枪数十，乘象者可以随意取出击刺。整个布阵严整雄伟，排列有序。元军从来未见过这样的象队，有些害怕。忽都认真观察缅军象队，下令说："贼众我寡，当首先冲击大河北边的军队，等到河北军队一乱，乘势冲杀，可以败敌。"于是，忽都将军队分成三队，他亲自率领281骑为一队，信苴日率领233骑傍河而阵为一队，脱罗脱孩率领187人依山进攻为一队。当各队进入有利地形之后，忽都一声令下，与缅军冲杀起来。元军善射，一排排箭支有计划地飞向象队，象队很快死伤过半，负伤者奔逃，散入林中，楼甲等一切战具尽毁，缅军狼狈败退。信苴日率军追击三里多路，到达一寨门前，突然从南面涌出万余缅军，绕到元军背后，有形成前后夹击之危险。信苴日打马飞快返回忽都处，报告了这一消息，忽都认真分析了两军利弊，又把军人列为三阵，进至河岸，以骑兵快速出击，大败缅军，接着，乘胜追击三十余里，连破十七寨。缅兵与象马自相踩践，死者无数，装满三条大壕沟。元军虽然受伤者较多，但死亡者极少，据《元史》记载，仅死一个蒙古人。

随后，云南行省又派遣纳速剌丁率军3840余人征缅，兵至江头城，招降磨欲等三百余寨。

至元十七年（1280年），纳速剌丁上奏说，"缅国舆地形势都在我的眼中。原来奉旨，如果重庆诸郡平定，然后有事缅国。现在四川已经平定，请增加兵力征讨缅国。"忽必烈征求大臣们意见，皆谓缅国可伐。于是，忽必烈开始积极进行大规模征伐缅国的准备。

至元二十年（1283年），忽必烈准备就绪，特命宗王相吾答儿、右丞太卜、参知政事也罕的斤等率领军队大举进攻缅国。相吾答儿派遣一军取道阿昔江，到达镇西阿禾江，顺流而下，主攻江头城，以切断缅军水路；又遣一军从骠甸直驱其国，与另一支由罗碧甸进军的部队相会合，攻破江头城，接着又拔太公城。元军进展顺利，建都及金齿十二部望风而降。缅王一看形势不好，遣使赴元营准备纳款请和，孟乃甸白衣头目裡塞则反对纳款，阻其道路，不准通行。缅王纳款请和的愿望落了空。

至元二十四年（1287年），反对向元朝纳款请和的缅王庶子不速速古里囚系其父缅王，害死缅王嫡子三人，并杀死云南王所命朝官阿难答等。忽必烈一听大怒，又以秃满带为都元帅、张万为副都元帅，辅助云南王也先帖木儿，再次进军缅国。云南王也先帖木儿与诸将报仇心切，中了缅军

诱敌深入之计，进至蒲甘，为缅军伏兵偷袭，死亡7000余人。

缅军虽然小获胜利，但区区小国难以长期与元朝大国为敌，遂乘机遣使向元朝谢罪纳款，表示愿意三年一贡。从此，缅国与元朝建立了朝贡关系，开始走上和平交往的道路。

爪哇国，古称阇婆或诃陵，元时改称爪畦。

忽必烈即位以后，不断派遣使者通好南海诸国，逐步与各国建立了友好往来关系。在通好南海诸国时，忽必烈曾经派遣孟琪出使爪哇，结果，爪哇不愿意向元朝称臣，将孟琪刺面以后遣送归朝。

忽必烈如何受得了这般侮辱，下决心用兵爪畦。至元二十九年（1292年），忽必烈命史弼、亦黑迷失、高兴等率领福建、江西、湖广三省兵二万，战船千艘，运载足够一年的口粮，大举征伐爪畦。征伐爪畦大军带有"虎符十、金符四十、银符百、金衣段百端"，用以奖赏作战有功人员。亦黑迷失等人披挂整齐，向忽必烈辞行，忽必烈对他们说："卿等至爪畦，明告其国军民，朝廷初与爪畦通使往来交好，后刺诏使孟右丞之面，以此进讨"。元军于十二月从泉州出发，远涉重洋，经万里石塘（东沙、中沙、西沙、南沙群岛）等地，至元三十年（1293年）二月至爪哇杜并足，然后兵分两路以进，由史弼、孙参政率领都元帅那海、万户宁居仁等水军，从水路进军；由高兴、亦黑迷失率领都元帅郑镇国、万户脱欢等马步军，从陆路进军，两路大军约于八节涧相会。

这时，爪哇国王哈只葛达那加刺被邻国葛郎国王哈只葛当所杀，其婿土罕必阇耶为了复仇，率兵进攻葛郎国，没有成功。正在气恼之际，听说元军到来，便派遣使者出使元军，表示愿意归降，并奉献当地山川、户口及葛郎国地理等图籍，请求元军帮助攻打葛郎国。

元军见未废一兵一卒，就使爪哇国投降了，非常高兴，立即答应了土罕必阇耶的请求，帮助爪哇兵打败了葛郎兵，一直追至葛郎国境，包围了葛郎的答哈城。葛郎国虽经力战，但仍然打不过元朝和爪哇的联军，没有办法，只好出降。

葛郎国投降以后，土罕必阇耶借口回国准备贡品，脱离元军，先行回国。其实，土罕必阇耶并非真心投降元朝，只是迫于两面作战的不利形势，才假装投降元军，然后借助元军之力打败自己的仇敌。当自己的仇敌被打败以后，土罕必阇耶又来对付元军。他在归国途中号召士兵反元，设下埋伏，乘元军不备，袭击元军归路。元军遭此突然袭击，还没有弄清楚是怎么回事，就被爪哇军队打败了。元军死伤惨重，难以再战，遂仓惶撤退。海行68日，回到泉州。

忽必烈听说征伐爪哇的军队失败而归，大失所望，处罚了史弼、亦黑迷失等人。曾想再次出兵征伐爪哇，但因年老体衰，最终没有出兵。

元朝时期，南海地区分布许多国家，主要有印度的马八儿、俱兰、须门那（孟买以北索帕拉）、僧急里（科达吉罗）、来来（古查提特），肯尼亚的马兰丹、那旺，苏门达腊的南无力（亚齐）、苏木都剌，马来西亚的丁呵儿（丁加奴）、急兰亦禈（吉兰丹）等，其中，马八儿和俱兰影响最大。两国分处在印度次大陆南部的东西两侧，马八儿在印度东海岸，临近孟加拉湾；俱兰在印度西海岸，面临阿拉伯海。《元史·马八儿等国传》记载说："海外诸蕃国，惟马八儿与俱兰足以纲领诸国，而俱兰又为马八儿后障，自泉州至其国约十万里。其国至阿不合大王（指伊利汗国）城，水陆得便风，约十五日可到，比余国最大。"

忽必烈即位以后，在遣使通好各国的同时，积极进行南海诸国的招抚工作。

至元十五年（1278年）八月，忽必烈在基本灭亡南宋的形势下，开始实施他的招抚南海诸国的宏伟计划。他以唆都行省事于泉州，负责"招谕南夷诸国"，特意诏告唆都和蒲寿庚等人说："诸蕃国列居东南岛屿者，

皆有慕义之心，可因蕃舶诸人宣布朕意。诚能来朝，朕将宠礼之。其往来互市，各从所欲州拍。"于是，唆都等人奉玺书十通，招谕南海诸国。占城、马八儿等国俱奉表入贡，惟俱兰等国未下。

为了招抚俱兰等国，至元十六年（1279年）十二月，忽必烈又派遣广东招讨司达鲁花赤杨庭璧出使俱兰。杨庭璧受任之后，乘船出海，于次年三月到达其国。俱兰国王必纳的见忽必烈遣使来招，既有受宠若惊之感，又有十分惧怕之意，因令其弟用回回字书写了回书，表示来年遣使入贡。

忽必烈见到俱兰回书，非常高兴，又授哈撒儿海牙为俱兰国宣慰使，令其与杨庭璧再次出使俱兰。至元十八年（1281年），哈撒儿海牙和杨庭璧等人自泉州入海，由于中途遇风乏粮，改从马八儿借路而行。马八儿国宰相见元使来临，曾说道："官人来此甚善，本国船到泉州时，官司亦尝慰劳，无以为报。今以何事至此？"杨庭璧等说明原因，指望通过马八儿，经陆路前往俱兰。马八儿宰相听说元使准备借路，乃托以不通为辞。杨庭璧等人迷惑不解。后来才知道，当时马八儿与俱兰关系紧张，正在备战，因此不予借路。杨庭璧等人没有办法，只好折回。

杨庭璧等人回国向忽必烈汇报了情况以后，忽必烈又派杨庭璧率领使团第三次出使俱兰。此次出使，比较顺利，至元十九年（1282年）二月到达俱兰，受到俱兰国王的盛情相待，表示愿意与元朝结好，正式向元朝称臣纳贡。

当时，也里可温兀咱儿撒里马及木速蛮主马合麻等也在俱兰，听说元使来到，"皆相率来告愿纳岁币，遣使入觐"。苏木达国也遣使通过俱兰向忽必烈臣服。其余小国听说俱兰向元朝纳款称藩，岁岁通贡，也表示愿意向元朝称臣，加强经济文化往来。于是，须门那、僧急里、南无力、马兰丹、那旺、丁呵儿、来来、急兰亦褐、苏木都剌等国都遣使入贡。此后，元朝同南海诸国的交往更加频繁了。

忽必烈在东方连续发动了对日本、安南、占城、缅国、爪哇等国的战争，意欲统一东方，做一个整个东方的大皇帝。而对西方，他知道隔着钦察和伊利汗国，已经没有办法征服任何一个国家，因此，对西方各国采取了十分友好的态度，频繁与欧洲各国进行往来。忽必烈与欧洲各国友好往来影响最大的事件就是欢迎马可·波罗来华。

马可·波罗是意大利威尼斯人，著名的旅行家。他的父亲尼柯罗和叔父马菲奥都是威尼斯巨商。在马可·波罗出生前不久，尼柯罗与其弟马菲奥就从威尼斯启程前往东方经商去了。两人从君士坦丁堡渡黑海，经克里米亚半岛上的迷克克，进至钦察汗国都城萨莱（今俄罗斯阿斯特拉罕附近），留住一年。后来准备返国，惟逢钦察汗别儿哥与伊利汗旭烈兀发生战争，归路已不安全，他们索性东行，来到不花剌（今乌兹别克布哈拉），又在那里留居三年。后来遇到旭烈兀派往忽必烈处的使臣经过那里，便应邀与其一起东行。约于至元二年（1265年）到达上都（今内蒙古正蓝旗东闪电河北岸），忽必烈高兴地接见了他们，并询问了许多西方之事，"先询诸皇帝如何治理国土，如何断决狱讼，如何从事战争，如何处理庶务。复次询及诸国王宗王及其他男爵。""已而大汗详询关于故皇、教会及罗马诸事，并及拉丁人之一切风俗"。忽必烈听了尼柯罗兄弟对西方的介绍以后，很感兴趣，决定派遣使臣随同他们西返，并致书罗马教皇，请求派遣一百名熟知基督教律、通晓七种艺术的教士到东方来，还要他们取回一些耶路撒冷圣墓长明灯的圣油。途中，元使因病停留。尼柯罗兄弟持蒙古国书继续西行，至元六年（1269年）到达地中海东岸阿克拉城（今海法北），适逢教皇死，新教皇未立，遂向教廷呈递了蒙古国书，而后回到威尼斯，尼柯罗第一次见到自己15岁的儿子马可·波罗。

两年以后，尼柯罗兄弟二人携带17岁的马可·波罗准备到元廷复命，他们先到阿克拉觐见新任教皇格雷戈里十世，教皇派两名教士随同他们东

行。接着，又到耶路撒冷取来圣油，与教皇派遣的教士尼古勒和吉岳木等正式踏上了东行的旅程。途中，两名教士畏难不前，将教皇致忽必烈的书信和出使特许状委托给尼柯罗兄弟和马可·波罗以后，便折返而去。于是，马可·波罗等三人取道伊利汗国境内，经过其都城桃里寺（今伊朗阿塞拜疆大不里士），至波斯湾口忽里模子，沿着古代丝绸之路，越过巴达哈伤高原和帕米尔高原，进入元朝辖境，跋山涉水，历尽艰险，于至元十二年（1275年）到达上都，向忽必烈复命。忽必烈非常高兴，让他们三人做了元朝的官吏。

马可·波罗聪明谨慎，擅长辞令，很快学会了蒙古语言和骑射，颇得忽必烈的信任。马可·波罗除了在大都供职以外，还经常随从忽必烈巡幸上都，又多次受忽必烈委托巡视各地或出使占城、印度等地。他到过陕西、四川、云南、河南、江浙等行省的许多地方，足迹遍于中国各地。据马可·波罗自述，他还曾奉忽必烈之命在扬州任职三年。马可·波罗善解人意，他见忽必烈特别喜欢了解外地风土人情，每次出使或在外地任职回来，都将外地情况详细向忽必烈奏明，因此，特别得到忽必烈的宠爱。就这样，马可·波罗在中国生活了17年。

马可·波罗及其父、叔父久居中国，不免滋生怀念故土之情，开始上书请求回国。

至元二十六年（1289年），伊利汗阿鲁浑因元妃伯岳吾氏去世，派遣使者来元朝请求续娶其亡妻本部女子，忽必烈答应将伯岳吾氏贵族之女阔阔真嫁给伊利汗国阿鲁浑汗，并答应马可·波罗及其父、叔随同护送伊利汗妃阔阔真的使者回国。当时，正值西北诸王叛乱，陆路很不安全，马可·波罗等人便随同送亲队伍，于至元二十八年（1291年）由海路启程西行，在海上航行了两年多，历尽艰险，始到达波斯湾口的忽里模子。这时，阿鲁浑汗已死，其弟亦邻真朵儿只（海合都）已经即位。至元三十年

（1293年），马可·波罗和使者又奉亦邻真朵儿只之命，将阔阔真送到阿八哈耳，与阿鲁浑之子合赞成婚。完成送亲任务以后，马可·波罗等三人从桃里寺动身回国，于元贞元年（1295年）回到威尼斯。

1296年，马可·波罗在参加威尼斯与热那亚的战争中被俘，在狱中，他讲述了游历东方的见闻，引起热那亚人的极大兴趣。同狱的小说家鲁思梯切诺将他口述的内容笔录成游记一书，于1298年完成。

最初，这部游记是用中古时期法意混合语写成。后来人们争相传抄，相继被译成拉丁语、意大利各种方言和其他欧洲语言，传抄过程中，原稿丢失。现在流传下来的各种文抄本有140多种。1938年摩勒和伯希和将英译本重新校订出版，题名为《马可·波罗寰宇记》，被认为是最好的本子。其余译本或作《威尼斯市民马可·波罗的生活》《威尼斯人马可·波罗阁下关于东方各国奇事之书》《东方闻见录》《百万先生书》等，通常只称《马可·波罗行纪》。中国先后出过四种汉文译本，以1954年冯承译《马可·波罗行纪》流通最广，影响最大。

《马可·波罗行纪》共分四个部分，第一部分描述马可·波罗东来时所经过的一些国家和地区的情况；第二部分，记述了忽必烈时期的中国政事，描述了北京、西安、开封、南京、镇江、扬州、苏州、杭州、福州、泉州等名城的概况，盛赞中国物产丰富和繁荣昌盛。介绍了中国驿站制度、常平仓制度和使用纸币、煤炭等，也记述了忽必烈同北方诸王的斗争以及阿合马等人理财、宫廷斗争的情况；第三部分，记载中国近邻的一些国家和地区的情况；第四部分，记述成吉思汗之后蒙古诸王汗国之间的战争和俄罗斯的概况。马可·波罗关于中国的记述，包括忽必烈时期的事件、制度、地理、物产、风俗等等，基本上准确可信。当然，也有一些夸张的地方。

《马可·波罗行纪》向欧洲人展示了一个崭新的东方世界，被誉为

"世界一大奇书"。这部书对欧洲航海家和探险家影响很大。哥伦布就是读了这部书以后，才知道东方有遍地是黄金的中国和日本国，决心出海航行去寻找这个奇异的世界，结果发现了新大陆。

马可·波罗对东方的介绍以及东西方经济文化交流的贡献，举世公认，实际上，这一贡献是与忽必烈与西方各国友好交往、欢迎马可·波罗来华是分不开的，从某种意义上说，忽必烈比马可·波罗的贡献还要大。

王者暮年

第七章

晚年政治

忽必烈作为一位文化发展较晚民族的领袖，一进入中原，接触到丰富多彩的汉文化和西域地区的色目文化，感到十分新鲜，遂敞开胸怀，尽情吸收。忽必烈在大量吸收汉文化的同时，也保留一些蒙古族的原有文化，也吸收色目文化。其实，忽必烈这样做是正确的，学习外来文化时，不应该全盘而应该有选择地吸收；在学习外来文化时，也不应该把本民族的文化全部抛弃，而应该抛弃那些落后的东西，保留本民族优秀的部分；在学习外来文化时，也不应该只学习一家文化，而应该对各家文化中的精华兼容并蓄，也就是说，不应该仅仅学习汉文化，对色目文化优秀的东西也应该吸收。忽必烈就是想要学习各家的优秀文化，使其变成自己的新文化，为巩固元朝的统治，发展元朝的政治、经济和文化服务。

然而，他哪里想到，各种文化都有其内在的稳固性和排它性，当各种文化发生碰撞时，既有互相吸收的一面，又有互相排斥的一面，当互相排斥的一面向前发展时，就会出现矛盾和斗争。

元初的历史正是这样。当忽必烈敞开胸怀吸收各种文化时，各种文化的矛盾和斗争便接踵而来。那些抱着蒙古族原有文化不放的人，极力反对汉文化；而那些死守着汉文化不让人们加以改变的人，也极力反对蒙古民族保留自己民族中的部分优秀文化；那些痴情于色目文化的人，有时也瞧不起汉文化；而自认为汉文化高人一等的人，也鄙视色目文化。如此等

等，不一而足。因此，围绕着各种文化的不同认识、不同的统治方法和政策，矛盾和斗争便逐步展开了。

在不断的矛盾和斗争中，那些死死抱着蒙古旧习不放、反对学习外来文化的人逐渐败下阵来，而其他文化中，想完整地保留自己的文化并使之一成不变的人，也慢慢地没了市场。如此碰撞交融，各种文化开始出现交汇，完全彻底地反对某一种文化的人也渐渐减少了。旧的矛盾似乎有所解决，而新的矛盾又出现了。那就是，相对地以某一种文化为主、吸收其他文化中的部分势力而形成的一种新势力，与另一种文化为主的势力开始出现矛盾并展开斗争。在元朝初年的表现，就是以汉法派中的义理派为主，吸收其他各族倾向于义理派的人员而形成的"义理派"势力，开始同以色目法派中的"功利派"为主，吸收其他各族具有功利思想的人员而形成的"功利派"势力进行斗争。当时，这种斗争愈演愈烈，成为朝野议论的主要话题，严重地影响了治国和理财（前面已有所讲述）。

在"义理派"和"功利派"两种思想中，到底应该选择哪一种呢？经过反复考虑，忽必烈还是选择了"义理派"思想。

他认为，"功利派"思想有他的优越之处，但是，不择手段地聚敛搜刮，会招致人们的普遍反对。本来，人就是自私的，如果不用仁义道德等思想加以限制的话，为官者就会以为国理财为借口，大肆敛钱，贪污受贿就会成风；为民者也以敛钱为务，什么诈骗、抢夺在所难免。发展下去，国将不国，民将不民，政权是没有办法巩固的。

而"义理派"的仁义思想则劝人为善，少私寡欲。如果正确引导的话，通过正常手段和正确的途径去理财，仍不失为一种治国的好思想和好方法。

基于上述认识，忽必烈在桑哥理财失败以后，决心不再去找那些善于经商的色目人帮他治国，而想找一些具有"义理"思想的人来帮他理政。

忽必烈倾向于"义理派"并不奇怪，因为他早年就接受了儒家义理思想。在"义理派"与"功利派"斗争期间，很少完全听从阿台马、卢世荣和桑哥的意见，去惩治义理派官员，而对阿合马、卢世荣和桑哥则常加限制，以至决定了这些人的最后失败。所以，当忽必烈进行反思以后，很自然地选择了义理思想治理国家。经过一系列变动，忽必烈的统治思想和政策又恢复到中统年间的统治思想和政策中来，这形成了忽必烈晚年政治的一大特色。

忽必烈想重新确立以儒家仁义道德思想治国的方针，开始寻找这方面的人才帮助他治国。经过认真思考，忽必烈决定起用不忽木。

不忽木虽然是西域康里人，属于色目，但他早年给事太子真金之东宫，从学于太子赞善王恂，又从学于理学大师许衡。从政以后，经常为忽必烈讲解四书五经等"古今成败之理"，忽必烈曾高兴地说："仲平（许衡）不及汝远甚"，认为不忽木所讲的道理比许衡讲的还要深刻。可见，不忽木早就成了儒家思想的忠实信徒，成了真金、许衡等"义理派"的代表人物之一。

阿合马理财失败以后，忽必烈急于寻找理财之人，卢世荣"言能用己，则国赋可十倍于旧"。那时，不忽木就反对通过聚敛的方式增加国家收入。他认为，不择手段地聚敛搜刮，开始时的确可以使国家收入增加。但这种唯利是图的做法，违背儒家"仁义"思想，最终必然导致"国与民俱困"的结局，从而引起社会动荡，导致国家衰弱。所以，他建议忽必烈不要相信卢世荣的话。忽必烈不听，仍然提拔卢世荣为右丞，令其主持理财事务。不忽木因此辞去参议之职。卢世荣理财不到四个月，就在"义理派"的反对下失败了，忽必烈曾对不忽木说："朕甚负愧于卿"，遂提拔不忽木为吏部尚书。

后来，桑哥理财，不忽木仍然极力反对。所以，当桑哥理财失败以

后，忽必烈自然想到了不忽木。忽必烈诛杀桑哥以后，罢去尚书省，重新以六部归属于中书省，准备起用不忽木为中书右丞相，赋予皇帝之下的最高权力。不忽木非常谦逊，坚辞不就，并推荐完泽为右丞相，自己则为平章政事。

完泽也是很早充任真金燕王府的幕僚，后任太子詹事，受儒家思想熏陶很深，也是属于真金"义理派"的人物。此外，麦术丁也被任为中书平章政事，何荣祖为中书右丞，马绍为中书左丞，贺胜、高翥为参知政事，彻里为御史中丞。从这时的中央政权的主要领导人来看，以汉儒和真金为代表的"义理派"官员明显压倒以色目官僚为主的"功利派"。

这时，不忽木虽然未任最高官职，但是忽必烈的心腹，忽必烈"以天下事属之于公"，不忽木实际上掌握了朝中主要大权。忽必烈对不忽木十分信任，他曾对不忽木说："太祖有言，人生理天下，如右手持物，必资左手承之，然后能固"，今我为右手，"卿实朕之左手也"。又曾拍着大腿叹曰："天既生汝为吾辅佐之臣，何不前三二十年，及吾未衰而用之也"。接着又说，"此吾子孙之福也"。

不忽木和完泽同心辅助忽必烈，支撑起忽必烈晚年政局。他们决心革除桑哥弊政，重新整顿朝纲。具体措施如下：

首先，注重选拔人才，"闻人有善，汲汲然求之，唯恐不及"，要求各地"互相荐举，虽毫发之善亦无所遗"。在用人方面，不忽木等人不囿成见，不仅召用了被桑哥所斥逐的旧臣，也擢用了桑哥之党首恶分子以外的才能之士，"待之无间"。不仅选拔了大量的才能之士（成宗朝和武宗朝的知名人士，多为这时选拔上来的），也调解了统治阶级内部的矛盾，"由是人情翕然悦服"，朝廷很快安定下来。

其次，禁止随意搜刮，不断减免赋税。桑哥增加税收，引起民愤。不忽木和完泽改变增加税收的办法，重新实行轻徭薄赋政策。这一时期，有关减免赋税之事，史书记载颇多。比如：至元二十八年（1291年）九月，"景州、河间等县霖雨害稼，免田租五万六千五百九十五石"。"以岁荒，免平滦屯田二十七年田租三万六千石有奇"。"免大都今岁田租"。"保定、河间、平滦三路大水，被灾者全免"。至元二十九年（1292年）三月，中书省官员上言："京畿荐饥，宜免今岁田租。上都、隆兴、平滦、河间、保定五路供億视他路为甚，宜免今岁公赋"，忽必烈允准施行。"免宝庆路邵阳县田租万三千七百九十三斛"。六月，"平江、湖州、常州、镇江、嘉兴、松江、绍兴等路水，免至元二十八年田租十八万四千九百二十八石"。闰六月，"辽阳、沈州、广宁、开元等路雹害稼，免田租七万七千九百八十八石。岳州华容县水，免田租四万九百六十二石。"八月，"以广济署屯田既蝗复水，免今年田租九千二百十八石。"至元三十年（1293年）十月，"平滦水，免田租万一千九百七十七石。广济署水，损屯田百六十五顷，免田租六千二百一十三石"等等。多次减免赋税，虽然减少了政府的财政收入，却收买了人心，增强了人们对政府的信任感。

第三，注意发展农业生产。桑哥理财时，把眼光主要放在经商方面。不忽木和完泽执政则把眼光主要放在农业生产方面。由于朝廷几经折腾，社会有所动荡，开始出现流民。忽必烈为了发展生产，曾令地方官将汴梁等地逃人"男女配偶成家"，由政府发给农具，让他们附在土地上耕种。又曾"敕畴零拔都儿三百四十七户佃益都闲田，给牛种农具，官为屋居之"。"命赵德泽、吴荣领逃奴无主者二百四十户，淘银耕田于广宁、沈州"。这样做，既可以解决那些流民和佃户的温饱问题，又可以为农业生产的发展作出贡献。忽必烈还大力发展屯田事业，"设安西、延安、凤翔三路屯田总官府"，令延安、凤翔、京兆三路被桑哥罢免为民的军士，重新"屯田六盘"。令一般军队，一卫万人中，调二千人屯田。曾于和林汉

军四百人当中，"留百人，余令耕屯杭海"，又因"木八剌沙上都屯田二年有成"，"增军千人"。又"括所在荒田无主名者，令放良、漏籍等户屯田。"生活在边疆地区的捏怯烈女真，这时仍以渔猎经济为主，忽必烈下令说："与其渔于水，曷若力田，其给牛价、农具，使之耕"。同时，忽必烈又下令廉访司，让他们"巡行劝课农桑州"，督促发展农业生产。这些政策的施行，又使忽必烈晚年的政策重新回归到中统、至元初年的重农轨道上来。

第四，取消理算，坚持设立肃政廉访司，加强对地方官吏的监察与考核。从阿合马到桑哥，都把理算（或称钩考）作为检查各级机构贪污、积欠，以增加国家财政收入的一项重要措施，他们可以利用理算，打击异己，因此，导致社会动荡不安，官员们纷纷表示反对。至元二十八年（1291年）十二月，御史台臣上奏忽必烈说："钩考钱谷，自中统初至今余三十年，更阿合马、桑哥当国，设法已极，而其余党公取贿赂，民不堪命，不如罢之。"忽必烈令官员们讨论。大概是因为官员们都反对理算吧，忽必烈随即下诏："罢钩考钱谷，应昔年逋负钱谷文卷，聚置一室，非朕命而视之者有罪"。

忽必烈在禁止大规模理算以后，并非对各级官吏放任不管，而是加强御史台、行台和肃政廉访司的职能，让他们加强对各级官员的监察和考核，为了让这些监察官员各尽其职，忽必烈采纳燕公楠的建议，每年岁终，各行省官员赴京汇报一年政绩时，也"令行台臣赴阙，奏一岁举刺之数"，如果这些监察官员没有举刺，那就是不称职的监察官员。为了防止监察官员滥行举劾之权，忽必烈又在真定路达鲁花赤合散的建议下，不仅让廉访司的官员检查民官，也允许"民官复检责廉访司文卷"。这种互相检责、互相牵制的做法，既控制了各级地方官员，又限制了监察官员的胡作非为，对于政府机构的正常运转大有好处。

元·石雕

第五，颁行《至元新格》。忽必烈建立政权以后，即着手进行立法工作，但一直未能制订出比较系统的成文法典。至元二十八年（1291年），忽必烈又令何荣祖编定法律。"何荣祖以公规、治民、御盗、理财等十事缉为一书，名曰《至元新格》"，忽必烈"命刻版颁行，使百司遵守"。这是元朝建立以来颁行的第一部成文法典，使元朝统治正式走上法制管理轨道。

在不忽木和完泽的帮助下，忽必烈实行了以上一系列措施，虽然政府入不敷出的问题没有得到解决，却使桑哥主政时动荡不安的社会迅速稳定下来，经济重新走上正常发展的轨道。一史书记载，"当是时，百官得其人，万事得其理，阴阳调和，年谷屡登，庶民乐业，海内大治"，"以为复见中统、至元初治"。这种评价可能有溢美之处，但也能反映出忽必烈晚年的社会稳定情况。

壮志未酬

真金于至元十年（1273年）被立为皇太子，至元十六年（1279年）参决政事，至元二十二年（1285年）十二月因南台御史上章请求忽必烈退位并立真金为帝受了惊吓，忧郁而死。其实，真金与忽必烈并非完全对立的

两派，真金属于地地道道的义理派，坚决反对功利派；忽必烈主张调和两派的观点及其治国措施，更加适合于国家建设，而在忽必烈的思想实际中，则稍稍倾向于义理派。所以，父子两人并没有根本性分歧，不过是治国主张稍有不同而已。这也是忽必烈没有深究南台御史上章而大加挞伐的主要原因。因此，真金死亡，忽必烈十分伤感，迟迟没有着手重新选立太子。

忽必烈迟迟没有选立太子，还有一个原因，就是没有物色到合适人选。

忽必烈正皇后察必共生四子，长子朵儿只，死得比较早；次子真金因为朵儿只早卒而居长；三子忙哥剌至元九年（1272年）被封为安西王，至元十年（1273年）又晋封为秦王，镇守关中，至元十五年（1278年）死；四子那木罕，至元二年（1265年）被封为北平王，至元十九年（1282年）改封为北安王。

据《史集》记载，"合罕（指忽必烈）在数年之前，当海都的军队还未掳去那木罕之时，曾无意中说出了由他继承大位，这个热望一直都存在他心中。但后来，合罕注意到真金很聪明能干时，就很喜欢他。"

那木罕为察必所生幼子，按照蒙古族的风俗习惯，幼子继承家庭财产并有继承汗位的权力，因此，忽必烈可能说过由那木罕继承大位的话。但后来，忽必烈发现真金是更加合适的人选，就立真金为皇太子了。

真金被立为皇太子以后，那木罕想当皇帝之心并没有死。因为，按照蒙古族选汗的习惯看，在召开忽里台选举大汗时，可以有两个候选人，那木罕一直梦想成为另外一个候选人。为了争夺帝位，他曾对忽必烈说："他（指真金）继位后，将怎样称呼你呢？"惹得忽必烈"生了气，把他大骂一顿，从自己身边赶开，并说道：'不许再来见我'"。忽必烈开始对那木罕产生不满。更能使忽必烈不愿意立那木罕为皇位继承人的，还是因为那木罕有着至元十三年（1276年）被西北诸王俘获的不光彩历史。

　　至元二十一年（1284年）那木罕被释还朝，第二年真金死亡，于是，在那木罕心中又燃起了继承帝位的希望欲火。那木罕以为，真金死亡，皇太子之位非他莫属，因此忘乎所以，又干出了"遣使持香祠（祭）岳渎（五岳山神和河神）"的僭越礼分的事情来，受到桑哥的谴责，并想借此整倒安童。这件事，使忽必烈更加不高兴，并最终放弃了选举那木罕为皇位继承人的打算。

　　那木罕不是合适的人选，其他皇子也没有中意的，因此，皇太子之位就这么虚悬下来。

　　真金的妻子阔阔真看到忽必烈在选拔皇太子的问题上举棋不定，有意让自己的儿子继承帝位，于是积极地活动起来。

　　阔阔真是一个很懂礼节的人。据《元史·后妃传》记载，忽必烈早年游猎时，由于未带马奶子和水等饮料，很是口渴，便来到一座蒙古包前，见一女子正在缉理驼茸，便向她寻觅一些马奶子喝。那位女孩子很有礼貌地说："我家有马奶子，但我的父母和兄弟都不在家，我一个小女子很难将马奶子给你。"忽必烈见女孩子不肯给马奶子喝，准备离去。那位女孩子又说道："我一个女孩子独居此地，你自来自去，于理不宜。我的父母很快就回来，请你稍稍等一等。"早就接受了儒家"仁义"思想的忽必烈听了这话，很受感动，便留了下来。不一会儿，女孩子的父母果然回来了，他们拿出马奶子，热情地招待了忽必烈。忽必烈离去，曾十分感叹地说："得此等女子为人家妇，岂不美耶！"后来，文臣们为太子真金选择妻子，选了一个又一个，忽必烈都不中意。一位老臣想起了忽必烈游猎寻求马奶子时见到的那位女孩子，以及忽必烈所说的话，便去寻找问讯那个女孩子，得知那位女孩子还未出嫁，便建议忽必烈娶为太子之妻。忽必烈一听，非常高兴，立即纳为太子妃。这位女子就是阔阔真。阔阔真"性孝谨，善事中宫，世祖每称之为贤德媳妇。"《史集》也说"阔阔真很聪

明，合罕对她很赏识，她的一切命令都照执行。"

因此，阔阔真出来为自己的儿子活动太子的位置就优越多了。真金共有三个儿子，即长子甘麻剌、次子答剌麻八剌、幼子铁穆耳。阔阔真有意让自己的幼子继承汗位。

在阔阔真的活动下，忽必烈开始考虑重新立太子的问题了。

这时，赛典赤的孙子伯颜开始得到忽必烈的赏识，据《史集》记载，曾有人告发河南、江北行省平章伯颜挥霍了大量钱财，忽必烈一听，非常生气，便向伯颜索还。伯颜回答道："这些资财，我已发放给人民了，因为在一连三年中都有自然灾害，禾苗不长，臣民贫困。现在，如果合罕有旨，我就去卖他们的妻子和儿女，把钱送给合罕，但国家要因此而被毁了。"忽必烈听了伯颜的话，对伯颜"所流露出的对臣民的同情"十分赞赏，曾感叹地说："所有的大臣和异密都只关心自己，伯颜却关怀国家和臣民"。因此，赏赐伯颜"很多东西，给他穿上了饰有宝石的衣服，并且把一切重要的事都托付给他办"。

阔阔真见伯颜得到忽必烈的宠爱，便把伯颜召来，说道："因为你获得了这样一些奖赏，并且合罕又把国事委托给了你，请你去问一问，真金的宝座被封存九年了，你对此有何吩咐？"伯颜向忽必烈转达了阔阔真的话，请求立铁穆耳为太子。

从上述史实可以看出，阔阔真、伯颜都是受儒家思想影响较深的人，既懂儒家礼义，又有仁政思想，关心臣民，反对对老百姓过重剥削。这些思想都与忽必烈晚年思想合拍。因此，忽必烈在同不忽木商议之后很快答应了他们的请求，于至元三十年（1293年）六月，正式将皇太子宝座授给铁穆耳，确立了铁穆耳皇位继承人的地位。

从忽必烈对皇位继承人的选定来看，忽必烈晚年的政治思想已完全回复到儒家"仁义"治国的思想上来。

至元三十年（1293年），忽必烈在繁重的内政和外交的操劳下，终于体力不支，病倒了。大臣们为他请来朝廷御医和各地名医，百般调治，仍然不见其好，相反越来越重。转至元三十一年（1294年）元旦，老百姓都欢欢喜喜过春节，可宫中却显得格外萧条，好像没有心思过春节似的，原因就是因为忽必烈的病情进一步恶化了。

忽必烈辛劳一生，每天都接见大臣，讨论国家大事，这时，开始不接见大臣了，规定，"非国人勋旧不得入卧内"，唯独不忽木，忽必烈时刻不让他离开身边，每天帮助他吃药，病情稍好时则陪他聊天。

这期间，忽必烈大概想了许多许多。

忽必烈从即位那一年开始就宣布要"鼎新革故，务一万方"。确实，鼎新革故和务一万方就是忽必烈一生中做的两件大事，这两件大事，既有成功，也有遗憾。

从"鼎新革故"方面来看，忽必烈进入中原以后，毅然抛弃蒙古旧俗，悉心学习汉族文化，也吸收了不少色目文化，大胆进行社会改革，确立了一套对蒙古人来说全新的制度，有力地促进了经济文化的发展，应该说，这是忽必烈改革的成功之处。然而，忽必烈杂揉诸法，又引起了各法之间的矛盾和冲突。忽必烈完全任用义理派帮助他管理国家，对全国的思想控制和社会的稳定确有好处，可义理派却不能帮助他解决政府的财政需求；完全利用功利派，确可帮助他解决政府的财政危机，但这些功利派人物在管理国家财政时，常常把国家的钱财管到自己的腰包里去，再加上加重对老百姓剥削，引起社会动荡，朝廷一直得不到安宁。忽必烈意识到这一问题，本想在义理派和功利派之间走出一条新的路子来，然而，两派针锋相对、势同水火，没有办法创出新的路子，只好回复到仁义治国的道路上来。以仁义治国，确实有利于社会稳定，但国家财政亏空问题始终得不到解决，成了忽必烈十分头疼的问题。忽必烈本想继

续探讨，以解决这个难题，但时间对他这位老人来说，已经不允许了，完全成了他的未竟之业。

从"务一万方"方面来看，忽必烈即位以后，就把"统一"当成了自己的奋斗目标，他运筹帷幄，不断遣将调兵，终于灭掉了南宋，抵制了北方诸王的进攻，实现了全国的大统一，这是他感到十分欣慰的事。然而，忽必烈的"务一万方"，并非是仅仅统一全中国，而是要统一包括南海在内的整个亚洲，因此，他在灭宋以后，不断对日本、安南、占城、缅国、爪哇等国发动战争，也不断调兵遣将，试图平定北方诸王的叛乱。忽必烈平定北方诸王的叛乱，不让他们从中国分裂出去，这是对的。也正由于忽必烈的不断进攻，才基本上解决了北方诸王的叛乱问题，这是忽必烈的一大功绩。但是，北方诸王的骚扰问题并没有最终解决，也成了忽必烈的未竟之业。至于进攻日本、安南等国，最后都以失败而告终，忽必烈想统一整个亚洲成了泡影，不能不感到遗憾。然而，他哪里知道，发动统一的国内战争会得到人们的支持，而发动对国外各国的斗争，劳民伤财，人民纷纷反对，再加上远隔重洋，元军不善于水上行军和作战，最后都失败了。事实胜于雄辩地说明，忽必烈要在东方称霸，其路不通，只有与各国友好交往，才是最佳选择。但是，当时的忽必烈却无法认识到这一点，躺在病床上还感到遗憾，把没有征服日本、安南等国当成了他的未竟之业。

帝王之梦

时间因寒冷而凝固于1294年的正月。大都琉璃碧瓦覆盖下的紫檀殿上，80岁的忽必烈萎卧病榻，喃喃呓语。

从忽必烈诞生于成吉思汗征服世界的伟业里，尔后又成长于拖雷庞大而坚不可摧的骑兵团，就铸就了忽必烈的旷放、坚韧不拔和傲视人类的性格。历史赋予了他伟人梦。

志当存高远。忽必烈自己又将自己举荐到梦幻之巅。

他热情洋溢而又游刃有余地接纳了每一个向他款步而来的机遇。

忽必烈从草原帐幕移足汉地宫殿用了长达十数年的时间。接踵而来的是他依托北中国的雄厚人力、财力和知识，在草原也站稳了脚跟，完成了从草原诸王向天子、大汗的转变。

摇身为联接苍穹长生天和无垠大地的巨人，现在可以向广袤的蒙古帝国上的黔首黎民传送热爱文明的福音书了。

拯救一个民族的灵魂首先应该拯救自身。

忽必烈将蒙古黄金家族从浅薄的泥沼中拉上治国的堤岸，于是远法汉、唐，近参宋、金的文治官僚系统次第成于蒙古的帐殿。而这些正是成吉思汗的激情四溅所缺略的，或者说一直忙于征服四方各族的蒙古铁蹄不屑于这刀笔吏的雕虫小技，而且他们也没有时间去回首已被蹂躏的征服地。那么，一个庞然大物的帝国就这样建筑在历史的沙滩上了，支撑它的

是剑和箭。

正当帝国行将坍塌之际，忽必烈坐到了帝国的塔尖。他的文治梦幻起飞了，它衔来的治术和经过千锤百炼的官僚系统为蒙古帝国奠上了基石，但还没等竣工，蒙古帝国就向西倾斜了。

尽管如此，一个令欧洲等邻居颤栗的王朝已屹立于历史之巅。

忽必烈用文治拯救了即将滑入毁灭命运的汉文明，同时他用文治也挽回了蒙古帝国在汉地帐幕的倾覆，并将根植于文治的新帝国的生命延续了一个世纪，这是个奇迹。

历史在令人发笑、喟叹的同时，还时而令人发抖。

在你正准备为忽必烈高歌猛颂、满怀钦敬地盛赞"以夏变夷"时，他却突然将长剑插入邻国的心脏。

忽必烈的武功梦也翩翩舞起。

武功梦是帝王梦的先锋。

随着忽必烈地理知识的增加，他的武功梦也衍变为一头时长时停的怪物。这头怪物像千手千眼的菩萨，时而让后人跪伏在它的脚下顶礼膜拜，仰承它的恩露；时而让时人也跪伏在它的脚下瑟瑟发抖，颈拭它的利刃。但对忽必烈来说这头怪物其实就是一头漂亮的梅花鹿，在他的荣耀梦境里蹦来跳去。

文治是武功的乳汁，忽必烈如是说。

武功是英雄草原的天然品性。离开征服欲望的生活，枯燥无味。忽必烈为生活添加的嚼料就是去穷兵黩武。

同时，喜欢爬梳历史的忽必烈用剑将秦皇汉武、唐宗宋祖的武功剁得支零破碎，在这种快感的驱动下，他接连摘取了吐蕃、大理、南宋君王头顶的桂冠。结束了自安史之乱以来的分裂割据、政权林立的局面。

中国喜欢团圆、聚会与和睦，而蒙古黄金家族也以大张盛筵而享名于世。二者的拥抱，使忽必烈召开了五个世纪不曾有过的盛会，蒙古诸汗和忽必烈本人用铁骑邀请的与会者有：西夏、两辽、畏兀儿、金、宋、吐蕃、大理、蒙古、辽左、台湾等。的确，连中国最强盛的汉唐时代家庭成员也没有这么多。历史的盛会使忽必烈激动得忘了自己的年龄，在古稀之年他还接连不断地遣派雄师由高丽去邀结日本，从东南由陆上招抚缅甸、安南等，由海上去宣降占城、爪哇等诸国。尽管只有部分海外诸国遣使纳贡，更多的则不愿接受凌辱，但这已足够忽必烈因功盖汉唐而沾沾自喜了。

的确，临终前忽必烈的疆域包括日本行省、交趾行省、占城行省。他自豪地认为，自己是蒙古铁骑所及之处的大汗。他的大元帝国、无边无际的帝国包括钦察汗国、伊利汗国、察合台、窝阔台的兀鲁思，因为他是全蒙古的宗主，所有蒙古兀鲁思的共主。尽管海都和都畦是那么不听话，但迟早他们会回心转意的。仅仅自己所直辖的版图，就已经使历代王朝的皇帝汗颜了。

不仅忽必烈兴奋，明人宋濂也感叹万千地说："自封建变为郡县，有天下者，汉、隋、唐、宋为盛，然幅员之广，成不逮元。汉梗于北狄，隋不能服东夷。唐患在西戎，宋患常在西北。若元，则起朔漠，并西域，平西夏，灭女真，臣高丽，定南诏，遂下江南，而天下为一。故其地北踰阴山，西极流沙，东尽辽左，南越海表。"

是的，忽必烈有自傲的资本。马可·波罗称他"统治的臣民、疆域、收入都远远超过历代的和现在的一切君主。"稍后的伊利汗国史学家瓦撒夫则更惊叹道："其制度法律，其智慧深沉锐敏，其判断贤明，其治绩之可惊羡，皆优出迄今所见的伟人之上。仅举其一种功业，一段才能，已足使历史中的各名人黯淡无色。如罗马的恺撒，波斯的诸库萨和，支那的诸帝王，阿拉伯的诸开勒，耶门的诸脱拔思，印度的诸罗闭，萨珊、不牙两

朝的君主，塞勒柱克朝的诸算端，与之相比，全都微不足道。"而效忠于忽必烈宫廷的王恽，则向我们开列了忽必烈所有的伟大之处，"开天建极者35年，立经陈纪者二万余事"，"慕义向风，声教奚朔南之暨；梯山航海，职贡无遐迩之殊。"

当伟大超过一定的限度，它就是魔鬼的代名词了。

其实，站在历史的巅峰，前后左右都将是下坡路。

直到现在，我们还是忽必烈大元帝国的受惠者。是他奠定了祖国的版图，如果没有元的经营四边，我们很难想象其后五个世纪的地图将如何绘制。同时，我们还应额手相庆的是：忽必烈将离心的异己分子一个个请到大都，使长达五个世纪的各族间互相倾轧厮杀的战场变成了一座融合的大熔炉。新的民族诞生了，而曾有着显赫身世的沙陀、吐谷浑、党项、契丹、渤海、女真以及其它多种色目人，在未来的史籍中再也寻觅不到他们的身影了。

中华民族的历史就是一部生动的融合史。

忽必烈将这部历史推向另一高峰，提携四周走向进步。无疑将腐朽没落、萎靡不振的王朝拉入蓬勃向上的新家庭是历史的进步。而蒙古之所以能横扫欧亚大陆，也正是因为13世纪欧亚大陆王朝帝国的衰弊；而蒙古人本身又能兼收并蓄其他民族的优长而济己之短，当然是更值得回味的一统原因。金哀宗曾从亡国的亲身体验中品味出一段真知灼见："北兵所以常取金胜者，恃北方之马力，就中国之技巧耳。"

它昭示后人的启谕是：夜郎自大式的闭关锁国只能导致衰弊与停滞不前；只有兼蓄其他文明之长才能跻身先进民族之林。

蒙古人的兼收不仅使自己收割到众多文明的麦穗，而且他还将文明的种子通过痛苦播向四方。法国人格鲁塞对我们说："将环绕禁苑的墙垣吹倒，并将树木连根拔起的风暴，却将鲜花的种子从一个花园传播到另一个

花园。从蒙古人的传播文化一点说，差不多和罗马人传播文化一样有益。对于世界的贡献，只有好望角的发现和美洲的发现，才能够在这一点上与之比拟。"

一阵痉挛掠过忽必烈痛苦的衰老面庞。鹰翅仿佛突然折断，忽必烈宽阔额头上的皱纹拧动着。

睁开双眼的忽必烈犹如从幻梦的天堂跌入现实的地狱，迷朦中的不忽木似死神般跪在榻前。当忽必烈认清是不忽木时，悲戚、忧伤和感激之情一齐袭来。从正月一日直到今天，在忽必烈倾听天堂里黑色死神的翅膀拍击理想的声音时，谨慎忠厚的不忽木就一直呆在忽必烈的卧室，"日视医药"。

忽必烈无限伤感，努力挣起身子，从枕侧摸到一对白璧，颤抖着递向不忽木，说："他日持此以见朕也。"从牙缝努力挤出这句话后，忽必烈又昏昏睡去。

这一天是1294年正月十二日。

成吉思汗、窝阔台、唆鲁禾帖尼、蒙哥、阿里不哥等亲人川流不息地闯入梦境。一片嘈杂声中，真金圆睁着惊恐的双眼侍立榻侧，身后还站着真金的儿子甘麻刺、答刺麻和铁穆耳。怎么突然沉静了？他们为什么都不说话？儿子们都在身边，长子朵儿只、三子忙哥刺、六子忽吾赤、十子忽都鲁不是都已仙逝了吗？五子不讨人喜欢，七子奥鲁赤镇守分地吐蕃，后来又跟着十一子脱欢打败仗，八子爱牙赤太任性。忽哥赤太暴躁、莽撞，真后悔，不该打他，但谁让他掠取百姓的家禽呢？是，打他70大棍，把臀部都打得血肉模糊了，怪让人心痛的。我怎么忘了四子那木罕呢？妻子察必生的四个儿子他最像我。他是幼子，武功最高。可，可他竟那么沉不住气。本想让他继承大业，有次还真的说漏了嘴，似乎是说："将来你可以做合罕。"他太相信暴力，汉儒都不喜欢他。真金真聪明能干，朵儿只离

世后，真金就是察必的长子了，察必也喜欢他。那些讨厌又讨人喜欢的汉儒们一再强调立嫡立长，当时真有些为难。最好立真金，他挺孝顺，懂得许多治国道理，可太自以为是，总是和自己作对。他实在不该逼我退位，想起这事都让我恼怒。可惜，那木罕被俘被囚那么多年，他还有什么颜面去管别人呢？尤其是在宗亲面前。不能让他继位，他太无礼。他甚至对我说："他（真金）继位了，将怎么称呼你呢？"真是大逆不道，哪有这样对父亲说话的儿子，我气极了，大骂了他一顿，让他永远走开，和脱欢一样，"不许再来见我"。"多头蛇，多头蛇"。

是的，"多头蛇"寓言再次附体于蒙古人的帝国。它像零点的幽灵准时现影。

忽必烈的犹豫不决使这条"蛇"闻腥而至，它盘卧于"祖宗成法"的忽里台上。忽必烈本已在生于农耕地区的汉儒们的帮助下，在对忽里台心灰意冷的驱动下，将这条"蛇"赶出元宫。真金死后，它却再度出笼。

左顾右盼的忽必烈，没有挑出一个他敢于付以大位的儿子。察必所生的四个儿子，到真金去世后仅存幼子那木罕了。那木罕以正妻幼子的守灶火身份，本拥有无可辩驳的继承权，但他那不光彩的被囚历史却阻止了忽必烈的最初愿望。忽必烈不愿意拿他的帝国冒险。

那木罕有点类似阿里不哥，热望炙痛了他的心。他的冲刺过了头，以致真金死后忽必烈还无意原谅这个因难过而神经错乱的皇子。

忽必烈对儿子失望后，将视线转向孙子，皇太子真金的儿子无疑具有得天独厚的优选资格。真金的正妻是忽必烈亲自选定的阔阔真，阔阔真的通情达理、谨慎孝顺赢得了忽必烈的宠爱；她的左右逢源使忽必烈一直称呼她贤德媳妇。她有两个儿子，长子答剌麻八剌，幼子铁穆耳。这两个儿子的兄长是庶出的甘麻剌。铁穆耳的能征善战，平定乃颜、海都叛乱中的上乘表演，在忽必烈寻找继承人的脑海中划下深刻印痕。

被尘封了6年之久的太子宝座忽必烈似乎有意揭开了。忽必烈在这缄口沉默的6年中，曾命那木罕总兵漠北，封北安王，管理成吉思汗的大斡耳朵。但同时忽必烈还将众多的军队托付给皇孙铁穆耳，大元帝国最优秀的将领和政治家伯颜和玉昔帖木儿就是忽必烈送给他的最好礼物。1291年帝国政局的剧变使忽必烈意识到了真金势力卷土重来的非常意义。这艘已经破损了的帝国航船如果驶向草原传统，无疑是在玩触礁的惊险游戏。于是忽必烈调转船头，缓缓驶入真金的港湾。真金东宫的宠臣完泽被提拔为宰相的领袖。1292年又封甘麻剌为晋王，取代那木罕总军漠北。那木罕心中微存的希望终于化为缕缕青烟。

同猛虎雄狮闪电般扑向战场相比，忽必烈在同自己的搏斗中显得心慈手软和逡巡不安。将帝国委付给阔阔真的贤德，天下也许受惠，但很难说她是否会将温柔塞进帝国的政治，同时也将女人气息传染给儿子。如果一旦帝国女性化，那么大元的不可一世将大打折扣。真金的儿子中选择谁呢？

太伟大的人能将自己从平凡铸成伟大，但当伟人去刻意雕塑另一个伟人——自己的子孙时，往往事与愿违，因为伟人总淹溺后人。

在漠北并肩战斗的甘麻剌和铁穆耳，优劣难辨。铁穆耳是正妻的幼子，他精通成吉思汗的必力真，口才极好，美妙的声音里溢满治国的智慧，帝王的英武之气散发额上眉间，其武功强大的军队也足以镇慑帝国，但他却是个酒鬼。

元·陶俑

酒将毁掉草原。可怕的酒神已经将草原的激情浇得有些萎靡了。

无论怎么规劝和责备他，都显得疲软无力。用棍子打过他三次并派护卫盯着也没能阻挡他攫取杯中物的聪明。

甘麻剌是长子，手中拥有强大的军队，其本人也南征北战屡立奇功，但与铁穆耳相比他有两大缺陷：一为庶出，一为口吃。从心理上忽必烈有一种抗拒感。

蒙古帝国汗位承继的每次抉择都是灾难的象征。

忽必烈已经难产过一次，阵痛再次来临。他恍惚间已看到了未来的刀光剑影。可怕的内讧，他本人的历史将可能在孙子们身上重演。忽必烈因未能召开全蒙古黄金家族的忽里台而失去了对西部汗国的控制，思想的回潮和缺憾的波动，逼迫忽必烈企望自己的遗憾由后代去弥补。而弥补的良药妙方就是由他开列出的：帝嗣将在从嫡长子制娩出的真金后王中传递接力棒，但参赛的冠军由忽里台决出。

于是，1293年六月，忽必烈派人将一颗传国玉玺匆匆塞给驻守漠北日击荒沙的皇孙铁穆耳。但追随这颗玉玺的没有册封真金时的隆重仪式，顺沿忽必烈的思路，这也许是身后的忽里台的事情了。

抉择的痛苦在汉人、波斯人的史籍中都露出了端倪。

1293年，忽必烈派铁穆耳总兵漠北，由重臣玉昔帖木儿辅行。玉昔帖木儿受命之际，请授皇孙以真金的皇太子玺，忽必烈也表示了同样的感情。

忽必烈的举动犹如在帝国的上空嵌镶了一颗明亮的北斗星，让宗亲勋贵、亲侍重臣感觉到它将是帝国未来的指针。

但它也强化了草原的另一个真理：谁拥有漠北草原故乡，谁拥有强大的军队，谁便拥有俯冲大都问鼎帝位的资格。

尽管忽必烈已预感到未来的闪电雷鸣，但他却没有想到正是自己敲开

了内讧的大门。未来30年的弹指间，竟走马灯似地拼杀出十位皇帝，更迭的暴风骤雨将忽必烈真诚的祷告吹打得无影无踪。

忽必烈的良药妙方非但未能赢得多头蛇的敬畏，反而使它感受到了激励，发狂般地蜿蜒穿梭于元宫。

1294年正月十九日。忽必烈已进入弥留之际。

千百扇死亡大门向忽必烈敞开。

但忽必烈迟迟不愿向大元帝国道晚安。

他怎能甘心就此和危机四伏、躯体已经病变的帝国告别呢？胸中热烈跳动的心，让他感觉：自己有余勇能阻止帝国的滑坡。

晚年的雄鹰依然是鹰。只要支付给他时间，他仍然能征服帝国最危险的狡兔。尽管这些狡兔成批地出没于帝国的荒草。

但实际上，假如真的撕给忽必烈一张时间的支票，他也应该小心行事，连忽必烈也已感受到了这一点。

忽必烈将蒙古人的文治武功推向巅峰状态后，历史还没有恩赐给忽必烈充分品味登上高山之顶欢快的时间，蒙古人就因松弛激情而疲惫地瘫坐在伟大的过去。忽必烈马上感觉到了历史峰巅高处的寒冷。

江南的不靖和西北、东北诸王的骚动像两股寒流向忽必烈袭击。从1271年至1283年因战争而招致的沉重的劳役、横征暴敛、驱民为奴、滥杀无辜，激起了江南各族百姓的反抗情绪，南宋的降将降卒随着赵宋的覆亡而将武装斗争的种子撒遍江南，相煽而动，"大或数万、小或千数"的起义连绵不断。从1283年至1293年，由于忽必烈推行的民族歧视政策，政治上剥夺南人参政的权利，从法律到法令采取一系列凌辱性防范措施，军事弹压加上大肆搜刮，江南的民族激情不断演化为大规模的人民起义。据统计，仅1289年大小起义就多达400余处，而人数超过10万人以上的在这10年间就多达数次。江南犹如蒸笼，薰得帝国晕头转向。江南的烽火遍燃，

无疑是对新帝国的严峻考验。建立在民族情绪骚动基础上的帝国，忽必烈始终缺乏安稳感。忽必烈自言自语："谁能保证汉人势力不会卷土重来呢？"

西北诸王对忽必烈汗位的合法性始终画着问号。东北诸王为争取兀鲁思的自决权始终朝着离心的轨道前进，尽管已被镇压，但草原的法则一直神圣而不可侵犯，打着成吉思汗札撒大旗的东道后王们警惕的眼神使忽必烈坐卧不安。来自家族内部两个方向的威胁迫使忽必烈耗尽大部分国力派重兵扼守和林，不敢稍懈。忽必烈屡次试图西向，但都被鞭长莫及的疲劳感拉向消极防御的沼泽地。忽必烈拣选帝位继承人只能在树威漠北的子孙中寻找，只有如此，才有可能树立蒙古大汗的威信，而不致大元帝国的皇位被海都掠去。但海都势力的雄长谁又能保证他不会疯狂般地纵入大都，我身后的子孙们能保住自己的荣耀和大位吗？

暴力的威胁可用暴力制服，这是蒙古人信仰的真谛，但帝国的腐败却必须用政治智慧去消弥，而忽必烈批量进口的治术却远远经不起他自己和后代的挥霍与践踏。

来自帝国内部的腐朽，涡聚的旋风、寒流连忽必烈都寒颤不已，更不用说连他自己都不满意的子孙们了。这怎能不令忽必烈忧心忡忡呢？

蒙古人最引为自豪的也是帝国最重要的支柱——军队，首先腐败："自平南宋之后，将家之子，累世承袭，骄奢淫佚，自奉而已，至于武事，略之不讲，但以飞觞为飞炮，酒令为军令，肉阵为军阵，讴歌为凯歌。兵政于是不修也久矣！"无怪乎忽必烈自平南宋后对海外的征服少有尺寸之功。

而诠选制度的混乱，由吏进官的流弊愈演愈烈；遥授职官，视为常途；中央政局混乱不堪，奸相迭出，中书省屡屡换血；贪赃枉法，已上行下效，蔚然成风。在盛世就刮起了衰世颓风，实不多见。

忽必烈时代的时弊丛生，大臣不断地献上救弊良策，但他似乎除了关心对外征服和财宝外，晚年不愿做任何革新，对此置若罔闻，直到躺于病榻他才开始为继承人忧虑。

忽必烈高不胜寒的另一个风源来自其制度本身的双重矛盾性。忽必烈以蒙古人的身份君临汉地，建立了中国历史上第一个由少数民族统治全国的强大王朝。其身兼蒙古大汗和大元皇帝双职的特殊性，也决定了其制度将是农耕文明和游牧文明的杂糅。文明与野蛮、先进与落后，纠缠一起，撕扯不清，结果造成整个国家机器迅速向腐朽转化。民族矛盾、阶级矛盾也急剧挺向尖锐。

忽必烈用巨手弹奏两元政治，最初的几个乐章气势恢宏、震撼人心，但亡宋后的乐章不协调音却愈弹愈多，以致人们闻之色变。而更令人不解的是，忽必烈非但没有停下，修检自省，反而弹得更加卖力，一逞其能。伟人的错误比凡人的错误更难让人原谅。

现在，从历史之巅坠落病榻的忽必烈，在炭火冉冉、暖气洋洋的紫檀殿却感受到高山风暴正从体内向外呼啸。他想用裘皮大衣裹紧帝国，给子孙们几片温暖，但手却怎么也不听使唤。

1294年正月二十二日，弥留了四天的忽必烈终于步入死亡的大门。

在行将闭合的时间隧道洞口，留下两行脚印：一行向前，一行向后。